高职院校文化建设与文化育人丛书

U0518867

遵道行义

红色塑魂

遵义职业技术学院
文化育人追求与实践

遵义职业技术学院 组织编写

遵义职业技术学院
Zunyi Vocational and Technical College

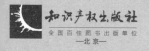

知识产权出版社
全国百佳图书出版单位
—北京—

图书在版编目（CIP）数据

遵道行义 红色塑魂：遵义职业技术学院文化育人追求与实践 / 遵义职业技术学院组织编写 . — 北京：知识产权出版社，2024.11. — （高职院校文化建设与文化育人丛书）. ISBN 978-7-5130-9570-9

Ⅰ . G718.5

中国国家版本馆 CIP 数据核字第 2024JQ8765 号

## 内容提要

本书是教育部职业院校文化素质教育指导委员会征集编写的第二批"高职院校文化建设与文化育人丛书"之一，以遵义职业技术学院彩虹校园文化育人理念——"红色塑魂""蓝色致用""绿色出彩"为主线，系统总结学校文化建设与职教育人实践探索中所取得的经验与成效，充分体现地方红色文化资源育人特色，坚持理论与案例相结合，彰显革命老区职业教育砥砺前行的奋进气象及人文精神。

责任编辑：郑涵语　　　　　　　　　责任印制：刘译文

高职院校文化建设与文化育人丛书

**遵道行义 红色塑魂**——遵义职业技术学院文化育人追求与实践

**ZUNDAO XINGYI HONGSE SUHUN**——ZUNYI ZHIYE JISHU XUEYUAN WENHUA YUREN ZHUIQIU YU SHIJIAN

遵义职业技术学院　　组织编写

| | | | |
|---|---|---|---|
| 出版发行：知识产权出版社 有限责任公司 | | 网　　址：http：//www. ipph. cn | |
| 电　　话：010-82004826 | | 　　　　　http：//www. laichushu. com | |
| 社　　址：北京市海淀区气象路 50 号院 | | 邮　　编：100081 | |
| 责编电话：010-82000860 转 8569 | | 责编邮箱：laichushu@cnipr. com | |
| 发行电话：010-82000860 转 8101 | | 发行传真：010-82000893 | |
| 印　　刷：天津嘉恒印务有限公司 | | 经　　销：新华书店、各大网上书店及相关专业书店 | |
| 开　　本：720mm×1000mm　1/16 | | 印　　张：17.25 | |
| 版　　次：2024 年 11 月第 1 版 | | 印　　次：2024 年 11 月第 1 次印刷 | |
| 字　　数：230 千字 | | 定　　价：60.00 元 | |

ISBN 978-7-5130-9570-9

# 本书编委会

主　　任：李　凌　　颜永强

副 主 任：高　翔　　涂祥策　　田　聪

　　　　　贺承国　　温龙岚　　葛宁一

　　　　　张卫芳　　王　毅

主　　编：高　翔　　王　毅　　彭国刚

成　　员：陈　淞　　徐义涛　　毛建兰

　　　　　李光全　　何雪芹　　易天义

　　　　　王永生　　汪　莎　　夏明禄

# 前　言

职业教育是与普通教育具有同等重要地位的教育类型，是国民教育体系和人力资源开发的重要组成部分。党的二十大报告指出，"统筹职业教育、高等教育、继续教育协同创新，推进职普融通、产教融合、科教融汇，优化职业教育类型定位"，再次明确了职业教育的发展方向。习近平总书记关于职业教育的重要论述和系列指示批示，为我们做好职业教育工作提供了根本遵循。党和国家对职业教育高度重视，出台了系列政策，推动职业教育的高质量发展，为我们办好人民满意的高质量的职业教育，明晰了思路，提振了信心。

坚持立德树人、以文化人、文化育人，是职业院校进一步紧扣时代要求、推动职业教育高质量发展、培养德技并修高素质技术技能人才的必然要求。校园文化是高职学校赖以生存和发展的根基和血脉，是高职院校的精髓和灵魂，是构成高职办学实力、活力和竞争力的重要因素。高职校园文化建设必须体现高职教育特点，遵循教育规律，突出"职"的特点，融进更多职业特征、职业技能、职业道德、职业理想和职业人文素质。

遵义职业技术学院的办学历史，可追溯到1956年遵义农业学校的开办。2001年，遵义农业学校、遵义财贸学校、遵义农业机械化学校、遵义商业技工学校和遵义市农业机械研究所"四校一所"合并升格为遵义职业技术学院（以下简称"遵义职院"或"遵职"）。一路走来，学校发展经历了艰难曲折，结出了育人硕果。学校的发展历史是职业教育的艰难跋涉和波澜壮阔发展的印证。经过一代又一代"遵职人"的自力更生、艰苦奋斗、勤俭建校，遵义职院已成为贵州优质学校、贵州省"双高"学校立项建设单位。"遵职人"始终不忘教育的初心使命，筚路蓝缕艰辛路，踔厉奋发行不怠。在近70年的办学历程中，"遵职人"与学校同甘苦，砥砺奋进，共同谱写了"信念坚定、团结拼搏、改革创新、勇担使命"的遵职精神！

## 一、筚路蓝缕　唯实建校

凤凰涅槃兴学路。1956年9月，遵义农业学校迎来了首届学生的开学典礼。农作、蚕桑、茶叶3个专业394名学生，60余名教职工，在占地60余亩、建筑面积8000多平方米的遵义汇川坝校区举行了这次开学典礼，拉开了遵义职院办学的序幕。1958年4月，经遵义地委批准成立"遵义专区财经干部学校"，当年招收第一批学员159人，其中，114名学员为两年制，这是遵义职院最早的一批大专生。"四校一所"时期，建校办学历经多次"迁、转、撤、并、停"，一路走来，"遵职人"碧血丹心，矢志不渝，沧桑与凯歌同奏，风雨与硕果同行。遵义农业学校、遵义财贸学校均成为全国重点中专学校。

开启职业教育发展新征程。2001年"四校一所"合并组建以来，一易归属，一更其名，合小成大，由弱到强，开启了强强联合建"优质"、创"双高"的征程。学校始终与时俱进，与发展同频共振，努力走在时代前列，为区域经济社会发展作出了卓越贡献。

## 二、扎根沃土　砥砺前行

遵义是红色圣地，以长征文化为代表的红色文化资源优势突出。"遵职人"始终听党话、跟党走，弘扬长征精神和遵义会议精神，积聚起攻坚克难、逆势上扬的强大动力，奋力推动自身发展的精彩蝶变，在黔北大地上书写了新时代贵州特色教育强省战略中"人人职教、个个就业、家家致富"的职业教育新篇章。

学校始终坚持把专业建在产业上，谋定目标促发展。学校主动求变、科学应变，顺势调整办学定位，不断增强职业教育适应性，后发赶超实现了从非示范校和非骨干校到贵州省"优质"校、贵州省"双高"校立项建设单位的办学跨越。毕业生就业率保持在 90% 以上，呈现"进口旺、出口畅、社会赞、产业需、企业要、百姓笑"的向好态势，相关经验做法被多家媒体宣传报道，办学成绩得到了上级领导的充分肯定，在红色大地书写了"让党放心、人民满意"的职业教育奋进的一笔。自办学以来，遵义职院累计为社会培养了以中国科学院院士刘丛强为代表的 5 万余名各类高素质技术技能人才。95% 以上的毕业生正在贵州大地用自己的技术技能巩固拓展脱贫攻坚成果，服务乡村振兴战略。如今，遵义职院坚持质量立校、人才强校、特色兴校、文化活校、"双技"亮校的"五校"发展战略，向着全面建设中国特色高水平高职学校砥砺奋进，力争在红色大地书写职业教育"前途广阔、大有可为"的时代华章。

## 三、红色塑魂　立德为先

遵义职院牢牢把握"为谁培养人、培养什么人、怎样培养人"这一教育的首要问题，将"红色"作为学校鲜亮的办学底色，牢记习近平总书记"传承红色基因、讲好遵义故事"的殷切嘱托，坚持用好、用活红色资源，赓续红色血脉，并贯穿立德树人、"三全育人"全链条。构建了体现高职特色、地域特点，契合职教文化，兼容大学校园文化的"红色塑魂、蓝色致用、绿色出彩"，形成了独特的"彩虹文化"育人体系。"彩虹文化"育人体系荣获贵州省职业教育教学成果一等奖，学校成为全国"一校一品"校园文化建设基地、中国高等教育学会职业教育分会红色教育培训基地等，成立的红色教育培训中心面向全国观众，讲述长征精神和遵义会议精神，承办全国性会议 10 余次。

依托遵义红色文化优势，强化红色教育，实施"四红五进"（四红：造红色环境、讲红色故事、建红色平台、创红色活动；五进：进校园文化、进培养方案、进课堂教学、进研学基地、进课余生活），赓续红色血脉。"遵义红色文化引领'四红五进'，赓续红色血脉的创新与实践"项目荣获贵州省 2021 年职业教育教学成果特等奖。

明确主旨，将红色文化融入思政课教育教学，形成了思政课程"课赛融合、校企融合、理实融合，链接舞台、链接展馆、链接讲堂"的"三融合三链接"体验教学模式。构建了"走进红色圣地，提升政治素养；走进发达地区，提升发展理念；走进'三农'一线，提升责任担当"的"三走进三提升"实践教育模式。结合遵义"红"，打造了"一歌一舞一讲堂、一场一馆一中心"红色文化传播平台，深入推进"红色故事红在遵职、红色信仰红满遵职、红色文化红遍遵职、红色精神红舞青春""四红"工程建设，开展"读一本红书、看一场红戏、唱一首红歌、走一段红程、演一幕红剧、访一位红人、讲一个红故事、听一次红讲座"等活动。在党史学习教育中创新开展"喜迎建党百年，唱支山歌给党听"红歌接力赛和"学四史""四问四答"等品牌创建活动。

近年来，遵义职院在脱贫攻坚工作中不断出佳绩，先后荣获贵州省脱贫攻坚先进党组织和全国职业院校精准扶贫协作联盟脱贫攻坚先进集体等荣誉，"党建 +N""两抓六硬"等经验得到社会广泛肯定。遵义职院入选全国乡村振兴优质校，获评贵州省首批高校"文明校园"、贵州省"安全文明校园"、贵州省"五好基层党组织"、贵州省"五四红旗团委"、全国献血优秀组织单位。学校建有教育部全国样板示范党支部 1 个，标杆院系 1 个，贵州省委教工委省级示范党总支 1 个。学校现有全国人大代表 1 人、黄炎培职业教育杰出教师 1 人、全国五一劳动奖章 1 人、省级劳模 1 人、省级职教名师 5 人、省级优秀教学团队 3 个，遵义市"15851"第二层次人才 5 人，贵州省千层次创新型人才 7 人，省级优秀共产党员、驻村第一书记 5 人等。2022 年"辣椒果实鲜重基因 CaFFW1 的基因克隆及功能分析"获国家自然科学基金立项，这是学校又一个历史性的突破。

## 四、匠心匠能　服务地方

学校坚守为党育人、为国育才的初心使命，矢志培养更多高素质技术技能人才、能工巧匠、大国工匠。紧贴国家重大战略和贵州省围绕"四新"抓"四化"的战略部署，持续深化产教融合、校企合作、服务发展，坚持"把专业建在产业链和专业链上"，围绕质量抓内涵，突出就业抓专业。牵头构建各类社会服务平台，服务贵州省 12 大特色产业中辣椒产业和竹产业的人才培养，积极为社会开展精准扶贫技能培训、产业扶贫项目培训，先后帮助贵州省仁怀市、务川县、凤冈县相关乡镇脱贫，助力贵州省 16 个深度贫困县之一——遵义市深度贫困县正安县脱贫摘帽。遵义职院以开展"双师型"人才培养和柔性化引进行业技能大师、非遗传承人和大师工作室等模式，培养学生劳动精神、劳模精神、工匠精神，弘扬劳动光荣、技能宝贵、创造伟大的时代风尚。倡导"不求高大上，但求用得上"的科研论文导向，从体制机制上支持学校教师把科研论文写在车间一线、田间地头。把巩固拓展脱贫攻坚成果和乡村振兴战略有机衔接，率先成立了贵州省乡村治理与发展学院，成为"全国百所乡村振兴人才培养优质校"，对接贵州省"一二三四"发展战略成立"新四化"工作专班等。

## 五、聚焦高质量　实现新跨越

当前，正值国家第二轮"双高计划"建设百舸争流、千帆竞发的历史发展机遇，"双高计划"和"技能贵州"是遵义职院抓质量提内涵发展的"方向标"。遵义职院紧紧瞄准国家"双高计划"靶向不偏离，坚持质量导向，厘清思路、认真谋划、精准施策，走上了高质量发展的奋进之路。

坚持"双高"靶向不偏移，这是遵义职院师生始终坚如磐石的信念。近年来，学校发力专业和专业群建设，坚定瞄准"双高"建设的靶向，一路奔跑，跑出加速度；一路捷报频传，科研项目大发展，教学改革大推进，专业建设有突破，文化氛围有特色，迸发出奋进的力量，奔向高质量的发展之路。学校在奋进之路上，孕育出传承红色基因、融合区域产业，在全省具有影响力和知名度的"彩虹文化"校园特色和办学品牌，切实践行了高职院校"为谁培养人、培养什么人、怎样培养人"的历史使命，在中国高等职业教育中绽放出遵义特色。

近年来，学校发力专业和专业群建设，坚定瞄准"双高"建设的靶向，一路奔跑出加速度，推动学校内涵发展高质量建设，塑造具有一定影响力和知名度的"彩虹文化"育人特色品牌，落实立德树人根本任务，为为党育人、为国育才，遵职人初心如磐，力争在新时代高职教育中绽放遵职风采。

祝愿遵义职院的明天更加美好！

# 目　录

# 第一章 遵道行义 生生不息

遵义职院扎根遵义红色热土办学，遵义悠久的历史和深厚的文化底蕴为学校人才培养提供了丰厚的滋养。学校始终坚持以立德树人为根本，传承优良办学传统，汲取遵义文化之精华，努力培养具有红色基因的高素质技术技能人才，为遵义经济振兴社会发展服务。

## 第一节 黔北大地 文化多彩

黔北遵义地处中国西南腹地，具有悠久的历史和丰厚的文化底蕴，有"贵州文化在黔北"之说。遵义是首批国家历史文化名城，1935年1月，党中央在这里召开了举世闻名的"遵义会议"，上演了"四渡赤水"的经典传奇，成为著名的革命圣地。遵义物华天宝，素有"黔北粮仓"之称，是全国著名的名酒名烟名茶基地，以生产"风来隔壁三家醉，雨后开瓶十里香"的茅台而成为享誉世界的国酒之乡和中国酒文化名城；遵义绿茶以独特优异的品质蜚声国内外。遵义是中国优秀旅游城市、国家园林城市、国家卫生城市，境内有众多文化景观，气候宜人，长征文化、国酒文化、地域文化相得益彰，令人流连忘返。丰富多彩的文化中，无不体现着遵义人的精神追求。

## 一、悠久历史　多彩文化

早在远古时期，遵义就有人类栖息繁衍。春秋战国时遵义属鳖国，秦汉时置鳖县。在桐梓县岩灰洞旧石器时代人类文化遗址发现的人类牙齿化石，经科学测定，距今 20.6 万～24 万年。桐梓县马鞍山新石器时代人类文化遗址中，也发掘出大量石器骨器，还有丰富的用火遗迹，年代距今 1.8 万年。在赤水河流域的赤水市和习水县境内，也先后发现许多石斧、石锛、石网坠等古人类工具。春秋时期，遵义市所辖地域，先后或分别属于牂柯、巴、蜀、鳖、鳛等邦国。战国时期，今遵义一带属"大夜郎国"。西汉元光五年（前 130 年），置犍为郡，郡治鳖县，即在今遵义市中心城区附近。元鼎六年（前 111 年），于夜郎地置牂柯郡，作为邦国存在了 250 多年的"夜郎国"之名从此消失。夜郎县之名到五代时期废除，北宋时期复置，宣和二年（1120 年）又废，计先后存废达 480 年。此后中国历史上再没有出现"夜郎"郡县之名。作为二级行政区的州、郡名称，历代屡有变更。唐贞观十三年（639 年），将隋代的郎州改名为播州，辖今黔北的大片地域。播州之名，历经五代、宋、元、明，存在了 962 年。所以人们常习惯用"播州"来代称古代的遵义。唐贞观十六年（642 年），将播州所领的罗蒙县改名遵义县，这是"遵义"名称最早的出现。遵义之名沿用至今已有 1382 年。除县名外，历史上曾有过遵义砦、遵义军、遵义军民府、遵义府、遵义专区、遵义行政公署、遵义市等建制名称。播州从 876 年到 1600 年的 725 年间，为杨氏土司所世袭统治。北宋末期，播州土著杨文贵等献地归附；南宋时期，播州属川峡四路之一的夔州路；元代为播州宣慰司。明洪武五年（1372 年）属四川行省，十五年（1382 年）改属贵州都司，二十七年（1394 年）复改属四川承宣布政使司。明万历二十八年（1600 年）"平播之役"后，取消土司制度，实行"改土归流"，于次年分播州为遵义、平越两个"军民府"，分别隶属四川、贵州两省。万历二十九年（1601 年）改置遵义军民府，并徙治宣慰司西白田坝。清康熙年间取消"军民"二字，直称遵义府。今遵义市大部分地域就属于这两个府，还有部分地域属于石阡府、思南府。清雍正五年（1727 年），遵义府由四川省划归贵州省管辖。民国初年，废除"府"的建制，隶属黔中道。民国 24 年（1935 年），贵州省设 11 个行政督察区，黔北十余县为第五行政督察区。1949 年 11 月，遵义解放，设遵义专区，后称遵义地区，为省政府派出机构，并以原遵义县城区为基础新建遵义市。

这片积淀着千年文明的沃土，薪火相传、兼学并用，文化多彩，源远流长。从秦始皇二十六年至唐大历六年（前 221—771 年），遵义地域与中原文化联系密切，诞生了贵州省的文化先驱"汉三贤"：舍人、盛览和尹珍。四川乐山大佛的创建者海通法师也是播州人。远溯汉三贤、清三儒，近有"文军"西迁、红军长征。今人知晓遵义，多因遵义会议、美酒茅台。专家学者在研究遵义文化时，把遵义文化归纳为：以"清三儒"为代表的沙滩文化，以遵义会议为代表的长征文化，以酿酒历史悠久而名酒荟萃为代表的酒文化，以播州旧制的发展走向消亡为代表的土司文化，以辉煌的古建筑和桥梁、隧道、广场等现代化高端建筑为代表的建筑文化，以绥阳诗歌队伍庞大、作品众多为代表的诗乡文化，以三十年遵义杂技成果丰硕为代表的杂技文化，以辣椒 500 年种植历史和产量、质量居全国之首为代表的辣椒文化，以仡佬族民俗风情为代表的民族文化，以湄潭、凤冈、绥阳、余庆等地盛产茶叶为代表的独特的茶文化等。从国酒之乡到历史文化名城，沙滩文化、长征文化、国酒文化、土司文化、建筑文化等源远流长，诗乡文化、杂技文化、辣椒文化、民族文化、茶文化等交相辉映。这些文化璨如星辰，滋润着遵义，激励着遵义。

## 二、耕读传家　尊贤重教

遵义传统文化中，历来把勤俭持家、耕读传家视为美德，并作为家风家教进行传承发扬，可以说勤俭持家、耕读传家已成遵义人文化因子。遵义人的崇文重教，早在东汉时期，就开办学堂、兴办教育。"耕读传家，尊贤重教"是遵义人的优良传统。

（一）尹珍开办"务本堂"

早在东汉时期，文字学一代宗师尹珍开西南文化教育之先河，是贵州文化教育的鼻祖。

东汉牂牁郡毋敛（今正安县）人尹珍（79—162），20岁时，不畏旅途艰险，跋涉数千里，到京城洛阳，拜著名大师、经学家许慎为师，研习五经文字。学成返里，从事教学，传播中原文化，从此"南域始有学焉"，成为名副其实的西南文化的拓荒者。永兴元年（153年），已75岁的尹珍，不顾高龄，又拜应奉为师，学习术数图纬，通三才。尹珍学成返回本郡教授子弟，声誉渐著，地方官选他入"文学"科目，向朝廷举荐，朝廷任用他为尚书丞郎。后官至荆州刺史。此时，他和他的第二位老师应奉并显一时，传为美谈。晚年，尹珍辞官还乡，重操旧业，矢志教书育人，将学馆命名为"务本堂"。尹珍不仅是一位文字学家、教育家，而且还是一位著名的书法家，长期在正安、绥阳一带讲学，家喻户晓，影响极大。尹珍是贵州文化教育的鼻祖，"凡属牂牁旧县，无地不称先师"。

清道光二十一年（1841年），遵义府学教授莫与俦在遵义城府学宫内创立汉三贤祠，奉祀汉舍人、盛览、尹珍。"汉三贤"之称即始于此。

舍人，汉武帝时犍为郡毋敛县人，在今遵义市境内。舍人著有《尔雅注》三卷。《尔雅》是我国最早解释词义的专著，文字艰深难懂。舍人作注，不仅为当时的人们提供了阅读的便利，而且具有相当高的学术价值。《遵义府志·列传》载，舍人是有史可查的遵义乃至贵州文化第一人。

盛览，字长通，牂牁郡人，为"司马相如友人""牂牁名士"，著名辞赋家。司马相如奉汉武帝之命到成都通西南夷时，盛览前去向他请教作赋的方法，盛览虚心求教，潜心钻研，学有所成，"归以授其乡人"，使故土"文教史开"。其作品虽未能流传下来，但他无疑是本域最早有记载的第一位辞赋作家，同样堪称遵义乃至贵州文化的启蒙人物。

舍人、盛览的作品早已失传，唯尹珍影响深远，遗迹众多。追溯遵义乃至贵州文化教育之渊源，不能不首推尹珍。尹珍"北学中原""还以教授"传播中原文化的壮举，对当地文化发展和社会进步产生了极其深远的影响，各地争相修建专祠常年奉祀，并以各种形式纪念他。在正安县城北50千米新州场（毋敛坝）北端新州河边的尹珍务本堂，相传为尹珍故宅及讲学处，坐南朝北，砖木结构三合院，为省级重点文物保护单位。另外在遵义、绥阳县、贵阳市存在大量纪念尹珍先生的讲堂、石碑、专祠、雕像等遗迹，这些无不昭示着尹珍辉煌的业绩、深远的影响以及人们对他的尊崇程度。民国年间，经中央政府批准，将正安县划出一部分另置新县，命名"道真县"以志纪念。

"汉三贤"给我们留下了丰厚的文化资源和千里求学、献身教育的精神财富，是启迪和激励后人不断前行的精神动力。

（二）沙滩文化——耕读传家，崇文重教

沙滩位于遵义市新蒲区新舟镇，因乐安江中一片四面环水的沙洲而得名。从明末到清后期，沙滩孕育出了以郑珍、莫友芝、黎庶昌"清三儒"为代表的一大批文化名人。晚清以后的一百多年间，这里走出了几十位文人学者、两位外交官和大批有作为的官吏。他们的研究领域极其广泛，从经学、文字学到地理学、天文学、农学、医学，都有颇高学术造诣。抗战时，浙江大学学者将这一文化现象，称为"沙滩文化"。一些长期研究遵义文化的学者认为，沙滩文化的出现，在贵州文化史上是一个奇迹。

追溯沙滩文化根源，源于黎氏"耕读为本"的家风传统。黎氏入黔与明朝平定土司杨应龙反叛的"播州之役"有关。明朝推行"改土归流"，播州土司杨应龙反叛，明朝调集了6省24万大军平叛，经过"播州之役"，最终将播州土司消灭。平播之役后，随川路总兵刘铤平播的黎氏入黔始祖黎朝邦"占籍承种"，落业沙滩。黎朝邦系四川广安人，黎氏是当地的文化世家。黎朝邦定居沙滩后，确立了黎氏以耕读为本的家庭传统。定居之初，黎朝邦就在附近的回龙山修建沙滩寺，并在寺中建"振宗楼"，创办黎氏家塾。黎朝邦长子黎怀仁"教子孙，家法秩然"，他立下了"在家不可一日不以礼法率弟子，在国不可一日不以忠贞告同僚，在乡不可不以正直表愚俗，在官不可一日不守'清慎勤'三字"的家训。黎氏家族十分重视教育，对后代影响颇深。沙滩黎氏家族在重视文化方面的表现有两点，一是开办私塾，形成了累世耕读的家风。黎氏子孙在家则致力于学问，在乡则乐善好施，在官则清正廉洁；二是形成了藏书的习惯。黎恂在"锄经堂"中藏书万余卷，是贵州第一位私人藏书家。黎庶昌设"拙尊园"藏书楼，藏书七八万卷之多。

清代时期，沙滩文化蜚声海内外，郑珍、莫友芝、黎庶昌被誉为"清三儒"。

**郑珍**（1806—1864），字子尹，生于遵义西乡天旺里一个仅有几亩薄田的农家。自幼勤奋好学，记忆力过人。郑珍专于程朱理学。1825 年，程恩泽督办贵州学政，择优选拔他为贡生，并指导他说："为学不先识字，何以读三代两汉之书"。于是，他又进一步钻研文字的形、声、义的源流和先秦各种制度。当时的学者十分注重考据，他继承了这种传统，实事求是地做学问，既不随便标新立异，也不轻易附和苟同。之后，他同遵义府学教授莫与俦一起从事教学工作，从中学得了许多儒家大师的观点和主张，并因此与其子莫友芝相识，共同探讨经文、切磋诗艺，结为莫逆之交。他刻苦研究三十多年，终于在经学方面有了很深的造诣，得到近代学者的推崇，尊其为"西南巨儒"。清道光十八年（1838）冬，应遵义知府平翰特聘，与莫友芝同撰《遵义府志》，历时三年完成，全书 48 卷 80 余万言，梁启超把《遵义府志》誉为"天下府志第一"。同时，郑珍作诗很多，主要收入《巢经巢诗钞》中，诗作反映民间疾苦，揭露官府兵练残害百姓的罪恶，极富现实主义色彩。其山水诗在生动地描绘山川秀色、田园美景时，也反映了人生哲理和生活的情趣。郑珍作诗几乎无体不工，尤擅长五、七言古体。诗笔雄健，功力深厚，韵味醇郁隽永，有相当高的艺术造诣。许多评论家对郑珍的诗歌极为推崇，当代文学史家钱仲联教授也有"清诗三百年，王气在夜郎"的赞誉。

莫友芝（1811—1871），字子思，号邵亭，贵州独山人。道光十七年（1837）冬，与郑珍一同进京会试。次年，二人落第返乡，受知府之聘，共同编纂《遵义府志》。道光二十二年（1842），受聘主讲湘川书院。道光二十六年（1846），莫友芝再度赴京参加会试，在琉璃厂书肆偶然与曾国藩相遇，相互谈及汉学渊源门径。莫友芝的见识卓异渊深，使曾国藩大为惊异，叹道："不意黔中有此宿学焉！"咸丰八年（1858）再次进京参加会试，仍未如愿。滞留京师年余后，放弃候选，南下游历湖北、安徽、浙江、江苏，入曾国藩幕府逾十年。广交文人学士，搜集古籍珍本与金石书画，其才华学识，广受赞许。其间，曾于武昌为胡林翼校刊《读史兵略》，受聘苏州、扬州几家书局校刊古籍，至镇江文宗阁、扬州文汇阁访求散佚典籍，遍历江南藏书文斋，着重研究版本目录学和金石学。莫友芝对金石版本目录学、训诂学、声韵学、经学、史学均有很深的造诣，与郑珍并称"西南巨儒"。所著《邵亭知见传本书目》一书流传甚广，成为版本目录工作者、藏书家及古籍爱好者案头常备之书。另有史志专著《遵义府志》48卷（与郑珍合纂），诗词、散文有《邵亭诗抄》6卷等。莫友芝工书法，尤长于篆、隶，是清代中期书体创变中有成就的大家之一。

黎庶昌（1837—1898），字蕴斋，黎皡第四子。1861年贵州因地方战乱停止乡试，黎庶昌北上赴顺天府参加乡试。时值英法联军进攻北京，太平天国占据南京，清廷内外交困。次年，慈禧太后下诏求言，黎庶昌上《万言书》，痛陈时弊，尽言改良主张。朝廷降旨以知县补用，交曾国藩江南大营差遣委用，时年仅26岁。黎庶昌随营6年，与张裕钊、吴汝纶、薛福成以文字相交，并称"曾门四弟子"。光绪二年（1876），中国向各国派遣大使，黎庶昌被荐随郭嵩焘、曾纪泽等任驻英、德、法、西班牙使馆参赞。在欧洲5年，游历10

国，注意考察各国政治、经济、军事、文化、地理和民俗风情等，写成《西洋杂志》一书，成为清代黔北走出封闭"睁眼看世界"的第一人。光绪七年（1881），黎庶昌出任驻日本大使，时年44岁。在日期间，重视学术，特嘱咐随员杨守敬收罗我国流入日本的古籍，得国内已佚的唐宋以来古籍26种，汇刻为《古逸丛书》二百卷，刻印之精美，超越前古，一时间震动海内学术界。在日本书肆中见有翻刻的南藏本佛经全帙，并附有唐代慧琳《一切经音义》一百卷，黎庶昌以千金购回，贮存于故里禹门寺。闲暇之余，与日本朝野文人学者交游，增进两国情谊。三年后，回国丁母忧。服满，1887年再度派驻日本。此次重返东京，与日本朝野文人学者的友谊愈加深厚，交游也更广泛。黎庶昌的德行文章，深得日本人士敬慕。黎庶昌曾为日本汉学家藤野正启作墓志铭。后黎庶昌夫人赵氏去世，藤野之女藤野真子于1891年为其作墓志铭，情真意切，情同母女。黎庶昌先后两度任驻日本大使共6年，凡外事活动，坚持维护国家尊严，保护旅日华侨正当权益，也注重睦邻友好关系，所受外交礼遇厚重。黎庶昌治学以经世致用为宗旨。散文法度严谨，简练缜密，意境开阔，风格雄奇而蕴藉逸岩，当时即有"南黎北薛"之称。光绪十七年（1891），黎庶昌任满回国，任川东道员兼重庆海关监督。曾出资创建云贵会馆，举办洋务学堂，培养出国留学人才。三年后，中日甲午战争爆发，黎庶昌奏请东渡排难，未能如愿。每闻战事失利，或痛哭流涕，或终日不食，以致一病不起。慨捐廉俸万金，以酬报国之愿。

沙滩文化及"清三儒"留下了众多的名篇佳著，是遵义优秀传统文化的重要组成部分。沙滩文化蕴含的耕读为业，重视文化教育和关心国计民生等人文精神，为我们办学治校提供了借鉴。

## 三、工匠精神　追求卓越

追求卓越、精益求精的工匠精神一直是遵义传统文化中的一种职业价值取向和行为表现。

茅台美酒享誉千载，正是工匠精神一脉传承的典范。贵州茅台酒是世界三大蒸馏名酒之一，作为中国的文化酒，其品质已被中外科学家和广大消费者认可，誉满全球。文化遗产储存着大量信息，从中可以看到一个国家的文明历史进程。汉帝赞誉，醇香足称"甘美"；史家秉笔，枸酱遐迩驰名；唐风宋雨，砺其风骨；明史清典，证其精神。遍历沧桑，而后酒技得臻胜境；摄取精粹，是以万姓传其美声。巴拿马折桂，茅台扬中华国威，举世皆惊；赤水河四渡，美酒耀辉煌军史；神州感奋追根溯源，源自工匠精神代代传。茅台美酒是特殊的地理环境与独特的工艺技术相结合的成果，离开茅台镇生产不出同样的茅台酒，主要是其产地的自然地理环境有三大特性：一是茅台镇独特的地质结构；二是优良的赤水河水质；三是冬暖夏热，风微雨少的独特气候特征适宜微生物繁殖。综合的地理环境因子决定茅台酒酿造环境是无法迁移和复制的。贵州茅台酒文化是遵义人民利用特殊的地理环境和土地酿造白酒的典型。2000多年来形成的酿酒工艺和酒文化是人类的宝贵财富，是人类工匠精神的最美诠释。

在遵义大量的文化遗址建筑中，也体现了追求卓越、精益求精的工匠精神。遵义海龙屯土司城堡，2015年7月4日在德国波恩召开的第39届世界遗产大会上，作为中国西南地区历史最久、规模最大、保存最完整的土司城堡之一，和湖南永顺老司城、湖北唐崖土司城一起，获准列入《世界遗产名录》，是中国申报成功的第48处世界遗产。遵义也成了全国拥有世界自然遗产和世界文化遗产的城市。作为中国封建王朝羁縻、土司制度重要实物遗存的海龙屯，完整见证了我国古代中央政府对少数民族政策从唐宋时期的'羁縻之制'，到元明时期的'土司制度'，再到明代"改土归流"的历史变迁。南宋时期冉氏兄弟修建的钓鱼城是追求卓越的典型。南宋淳祐二年（1242），遵义人冉璞（？—1260）、冉琎（？—1253）兄弟，组织军民在钓鱼山构筑内外城池20余座、水井92口，建成有效的防御体系，形成可容军民17万人的雄踞西南的钓鱼城军事重隘，在后来的战争中发挥了积极的作用，冉琎、冉璞还被誉为贵州历史上的城建大师。开庆元年（1259），蒙哥汗战死钓鱼城，因为这一事件，改变了世界历史发展的进程，钓鱼城被西方学者称为"让上帝折鞭的地方"。还有文化遗迹——杨粲墓，被誉为"西南古代雕刻艺术宝库墓"，令人叹为观止。

精益求精的工匠精神是遵义传统文化中的一种职业价值取向和行为表现，也是我们今天办好职业教育的要求，是学校校园文化建设与育人的价值取向。

## 四、红色基因　薪火相传

红色文化是遵义文化最绚丽的底色。"传承红色基因，讲好遵义故事"是遵义高校的职责使命所在。

红色基因是红色文化的遗传密码，包含无产阶级的思想理论和价值观、伟大的革命精神、优良的革命传统和高尚的道德品质，是中国共产党在长期奋斗中淬炼出的精神品质和优良作风，是中国共产党区别于其他一切阶级政党的鲜明标识和政治优势。2013年2月，习近平总书记在原兰州军区视察时首次提到"红色基因"一词："要发扬红色资源优势，深入进行党史军史和优良传统教育，把红色基因一代代传下去。"把红色基因传承好，对于确保中国共产党血脉永续、根基永固、优势永存具有重要意义。

红色基因作为革命文化的烙印，是红色文化的遗传密码，是对于老一辈无产阶级革命家的革命精神及革命传统的继承与发扬。红色基因的精神实质就是对党忠诚，维护核心；坚定信念，不忘初心；"国之大者"，为民服务。

（1）天下至德，莫大于忠：忠诚是共产党人最核心的政治素质，是对自己的政治身份最深层的阶级归属认可。对于无产阶级政党来说，忠诚最根本的要求是坚决维护核心，以形成强大的政治凝聚力和战斗力。

（2）理想信念动摇是最危险的动摇，理想信念滑坡是最危险的滑坡：坚定的理想信念是中国共产党带领广大人民群众取得新民主主义革命胜利、建立社会主义制度的重要精神支撑，是红色基因的重要灵魂。

（3）为民服务：为人民服务是我们党的根本宗旨，中国共产党的初心和使命就是为人民谋幸福、为民族谋复兴，把人民对美好生活的向往作为奋斗目标。

红色文化是红色基因的外在表现形式，表现为红色文化资源、红色文化精神等。红色资源记录了革命先辈们的英雄事迹和高尚品德，折射了他们的革命经历和人格魅力，是珍贵的历史文化遗产。红色基因形成的过程既包含优秀传统文化对人的塑造过程，也包含红色文化对人的塑造过程，是对红色文化认同和内化的结果。红色资源是优质教育资源，它内涵丰富，是集坚定的理想信念、高尚的道德情操、深厚的爱国主义于一体的社会主义核心价值体系的重要内容，是启迪人的世界观、人生观和价值观教育的重要资源。红色资源在思想政治教育过程中，能够发挥思想导引、政治驾驭、道德示范、心理优化、审美熏陶的功能，这也是传承红色基因的价值导向。

## 五、遵道行义　自强不息

遵义之名，取义于《尚书·洪范》"无偏无陂，遵王之义"。言当循先王之正义，以治民也。大意是说，一个人行为要端正，处事要周全，还要遵循王国的典章制度，做一个有道德、讲道理的人。西汉末年，蜀郡太守公孙述称帝，国号成家。周边郡县畏其势大纷纷投靠于他。汉光武帝刘秀刚在河北称帝，蜀之近邻牂柯郡功曹谢暹联合地方大姓龙、傅、尹、董保境自全，并派使者绕道番禺去北方见刘秀，奉贡汉朝，支持刘氏政权。汉光武帝得到蜀之南邻的支持，特别嘉奖牂柯功曹谢暹为"义郎"。所以，唐贞观年间，将播州所属罗蒙县更名遵义县，既是中央与地方的一种共识，又诠释着遵义人爱国爱民，弘扬正义与正气的品质。这是"遵义"之名历千余年之后愈益焕发神韵的根本所在。

一个民族需要深厚的文化底蕴，一座城市也要有独特的精神标识。遵义之盛名，不仅因 1935 年中共中央政治局在此召开了举世闻名的遵义会议，铸成了"历史转折，出奇制胜"的不朽丰碑，还因为一代代遵义人民承袭着"遵道行义"的精神密码，在 30 762 平方千米的土地上，生动诠释着这座城市不屈不挠、自强不息的精神。城市精神是城市精神文明的一部分，是一个城市文化的集中凝练。从 2012 年开始，经过一段时间的酝酿、凝练，遵义提出了自己的城市精神，即："遵道行义，自强不息"。遵义城市精神不仅是遵义精神文明建设的重要成果，也是遵义当下和未来发展的动力源泉。"遵道行义、自强不息"的城市精神，已经成为遵义人自觉践行、引以为豪、自我激励的座右铭。它印记在古老岁月的过往中，弘扬在新时代主旋律下的，展示在当代人的风采里，更憧憬在未来的崭新风貌中。春风化雨润无声，一座城市的精神，只有根植历史，才能深厚根基；只有立足现实，才能焕发活力；只有紧跟时代，才能引领未来。在岁月的长河中，"遵道行义，自强不息"这一精神密码得到了更好的传承和发扬。

从历史深处走来，向美好未来奔去。党的十八大提出要扎实推进社会主义文化强国建设。城市精神的塑造、宣传和培育便是实现文化育人的过程，同时也是"文化育城"的过程。近年来，遵义职院始终牢记习近平总书记"传承红色基因，讲好遵义故事"的殷切嘱托，将遵义红色文化、城市精神融入学院的办学理念和办学特色，坚持把立德树人作为中心环节，依托遵义红色革命精神，"遵道行义，自强不息"的城市精神，筑牢思想根基，构建文化育人新模式，努力肩负起为党育人、为国育才的时代重任，不断开创职业教育事业发展新局面。

# 第二节 扎根黔北 砥砺前行

立德明志七十载，精业惟新图发展。

扎根黔北固根基，对接产业聚资源。

专业融合铸特色，校企共融提内涵。

特色专业结硕果，彩虹育人成示范！

## 一、凤凰涅槃兴学路

从 1956 年至今，集书卷之翰墨，汇文化之浸润，60 余载岁月如歌、怀志奋功，遵义职院以其海纳百川的胸襟和兴职教、强国运的责任担当，在黔北大地执育杏坛，宏文列教。

时间回到 1956 年 9 月，因教而兴，因农而起，原遵义农业学校在黔北大地应运而生，开启了遵义职业教育发展的远征。2001 年，因发展所需，遵义农业学校、遵义财贸学校、遵义农业机械化学校、遵义商业技工学校和遵义市农业机械研究所"四校一所"合并升格为遵义职业技术学院。

筚路蓝缕启山林。2001 年"四校一所"合并组建以来，一易归属、一更其名，合小成大、由弱到强，开启了强强联合建"优质"、创"双高"的征程。遵义职院筚路蓝缕，初心不改，铿锵前行，始终与时俱进，与发展同频共振，自觉走在时代前列，二十多年来为社会培养了 50 000 余名高技能人才，为区域经济社会发展作出了卓越贡献。

（一）历史见证沧桑，发展喜迎巨变

学校的历史最早可追溯到 1956 年 9 月创办的遵义农业学校。开设农学、蚕桑、茶叶、畜牧、林业及水利 6 个专业，在校学生 800 余人，教职工 188 人；1980 年，经教育部批准，确定遵义农业学校为全国重点中等专业学校。同年，学校转向招收高中毕业生，学制 3 年，分农作、植保、牧医专业；1982 年，植物保护专业面向全省招生；1986 年，首次招收 50 名不包分配农学专业农村青年中专班，打开人才通向农村之路。1999 年，学校再一次获评"全国重点中等专业学校"。

遵义财贸职业学校是合并升格为遵义职院的重要组成部分。1958 年 4 月，经遵义地委批准成立"遵义专区财经干部学校"，当年招收第一批学员 159 人，其中，招收 114 名学员，学制两年，是学校最早一批大专生。1964 年 9 月，成立遵义财贸职业学校，招收初中毕业生 128 人，是学校最早的一批中专生。1977 年，开始招收统招生，并面向遵义地区外招生，其招农副产品采购和商业供销会计两个专业 100 人；1999 年，学校面向全省招生，招保险高中班 69 人、会电高中班 60 人、会电初中班 153 人、财会初中班 54 人、营销初中班 54 人、保险初中班 66 人、物业管理 68 人、广告设计 52 人，同时招收财会成人中专班 115 人；2000 年，学校被评为"省级重点中等专业学校"。2001 年，荣获"全国重点中等专业学校"称号。是年，学校其招统招生 300 余人，其中，广告设计 14 人，酒店管理 11 人，物业管理 41 人，会电 187 人，计算机 77 人，市场营销 56 人。

1981 年，遵义地区商业技工学校成立，是年办校规模达 300 人，招收学生高中、初中各 50 人，分设仓储、保管、商业会计等专业。期间经历停办和复学。1987 年 9 月，招收三年学制的商业财会簿记专业的初中生 115 人，在校学生 200 多人，教师 14 人，外聘教师 20 人。2001 年，该校并入遵义职院。

1978 年 8 月，根据贵州省革命委员会下发《省革委会关于新增五所农机化中等专业学校的批复》的指示精神，成立了"遵义地区农业机械化中等专业学校"，在校生 300 人，设置农机管理、农机修造 2 个专业。1981 年，学校首批

50 名学生毕业。期间经历停办，于 1998 年与遵义农业学校合并。次年，招收农村电气专业、汽车拖拉机维修专业各一个班，共 80 名学生。

1960 年 2 月，遵义地区行署行文成立遵义地区工业科学研究所。1988 年，遵义地区农业机械研究所被明确为遵义地区农机局直属事业法人单位，职工 33 人，其中技术人员 19 人。1999 年，该研究所被划归遵义农业学校管理，2001 年并入遵义职院，并以此为基础，组建成立遵义职院机电工程系。

自此，"四校一所"融合发展迎来机遇，开启了遵义职业教育发展新的一页。

（二）创业始于艰苦，发展重在探索

2001 年 8 月，"四校一所"合并升格为遵义职院，实现了从全国重点中专学校向全国高等职业院校的历史性跨越。学院立足自身实际，发挥资源禀赋，紧跟时代步伐，提出了"立足黔北、服务城乡、强农兴工、助推三宜"的办学理念，成立了农学系、动物科学系、机电工程系、会计系、经济贸易系、计算机科学系、人文系和基础部，当年招收高职新生 169 人，中职学生 279 人；2010 年，全校 7 个教学系 19 个招生专业，报到注册高职新生只有 1048 人，而中专 7 个专业只招收 604 人。2013 年，全校 7 个教学系 17 个专业招收高职新生仅 577 人，中专新生 971 人。而到了 2014 年，全校 7 个教学系 24 个专业招收高职生 1349 人，11 个专业招收中专生 2319 人，实现招生规模的量变；一组组上扬的数字记录了学院深化改革的成果、跨越发展的轨迹，充分彰显了改革的必要性。随着 2015 年学院第一次党代会的召开，一系列人事制度改革的实施，打破了原有的招生和激励模式，学院的各项工作发生蜕变，精气神得到空前提升，全院正走在高质量发展的路上。

（三）风鹏正举，历经艰辛基更实

初心已明，步履稳健。作为一所应用型高职院校，只有强化内涵建设，服务区域经济社会发展，办出特色，才能实现又快又好的发展。经过 65 年办学实践与近 5 年来的不懈努力，学院在已有示范校、骨干校的情况下，抓住"优质"校迎难而上，抢抓"双高"校，着力推进内涵建设，努力推进学校发展，坚持规模、质量与结构协调发展，取得令人瞩目的办学成果，为实现办学层次的新跨越奠定了坚实的基础。

初心不改，以服务地方发展为己任。从创立之初，学院便确立了清晰的发展方向："立足黔北—服务城乡—强农兴工—助推'三宜'"，为服务遵义农村、城镇经济发展和美丽乡村建设提供坚实的人才保障和智力支持，在"服务城乡，强农兴工"方面有所作为。

曾经，遵义职院三径就荒，平房几楹，专业 5 个，生源百余，师资和教学设备匮乏。现如今，遵义职院占地面积 800 余亩，绿树成荫，环境优美；在校生 1 万余人，专业设置与时俱进，覆盖了乡村振兴所需的主要职业岗位；形成了与职业教育服务乡村振兴战略相适应，覆盖工、农、经、管主要职业岗位群、具有鲜明特色的专业格局，构建了园林技术、畜牧兽医、食品加工等对接农业产业紧密、特色鲜明、就业质量高、社会声誉好的品牌重点专业。学校还把为农村经济产业化服务作为办学宗旨，形成了自己稳定的办学思路和风格，闯出了一条适应职业教育发展的新路。

## （四）使命不负，多方培养人才俏

"四校一所"的合并是为了更高质量的育人。衡量一所学校的价值，能不能培育出对社会有用的人才是关键。"培养什么样的人"和"怎样培养人"，这也一直是遵义职院思考的问题。自学院成立以来，立足本土产业，坚持"立修身之德、授就业之能、育创业之才"的办学理念，在"把加快发展现代职业教育摆在更加突出的位置"的政策引导下，大力培养高素质技术技能复合型人才。在长期的办学过程中，学院形成了以培养技术应用人才为主线的素质教育观和实践教学观，采用"教、学、做"一体化教学模式，实行 1+X 的多证书制，大力推行现代学徒制，强化技术技能和工匠精神，为学生就业提供有利条件。目前学院建有全国职工教育培训基地、全国残疾人职业培训基地、全国乡村振兴人才培养优质校、农业农村部现代农业技术培训基地、贵州省阳光工程农民创业培训基地、贵州省高技能人才公共实训基地等100多个校内外顶岗实习实训基地。拥有国家农业特有工种职业技能鉴定站（247站）、贵州省退役军人就业创业培训基地、贵州省乡村振兴学院、贵州省新型职业农民培训中心、遵义市机动车维修从业人员培训中心、遵义市SYB创业培训定点机构等与社会需求相适应的技能培训鉴定服务机构，是全国海洋生物与健康行业产教融合共同体副理事长单位，遵义市现代农业产教联合体组建单位、常务理事长单位，是贵州省旅游职业教育集团、贵州省计算机与网络职业教育集团、贵州省电子应用技术职业教育集团、贵州省农业工程职业教育集团成员单位。

职责不息，校企合作闯新路。按照"产教融合、校企合作、工学结合、知行合一"要求，学院充分发挥专业优势，成立了职教联盟，深挖合作渠道，与校、政、行、企构建新型合作机制，打造协同创新平台，加强应用技术研发、产品开发、产业孵化，服务区域经济社会发展、产业转型升级、企业产品开发。真正走出了一条高质量发展的道路。学院已成为一所适应遵义经济社会发展、服务贵州、面向全国的行业均认可、国内可示范、国际可交流的综合性高等职业院校。

## 二、扎根沃土勇向前

扎根乡土，是为了枝繁叶茂。围绕人才培养、科学研究、技术支持、社会服务和文化传承，学院着力推进职业教育高质量发展，服务地方职业教育，服务支柱产业需求，服务红色历史文化名城建设，服务和谐社会构建，彰显着"立足黔北—服务城乡—强农兴工—助推'三宜'"的办学定位。坚持"学以致用，学用并举"与课岗证赛相融的育人观念，构建了"一体两翼、学做合一"的人才培养新模式。"一体"指以专业知识和专业技能为"主体"，夯实学生专业基础；"两翼"指以综合素质和基本技能，形成可持续发展动力。"彩虹文化育时代工匠"人才培养模式的建立，有力提升了学生职业技能，学生综合素质明显提高。

## （一）披荆斩棘践初心

学院坚持以社会主义核心价值观为宗旨，以依法治学为保障，以党建为引领，推出了"三联系"工作制度，即学校领导联系院系、中层干部联系班级、党员联系学生，构建"大思政"工作的队伍、平台和机制，让学生爱党爱国意识空前加强。"为党育人、为国育才"目标不断落地落实。"三联系"工作制度有力提升了"三全育人"效果，打通了服务育人的"最后一公里"。立德树人，必须厚植理想、涵养精神、锤炼品格。长期以来，学院紧扣社会主义核心价值观，组织开展传统文化教育，引导师生参与文明校园创建，鼓励学生参加向上向善的社会实践活动。韶华尽数化春泥，满园桃李践初心。一批批品学兼优的学子从这里走出，奔赴搏击人生的疆场，踏上建设国家、成就自我的火热征程，而那些为他们呕心沥血的教师们默默坚守在三尺讲台、田间地头，用勤耕不辍的努力托起了一个个年轻人充满光明的未来，用"两鬓斑白亦无悔"的担当践行着教育工作者教育兴国、立德树人的初心！

## （二）改革创新展雄心

学院成立之初，融是主题，稳是关键。常言道：创业难，守业更难。如何在强强联合的基础上高质量发展，紧扣职业教育示范院校、骨干院校建设？学院党委一茬接着一茬干，师生意气风发，大干快上建优质，抢双高，施改革，谋发展，队伍进一步壮大，专业进一步合理，服务能力进一步彰显，"彩虹文化"誉满华夏，治理体系和治理能力得到全面提升，"建赶转改创强"的六字战略稳步实施，从落后到跟跑、并跑，再到领跑，逐步实现，正如"艰辛尽展当年路，苦尽甘来时更艰"。建机制、调结构、激动力、谋长远仍是时代的主题。在两个一百年和百年未有之大变局的历史叠加期，校企合作、新四化、乡村振兴、高质量发展已成为时代热词，优化专业结构、深化教学改革、搭建技能平台、紧扣"三全育人"、推进管理服务制度化，培养更多的优秀人才来支撑区域经济的高质量发展来带动学院的高质量发展。

（三）工学结合孕生机

改革孕育生机，发展迸发源泉。常言道："打破才能出生机。"作为遵义市唯一一所综合性高职院校，学院围绕"工业信息化、新型城镇化、农业现代化、旅游产业化"四化战略，顺势而为，在巩固农业类专业基础上，结合"立足黔北—服务城乡—强农兴工—助推'三宜'"办学定位，明确提出积极发展智能制造、旅游、新工科专业，大力实施"三教"改革，深化产教融合，与企业联合办学，开办产业学院，为区域经济社会发展提供了大量的人才支撑。毕业生学成工作后，无不感触地说，自己之所以能够胜任工作岗位，很大程度上得益于在校期间所受的良好的业务素质训练。在"彩虹文化"育人模式推动下，学院强调知识、能力和素质的协调发展，已初步形成了院系两级实训育人体系，建有校内实验实训基地 8 个，校外实习实训基地上百个。同时，根据遵义市经济、社会发展规划需要，按照"重点推动，协调发展"的原则，着重对底蕴深厚、基础扎实、前景广阔，教学条件好、产学研结合紧密、行业特色鲜明、就业率高的专业进行重点建设，主动融入遵义区域经济和企业、行业发展需要，调整课程设置。在实践教学体系设计上，按照基础、提高、综合三个层次和基本实验、技能训练、专业实习、科研训练、综合实习、社会实践六大模块构建创新和实践能力培养体系。专业课程教学则通过实验、专业实习、课程设计、毕业论文（毕业设计）、社会实践等环节提高学生实践能力。学院成立了由 5~7 名专家（包括企业、社会、政府、相关协会、学会的专家）组成的专业建设指导委员会，建立了由用人单位参与的专业建设和质量监控机制，使学院与行业形成良性互动。经过几年的探索，学院逐步形成了多样化的工学结合、校企合作一体人才培养模式，以及"产学合作""订单培养"和"半期理论、半期实践"的工学交替模式，教育教学成果丰硕，学校呈现勃勃生机。

（四）产教融合搭平台

习近平总书记强调职业教育要实行"产教融合、校企合作、工学结合、知行合一"。因此，直面市场、开放办学、推进校企合作、协同育人是职业教育的必然选择，构建"校企双主体"协同育人模式是培养高技术技能人才的重要渠道，组织教师赴企业进行市场需求调研，对接区域产业结构和转型升级，与企业达成共建专业、合作育人的意向，签订合作育人协议，开设订单培养班，投入教学设备、设置企业奖学金，提供顶岗实习、岗前实训场所，共同参与人才培养的全过程，形成校企合作育人体系。近年来，学院根据市场需求进行专业布局，开设国家级紧缺人才专业、省级教学改革试点专业、省级市级精品专业，构建起适应市场需求、对接产业发展、特色鲜明的专业体系。清晰的办学思路、面向市场的专业设置、优秀的教学团队，托起了学生的成长腾飞梦。2017 年至 2020 年，学院选派师生参加各级技能比赛、创新创业大赛，获得贵州省职业院校技能大赛三等奖等奖项 125 项，其中一等奖 24 项；获得全国职业院校技能大赛三等奖等 13 项，其中一等奖 2 项、二等奖 2 项。所获国家、省级技能大赛奖项，在全国千余所高职院校排名在百余名左右，部分专业出现供不应求的现象。学院还依托地方深挖"乡土"，重点围绕遵义的现实问题开展研究。结合学科专业优势，相继组建了红色文化教育培训中心、乡村振兴研究所，发掘地方丰富的文化资源。与此同时，学校还围绕遵义丰富的茶叶、辣椒生态农产品及旅游资源，发挥学校的人才优势，积极与地方政府、企业搭建研究平台，成立了黔北麻羊协同创新中心。围绕地方经济建设和社会发展，推进"产—学—研"一体化，开展富有地方特色的应用型科学研究，为广大科研人员提供了更广阔的天地，也为学校产学研迅速发展提供了契机。

## （五）品质提升开辟出路

推出三条主线，提升人才质量。

### 1.坚持"品质＋能力"人才培养主线，推进"双百工程"课程体系建设

"品质＋能力"的办学初心，形成潜移默化的培养理念，贯彻在学校人才培养的全过程。学校实施课程体系建设，"十三五"期间重点建设线上线下百门优质课程，编写百种实训教材，此项教学改革，全面提升了学校教学质量与知名度。以能力为导向的人才培养理念体现在三个"一字之改"：一是各专业制定人才培养方案，着眼点由"专业"改为"职业"，一字之改，主动求变，依托校内"一系一实训基地"与校外实训基地，教学分流，使实训、实习教学时数从 20% 增加到 50%；二是改"实验"为"实训"，一字之改，使实训室的建设方向改为仿真，模拟真实生产与工作环境；三是把"考试"改为"考核"，一字之改，使考试形式由单一的期终笔试改为由平时作业、技能操作考试和笔试三部分组成的考核，直接引导教师教学方式的改变。"品质＋能力"的培养理念结出了可喜硕果，遵义职院的学生在各类技能竞赛中屡获奖项，向社会展示了学校的办学质量，让兄弟院校刮目相看。

### 2.实施"强师工程"，打造"双师型"师资队伍主线

学校按照"优化结构、突出重点、强化实践、提升水平"的原则，以"强师工程"为抓手，加强师资队伍建设。实施"1+1"建设计划，优化"双师型"师资队伍结构；设立"教师成长"项目，每年选送优秀中青年教学骨干到各兄弟高职院校研修、学习；通过校内培养和社会引进的方式或聘请有影响力的专家充实专任教师队伍，优化教师结构；在相关企业建立教师工作流动站，分批安排教师进入企业。"植好梧桐凤凰栖"，目前学校专任教师中具有硕士及以上学历的占教师总数的 35%，高级职称教师占总数 15%，具有"双师素质"教师达专职专业教师总数的 60% 以上，一支合格的师资队伍正逐步形成。

### 3. 职场和岗位环境是构建实训实习教学的主线

学院在实训基本建设上舍得花大力气，每年投入数百万元用于实训基础建设，先后建成了一批真实工作环境和场景的实训室，逐步形成系列实训中心。这些实训室设施先进，完全模拟生产岗位环境，贴近实际生产过程。目前学校共建立了6个实训中心，32个专业实训室，50个稳定的校外实习基地。随着校企合作的深化，一批具有"校中厂"和"厂中校"性质的实训实习基地不断创立，"校中厂"和"厂中校"的出现，拓宽了实践性教学的形式和内容。校企共建人才培养平台，实行"2+1"人才培养模式，增强办学后劲力。学院构建"素质教育和通用能力"培养平台，共同制定学生素质教育和综合能力培养的系统方案。通过平台开展思想教育活动，提升学生的情操修养；通过培养系统的训练，形成学生的职业素养。而有序推行"订单式"等新型人才培养模式，进行"量身定做"式培养，学生在顶岗实习阶段就成为企业的员工，实现了学习和就业的"无缝对接"；同时，德育为先，育人为本。学院依托"彩虹文化"育人模式，全面推进以"自律、成才"为主题、以行为规范为重点的学生素质教育。通过加强和发挥课堂思政教育主渠道作用，开展各种主题教育，支持学生参加各类社会实践活动，启迪学生思想觉悟，培育学生成才。

### （六）山水校园动旋律

优美的校园环境是全面推进素质教育、培养高质量人才的重要保障之一。遵义职院合并成立后，学院即着力营造优美的校园环境，统筹规划新校区的校容校貌、人文环境。校园建筑以现代职业风格为特色，布局上体现山水学林、书院气息、生态环保、大气新颖的开放式校园，主体建筑坐北朝南，依山面水（人民公园天鹅湖），一派素雅的天然色泽，经典地演绎了实用与美观的结合。六大院系的每栋教学楼都是一个独立的文化载体，分别承载着不同院系的历史精神和文化内涵。这些以贵州地域特色为主基调的楼宇及飘逸遒劲、娟秀典雅的题词，显示出遵义职院深厚的文化底蕴，深受师生喜爱。园林景观充分利用现有的山水绿化与建筑空间，形成了完整的生态绿化系统；适当优化自然水体，与现存山体相映生辉。树木成园林状分布，现代农业系稼穑园内景观随山势地形或高或低，间有休闲的长凳和石桌，与学校建筑融为一体。

# 第三节 文化传承 提振精神

从 1956 年至今，汇 60 余载文化之浸润的遵义职院在黔北大地执育杏坛，宏文列教。学院聚力实施"质量立校""技能强校""文化活校""特色兴校"四大工程，创新校园"彩虹文化"育人模式，学校教育教学质量稳步提升，知名度、认可度、美誉度、影响力愈发深远。

## 一、文化发展有路径

### （一）校园文化是学校的精神和灵魂

利用地域文化资源构建特色校园文化教育体系，是学院文化建设工作的一项重要内容。地处"红色圣地，醉美遵义"的遵义职院，利用遵义丰富的红色文化资源和现代职业教育理念，不断探索新形势下大学生思想政治教育的新途径、新方法，努力构建体现时代性、把握规律性、富于创造性、增强实效性的校园文化新模式，坚持德才兼备多元育人，培养新时期复合型技能人才，给学生架设了一条从"求知学技增能"到"双创就业出彩"的"彩虹之路"。以"彩虹文化"为引领，努力创造一个人人皆可成才、人人尽展其才的教书育人环境，全员、全过程、全方位帮助学生，引导学生"德勤能绩"全面发展，顺利度过"拔节孕穗期"，成为社会有用之才。

### （二）文化既是传承，也是实践

60 余年的办学历程，学院凝心聚力谋发展，尽心竭力思改革。在 2014 年提出"建转赶改创强"思路后，经过 8 年实践，逐步形成相应制度与办学理念。

#### 1."笃学践行、崇德尚能"的校训

"笃学践行"：毛泽东同志指出"实践是检验真理的唯一标准"。这是一条颠扑不破的真理，强化职业教育要以人才培养目标为抓手，学生要在做中学，学中做，理实一体化，培养工匠大师，锻造教学名师。

"崇德尚能"：职业教育须崇尚职业道德、职业技能，要以德育为先，育人为本，强化实践训练，重德重技重能，全面发展，形成学院科学的人才观、教育观、质量观，充分发挥职业教育在人才培养中的生力军作用。

#### 2."立修身之德、授就业之能、育创业之才"的办学理念

"立修身之德"：学生要有良好的时代品格，职业道德，以诚信为本，须仁厚有德行才能立身，严谨努力才能事业有成。

"授就业之能"：语出屈原"举贤而授能兮"，按照高职院校为地方经济社会发展培养高技术技能人才的目标，教授学生求生技能，树立一技在手、走遍天下不愁的理念，进而实现"三百六十行，行行出状元"的目标。

"育创业之才"：时代千变万化，优胜劣汰，各行各业都在改革中求发展、创新中求生存，既要创新人才培养模式，更要创新技术技能，这是职业教育的生存之道，也是职业教育技能强国的责任担当。

#### 3."立足黔北、服务城乡、强农兴工、助推'三宜'"的办学定位

"立足黔北"：扎根黔北求生存，服务黔北谋发展。契合黔北区域经济社会发展需求，依托遵义区位发展优势、重大战略部署、人文地理资源，弯道取直，后发赶超。

"服务城乡"：按照"坚持红色传承、推动绿色发展，奋力打造西部内陆新高地"战略，推进"产城一体化，山水田融合"与"四在农家"新农村建设和精准服务城乡小微企业。

"强农兴工"：充分挖掘与利用"四校一所"办学积淀与特色，做大做强涉农专业，推进"精准扶贫"，服务"三农"；做精做特涉工专业，助力遵义工业强市，服务贵州"工业强省"战略。

"助推'三宜'"：按照遵义市打造"宜居、宜业、宜游"新型旅游城市建设目标，做强做活人文旅游、建筑与艺术设计等专业，服务遵义全景域旅游强市、全国生态文明城市建设需要。

### 4."政校行企融'四合'一体，'彩虹文化'育时代工匠"的办学模式

按照职业教育要遵循"产教融合、校企合作、工学结合、知行合一"的整体要求，结合职业教育立德树人、德育为先的发展新特点，学院提出了"红色塑魂、蓝色致用、绿色出彩"的校园"彩虹文化"。"红色塑魂"：弘扬传统文化，传承红色基因，坚定理想信念；"蓝色致用"：塑造工匠精神，培养职业素质，提升双创能力；"绿色出彩"：加强身心锻炼，实现知行合一，成就出彩人生。不断增强校政、校校、校企深度合作，紧扣行业特点设置专业、构建专业群，推进"厂中校""校中厂"建设，推行"顶岗实习"，实现"做中学，学中做"，培育大国工匠。

### 5."质量立校、技能强校、文化活校、特色兴校、创新优校"的办学思路

学院坚持社会主义办学方向，2015 年，以创建"全省一流、全国知名、特色鲜明"优质校为发展目标，实施"质量立校、技能强校、文化活校、特色兴校、创新优校"的发展战略，坚持立德树人、以文化人的育人理念，开创学院发展新局面。2018 年，学院获批贵州省优质学校建设单位；2020 年，学院获批贵州省"双高"学校立项建设单位。

### 6. 提出"彩虹文化"育人模式

学院以构建特色校园文化育人为主题，结合新时代要求、职业教育人才培养特点、遵义地域文化特色，从学校、学生实际出发，于2014年提出"彩虹文化"育人模式，构建了以"红、蓝、绿"为基本色的校园文化体系，强化校园文化育人，开展了以"红色塑魂""蓝色致用""绿色出彩"为主题的系列教育教学活动，形成了德技并修育人机制，创立了富有特色的校园"彩虹文化"育人模式，对提高学校的教学水平和教育质量、实现培养目标起到了明显效果，是体现时代性、把握规律性、富于创造性、增强实效性的校园文化育人新模式。"彩虹文化"，即"红色塑魂、蓝色致用、绿色出彩"。在文化浸润过程中，形成了"自强自立，求实求真"的校风，"勤学善思，厚德精技"的学风，"遵道爱生，博学善教"的教风。

## 二、文化传承有抓手

### （一）构建"彩虹文化"

党的十八大以来，党中央和习近平总书记多次强调，在实现中国梦和"两个一百年"奋斗目标的道路上，要坚定"四个自信"。其中，文化自信是对自身文化价值的充分肯定，是对自身文化生命力的坚定信念。习近平总书记在全国高校思想政治工作会议讲话中指出，"要更加注重以文化人、以文育人，广泛开展文明校园创建，开展形式多样、健康向上、格调高雅的校园文化活动，广泛开展各类社会实践"。这就需要在继承和发扬校园历史文化的基础上，创建新时期特色校园文化，通过新的理念和实践探索出一条更能契合时代潮流，促进学生身心健康发展，体现学校特点的特色校园文化。

遵义是革命老区，红色文化资源丰富，利用好遵义丰富的红色资源育人，把红色传统发扬好、把红色基因传承好是遵义高校义不容辞的历史责任，同时也是新时期面临的重大课题。职业教育肩负培养多样化人才、传承技术技能、促进就业创业的重要职责，培育的是具有专业技能与工匠精神的高素质劳动者和人才，必须弘扬劳动光荣、技能宝贵、创造伟大的时代风尚，强化职业素质和工匠精神，努力让每个人都有人生出彩的机会。2014 年，学院提出了"红色塑魂、蓝色致用、绿色出彩"为核心的校园"彩虹文化"。

围绕"为谁培养人、培养什么样的人、怎样培养人"这一个核心问题，学院坚持以德树人、以文化人，紧紧围绕习近平总书记2016年对遵义提出的"传承红色基因、讲好遵义故事"的发展要求，立足遵义的红色文化特质，紧密结合《国家职业教育改革实施方案》所提出的职业教育发展思路，抓住青年学生思想成长、技能学习、劳动锻炼、身心发展在不同阶段、不同层次的需求特点，以社会主义核心价值观为根本，用红色文化塑造人，工匠文化锤炼人，课余文化丰富人，从德、能、行三个方面总结提炼，形成了以"红色塑魂、蓝色致用、绿色出彩"的校园"彩虹文化"。

（二）实践"彩虹文化"

学院将"彩虹文化"作为引领全院师生德能行全面发展的基本目标与方向，抓住职业院校技术技能提升的特点，以知行合一、实现师生共同人生出彩为目标，围绕管理、教学、科研、实训、服务打造立德修身强技的全方位立体文化氛围。为了把理论变成实践，学院成立"彩虹文化"领导小组，健全组织机构，强化组织保障。将"彩虹文化"写入学院章程，明确了体系化的发展方向，对办学理念、办学定位、学风、校风、教风等以文件的形式进行了固化，为学院文化建设提供了制度保障。将"彩虹文化"建设纳入学院"十三五"发展规划，列入"优质校"建设重点项目，融入人才培养方案，单列"彩虹文化"素质学分模块，贯穿教育教学人才培养的整个过程和各个环节，"彩虹文化"育人得到了进一步的贯彻落实。

### 1."红色塑魂"——弘扬传统文化，传承红色基因，坚定理想信念

从人格力量、道德情操入手，铸就爱党爱国的灵魂。学院紧扣"遵义之红"，将遵义厚重的红色文化、人文历史等融入校园文化，建设校园之"红色文化"。把学习传承中华优秀传统文化、遵义红色革命文化、中国特色社会主义的先进文化和社会主义核心价值观融入师生思政教育，纳入学生人才培养方案，明确了学分要求，实施"三走进、三提升"（走进红色圣地，提升政治觉悟；走进发达地区，提升"四个自信"；走进农村一线，提升脱贫攻坚及乡村振兴战略认识），提升师生政治修养和道德素养。围绕"红色故事红在遵职、红色信仰红动遵职、红色文化红满遵职、红色精神红舞青春"的思路，将红色文化融入思政课程中，尝试"课赛、校馆、理实三融合，舞台、馆展、讲堂三链接"的体验式教学模式，让枯燥的思想政治理论课活起来。以思政第二课堂形式，开展红色文化传承，体验"八个一"（读一本红书、看一场红戏、唱一首红歌、走一段红程、演一幕红剧、访一位红人、讲一个红故事、听一次红文化讲座）活动，强化思想政治理想教育。

### 2."蓝色致用"——塑造工匠精神，培育职业素养，提升双创能力

从职业教育的本质出发，培养精益求精的职业品格和技能。通过紧扣职业之蓝，把重技崇能、提升职业素养融入校园文化，建设校园文化之"蓝色文化"。弘扬"劳动光荣、技能宝贵、创造伟大"的时代风尚，实施"三抓好、三强化"工程（抓好实验实训，强化专业技能；抓好技能大赛，强化工匠精神；抓好创业教育，强化双创能力），夯实学生就业立业之本。重视校内实验实训，引进6家企业开办校中厂，与60余家企业共建实训基地，强化实验实训，提升专业技能。把追求卓越、精益求精的工匠精神纳入专业素质教育中，定期举办工匠精神进校园、劳模精神进校园讲座，坚持技能大赛一年一办，积极组织师生参加国家、省、市级技能大赛。把创业教育纳入人才培养方案，明确学分

要求，开设创业教育全覆盖，开辟创业基地，指导学生创业实践，定期举办创业大赛等，培育学生创业创新精神。

### 3."绿色出彩"——加强身心锻炼，实现知行合一，成就出彩人生

融"德、智、体、美、劳"于一体，搭建实现人生价值的彩虹之桥。学院紧扣青春之绿，把绿色青春教育、强化身心锻炼等融入校园文化，建设校园之"绿色文化"。设立了心理健康指导中心、体育活动中心，强化师生身心健康。成立学生大类社团20个、兴趣小组80余个，开展丰富活动。定期举办系列文化传承体验活动，打造一批文化传承活动品牌，引导青年学生放飞青春梦想，铸就辉煌出彩人生。

## 三、文化创新有活力

### （一）打造个性、形象、人文的"彩虹文化"校园环境，彰显文化特征

围绕"彩虹文化"育人理念，将"彩虹文化"元素融入校园建设，使学校的一草一木、一廊一路皆能产生教育的功效，无论何时何处都能感受到教育的魅力，形成时时有教育、处处有熏陶的校园环境。学院打造以"红色塑魂"为主题的校园道路、走廊等文化景观。以红军长征在遵义发生的重要事件来命名学院道路，如乌江路、娄山路等，在道路两旁及墙体装点红色历史故事等，形成了红色之路文化体系，让师生在漫步中时时感受红色文化熏陶。学院打造以"蓝色致用"为主题的楼宇、过道走廊文化。以职业人才培养要求命名教学楼宇，如德艺楼、仁慧楼、知行楼等，结合各教学院（系）的专业特点在过道走廊装点励志故事、工匠人物故事等，让师生在学习、办公场所时时处处感受"蓝色致用"教育，接受工匠精神的熏陶。学院打造以"绿色出彩"为主题的活动区、校园景观区文化，包括景观（雕塑、喷泉、假山、小品、园景小区和

绿化带等）、运动场等，释放青春活力。学院着力建设生态校园，修建了花坛、绿地、休闲山体，规划有校友林、专家领导林、师生林等文化林，栽培有各种花草树木，冬有青、夏有绿、春有花、秋有果。观花、观果、观叶、观枝相搭配，四季有景观，让师生在清香宜人的氛围下学习与生活。在生活区设置美观醒目指示牌体系，从大门到校园各处，设置了指示牌、板报橱窗、宣传牌匾，醒目地方悬挂了校训、社会主义核心价值观、名言警句等宣传学校办学精神的标语。

（二）建构"以人为本"的行为文化，绽放文化光彩

围绕"彩虹文化"育人理念，将红色文化、工匠精神、健康生态的元素融入校园建设，使学校的一草一木、一廊一路皆能产生教育的功效，形成了时时有教育、处处有受熏陶的校园环境。以"举止文雅、行为文明、品格高尚"的行为要求，从礼貌礼节、行为文明等细节着手，不断完善常规管理制度，坚持细节管理常态化，实施德育量化考评制度，编印了《师生文明手册》等，着力强化学生的养成教育。以开展"一节一会一赛"（"一节"即彩虹文化艺术节、"一会"即校园运动会、"一赛"即技能大赛）活动为载体，丰富校园文化生活，师生逐渐养成"每日锻炼 1 小时，健康生活 50 年，幸福生活一辈子"的运动健康好风尚。以抓师德师风建设、强化教师行为的文化示范为抓手，把每年 9 月定为师德师风建设月，举办"拜师"仪式，形成"传帮带"制度，开展系列的师德师风教育活动，发挥好教师言传身教的文化育人价值和作用。

## 四、文化建设有成效

以"红、蓝、绿"三色为基调，构建了多元发展的特色校园文化，形成特色校园文化育人体系；彰显了多彩时代特征、多彩遵义地域特色和多彩校园特点；观念和方法手段不断创新，改变传统校园文化建设模式，改革传统说教式

教育方法手段，通过喜闻乐见、不落说教的校园文化，与教学专业和学生体验活动紧密结合，寓教于乐，使学生在潜移默化中走向"彩虹之路"。

（一）校园管理能力和治理水平进一步提升

党建引领文化建设发展方向，并取得丰硕的成果，先后获教育部全国示范党总支和党支部各 1 个、省"五好基层党组织"5 个、遵义市党课一等奖及优秀党建创新项目 3 个。全面落实党委领导下的校长负责制，构建完备的管理制度体系，完善"三全育人"机制。2017 年被评为贵州省文明校园；2018 年获全国献血先进单位、获批贵州省优质高职院校立项建设；2020 年获批贵州省"双高"校立项建设。

（二）师生共促发展，育人成效显著，"彩虹文化"育人成绩喜人

近三年来，学院教师获全国"五一劳动奖章"1 人，黄炎培杰出教师奖 1 人，省级优秀教师 8 人，市级优秀教师 10 人。每年发展学生党员 100 余人。师生获国家级技能大赛奖 26 项、省级奖 85 项，"市场营销"技能连续两年获国家级一等奖，2019 年全国职业院校技能大赛和教师教学能力大赛排 124 名。学院在"彩虹文化"引领下，培育了以中国科学院院士刘丛强为代表的一批优秀技术技能人才，如获得"2018—2019 就业创业年度新闻人物"王彬同学，以及在地方各级党政部门任职的优秀校友们。

（三）社会影响力不断提升，社会服务能力不断增强

"彩虹文化"育人已成为学院特色文化品牌，得到了韩正、赵克志、陈敏尔等领导同志的充分肯定，其经验在全国高职院校德育工作会议上进行交流。2017 年时任教育部部长的陈宝生莅临遵职，对学院文化建设育人给予充分肯定和指导，他在给学院学生回信中嘱托要"把工匠精神刻在心中，把创新精神融

入血液中"，中宣部"学习强国"平台、《贵州日报》《遵义日报》等媒体进行了宣传报道。学校学科专业不断加强，产教融合、校企结合不断深化，社会培训力度、参与脱贫攻坚的技术支撑能力得到加强，受到了地方党委政府的充分肯定。

## 第四节　薪火相接　铸就特色

跨越世纪风云，薪火代代相传。红军山下，正崛起一所以集现代农业、现代金融、现代人文、智能制造为一体的职教明珠，就像伴随红军山冉冉升起的太阳，矗立在黔北大地的中枢。

学院地处黔北，有着得天独厚的地缘优势，但沧海桑田，世事难料，学院曾一度落伍，随着"建、赶、转、改、创、强"战略的提出，大刀阔斧的改革，往日的生机又出现在公众视野中。一所占地800余亩、建筑面积30余万平方米、在校生13 000余人、学科门类齐全的综合性高职院校正以豪迈的步伐行进在新长征路上。

今天，学院欣欣向荣，团队奋进，蒸蒸日上。永不停息的列车牵引着遵义职院积聚强大的"正能量"，在踩空"骨干高职院校""示范高职院校"的背景下，乘着"建、赶、转、改、创、强"的火车，翻山越岭，赶上了"省级优质高职院校"的高铁，学生规模巨变，从七年前不足4000人到如今13 000余人的体量。短短7年，凝聚着"遵职人"的苦辣酸辛，但却有着里程碑式的意义。

2014年，学院提出独具特色的"彩虹文化"育人模式。从此，以负重拼搏为魂，明确学院学科定位，历经建设省级优质校的艰难跋涉，以提高教育质量为主题、以规范化建设和教风学风建设为重点，锐意革新，整合学科专业，优化人才培养方案，规范教学管理，提高师资水平和办学质量，探索出了一条具有地方特色的办学之路，促进了学院的跨越式发展。

## 一、立足黔北　中流击水竞风流

在职业教育高质量发展的浪潮中，学院应时应势、主动求变、顺势而上，秉持"立修身之德、授就业之能、育创业之才"的办学理念，围绕创建"全省一流、全国知名、特色鲜明"优质学校目标，全面落实"产教融合、校企合作、工学结合、知行合一"的要求，积极弘扬"劳动光荣、技能宝贵、创造伟大"的时代风尚，风雨兼程，确立了"立足黔北、服务城乡、强农兴工、助推'三宜'"的办学定位，紧扣"建、赶、转、改、创、强"的战略，全面落实《国家职业教育改革实施方案》以人才培养目标为抓手，围绕党建、思政、专业、文化、管理、服务建设，抓内涵发展，培育"下地能耕耘、进场懂经营、扶贫能传艺、创业有门路"的高素质复合型人才。通过稳步推进教育教学综合改革，全面提高教育教学质量，瞄准区域定位和产业发展，调整专业结构，构建现代职业教育体系，服务区域经济社会发展，顺应国家发展大局，助力打赢脱贫攻坚战。学院党委坚持立德树人，以文化人，深入落实习近平总书记"传承红色基因，讲好遵义故事"的要求，融入遵义丰富的红色文化、传统文化及学院60多年办学历史，和新时代大学生的时代要求，凝练形成了校园"彩虹文化"，以红色塑魂、蓝色致用、绿色出彩、立德强技修身，融入管理、教学、实训、专业和服务，贯穿"三全育人"各个环节，促进师生全方位发展；确立"质量立校、技能强校、文化活校、特色兴校"办学思路，实抓校风学风、师德师风等建设，培育出一批管理骨干和教学能手；独创"'四合一体'聚校政行企，'彩虹文化'育时代工匠"的办学模式，致力于校企合作、产教融合，进一步推进现代职业教育高质量发展。

## 二、撷创造之举　辑创新之例

2014年来，"彩虹文化"的生动创新实践，破解学院发展各项难题，师生规模翻三番，形成七大院系，在校生万余人，综合排名由全国1000余名突进到500名以内。在促进内涵建设、增强师生赋能、培养职业素质的同时，传承红色基因，弘扬工匠精神，张扬个性特长，全面提升了师生的综合素养与创新、创业能力，形成融文化性、实践性和示范性于一体的"好读本"。学院灵活应变、推陈出新，各项制度设计遵循"高等"与"职业"教育规律，集聚学校所有师生共同创造、坚守的"彩虹文化"育人实践，破解发展各项难题，在促进内涵建设、增强师生赋能、培养职业素质的同时，集聚校内外校馆红色资源共建共享，引导师生传承红色基因，弘扬工匠精神，张扬个性特长，全面提升综合素养与创新、创业能力。其间，由学院党委书记李凌教授主持的"'彩虹文化'育人实践"荣获贵州省教育教学成果一等奖。"红色塑魂、蓝色致用、绿色出彩"的主题构建，分别解答了如何立德树人、培养人才、促进发展的教育根本性问题。从创业到守业，"彩虹文化"始终浸润着、伴随着师生凝心聚力，把"一盘散沙""两张皮"关进制度的笼子里。师生同频共振、提振信心，这是一种"岂曰无衣、与子同袍"的力量、朝气和希望。内涵质量提升直接反映在专业建设、文化建设及社会服务的人才培养中，学院坚持师生主体地位，把内涵的教与学延伸到技能大赛与社会服务中，提升师生创新、创业能力，专业设置、课程教材、教学方法都围绕市场的需求做文章，做到既富脑袋，又富技能，更富素养，满足师生发展需求。师生获得全国、贵州省职业院校技能大赛奖项，位居贵州同类高职院校前列，社会认可度、美誉度迅速升温；建设好一支名师领衔、骨干支撑、专兼结合的高水平教师队伍，在壮大教职工规模总数的同时提高质量；为实现职业技能和职业精神培养高度融合，学院主动求变、积极创造，在校内扩展空间，成立连同医务、招生就业、学生一站式服务与创业孵化基地于一体的创新创业基地。使之不仅成为学生锻炼自身能力的最佳场所，也是拓展信息的服务平台。这不仅是师生理论知识的学习过程，也是师生实践技能的培养过程，"双轮驱动"更有动力。将"红色塑魂，蓝色致用，绿色出彩"为主题的育人实践与师生的立德、强技、强身结合起来，每年投入500余万元用于校园文化各类活动的创建、展示，丰富课余文化育人品类，盘活"一节一会一赛"文化活动资金；党建引领助脱贫，在自身建设资金十分紧张的情况下，5 年里累计挤出 600 余万元，作为专款专项，连同派驻人员下乡扶贫，助力脱贫攻坚。为提升专业技术溢生价值，学院热心城市、农村相关联的技术培训帮扶，先后选派 30 名专家深入遵义市 30 个乡村蹲点开展农业技术培训，累计培训百余次，受益万余人。响应国务院扩招百万的工作部署，承担包括退役军人、下岗工人、新型农民等 4 类人员 600 余万元教学费用支出。其间，学院党委与对口帮扶村之一的党总支双双荣获"全省脱贫攻坚先进党组织"称号，在全省定点扶贫收官之年考核中，是全省 5 家被评为"好"等次的高职院校之一，5 名同志先后荣获全省"脱贫攻坚优秀村第一书记""优秀共产党员""脱贫攻坚先进个人"等荣誉称号。

## 三、仰实践之功　强发展之基

学院通过专业建设为办学注入强劲生命力。办学初期，按照"加强重点专业、培育特色专业、巩固基础专业、扶持新设专业"的思路，以壮士断臂的气魄整合原有专业，构建新的专业构架，形成了以农业类、经管类专业为主体，以机电工程类与学期教育类专业为两翼的"一体两翼"专业构架。以特色求生存，培育办学特色，学院着重从专业建设、科研与社会服务等方面培育地方性特色。2014 年以来，学院围绕中央战略部署、省市布局及现代职业教育精神，结合发展实际，顺应社会需要与市场需求开设专业、培养人才。根据市场走向，以传统优势学科为"根"，适时培育"新枝"，紧紧抓住传统优势学科并将其做大、做强，在此基础上不断完善教学、管理与服务体系，提升师生职业素养与创新创业能力。为此，在专业提质培优上育先机，按照"分级建设，递进提升"的思路，立足当下、思虑长远、积极探索，以"省级骨干专业与重点专业群"建设为引领，以课程建设为关键，做实工程类专业、做特农业类专业、做强财经类专业、做活服务类专业，形成结构合理、整体协调、优势突出、特色鲜明的专业结构体系与精准服务遵义地方经济发展的育人体系。在发展的过程中，总会碰到一个个新的"十字路口"。从传统单科性、专业特征明显的发展方式，向特色优质、现代高水平迈进，既要把自身坚守的"领地"做强做大，也要赶在职业教育发展培养综合型人才的潮流前，深挖农业畜牧、会计等传统特色学科这口"老井"，打造新能源汽车、机器人、物联网、学前教育这样新的"拳头"学科专业。在特色兴校的发展道路上把棋局盘活，找到传统优势学科新的生长点，让现代农业真正地"现代"起来，让加工制造真正地"智能"起来，让汽车维修真正地体现"现代服务"特色。目前，学院已建成2个省级重点专业群与5个省级骨干专业，25个项目获批贵州省质量提升工程项目立项建设。同时，学院本着能用、节用、效用的准则，把历史建筑"老改新"，盘活沉睡64年的建筑，凸显文化底蕴。多方筹措资金引进过亿元实训设备，大手笔完善全校六大院系一系一室新布局，年投入3000余万元用于学生实训设施建设；投入4000多万元，建成竹子、辣椒、黔北麻羊、蜂蜜等一批产、学、训、研相结合的专业群和社会服务基地，用于师生教育教学实训科研，产教不分离、不脱节，有效促进学校教育资源链条式整合，打造工学结合新技术平台。这都是"彩虹文化"育人模式实践中的重要一环。当前，在"十四五"规划质量提升目标指引下，学院对标"双高"高职院校建设开新局，围绕全省农村产业革命12个特色产业，强力推进"兴黔富民行动计划"。目前，学院在完善教学、管理与质量服务体系的同时，对标"全国高水平学校高水平专业"发展指标，高位筹划、小步稳打，已入选1个高水平专业群和2个专业。

## 四、扣时代之需　为师生作答

2014年以来，学院坚持以立德树人为根本，教育教学成果丰硕，管理能力不断提升，各项工作驶入了良性循环发展的快车道。独具特色的"彩虹文化"

深入实践，以制度文化促初心使命教育，以行为文化促内涵提升，以环境文化促精神文明创建，不仅让学院成为知识的传播地、技能的传授地、智慧的启迪地，更让学院成为青年大学生健全人格的养成高地、道德的培养示范高地。迎合世情、国情、党情的深刻变化，为做到"因事而化，因时而进，因势而新"，学院开展固定时间段的政治与业务学习，已经在各院（系）成为行动自觉；开展好党的群众路线教育实践活动，应时做好主题教育与专题教育等系列教育，学院党委先学先行；以红色情景剧展演的形式创新思政"课赛"新形式，传承红色基因，厚植家国情怀。坚持师生主体地位，把内涵的教与学延伸到技能大赛和社会服务中，提升师生创新、创业能力，做到"既富脑袋，又富技能，更富素养"，满足了师生的发展需求。学院举办数十场全国高职高专院校参与的高端交流会，成为全国高职联盟等六项"红色文化教育基地"，还多次受邀在全国高职院校高端会上交流自身特色文化育人模式与脱贫攻坚新成果。学院不闭门造车，强长板、补短板，有"路子"。一方面，关起门来放开臂膀蹄疾步稳急行军；另一方面，敞开明窗壮起胆子兼收并蓄勤追赶，积极参与全国兄弟职业院校的交流，绘制出一张生动鲜活、回味甘甜的文化活校新地图。举办了全国综合排名前十职业院校参与的文化类、思政类高端会议数十场，并多次受邀在全国高职院校高端会议上交流文化建设、德育党建、脱贫攻坚成果。梧桐枝叶茂，引得凤凰来。以两次来校作报告的中国科学院刘丛强院士为代表的大量优秀校友，关心母校发展。这些都是追赶跨越的"为师生作答"之问的最好证明。

　　党的十九大报告指出，完善职业教育和培训体系，深化产教融合、校企合作，优先发展教育事业是新时代的重要任务。从质量立校到文化活校的华丽转身，面对一个个"十字路口"，2014年以来，学院找准方向走对路，德育质量、技能质量不偏不倚，为党育好人，为国育好才。在"科学应变、主动求变"的遵义会议精神指引下，学院不走寻常路，不抱着"不揣其本而齐其末，方寸之木可使高于岑楼"的想法，去对比"楼层"的高度，却只对标"地基"的高低是否一致，在"揣其本"上夯基础、强内涵、做特色、活文化。在迎难而上风雨兼程的新一轮创业过程中，学院抢抓先机、顺势而为；在高等职业教育领域瞄准"靶心"，风生水起势如虹，让人眼前一亮，得到社会极大关注；敢于直面差距，重新审视自身、定义自身，集聚信息资源，思变、求变、应变，敢于刀刃向内，捅破天花板，哪块要缝就抽针缝合，哪块不合高等职业教育时宜的顽瘴痼疾就拔刀砍掉，把"速成品"制成"招牌菜"，找到发展新出路；在顶风"兴浪"中，瞄定高质量发展，一帆竞发踏浪行。

## 五、高质量发展　墙内开花墙外香

60 余年成长，未来征途漫漫。在当前建设"双高"校的高质量发展背景下，学院审时度势，抢抓机遇，以发展为第一要务，注重规模与结构协调发展，明确了"十四五"办学的目标定位和发展规划，制订了应用型人才培养新方案。在经过广泛深入的学习、调研、探索与论证的基础上，根据学院发展实际，把办学目标定为：立足 2025，着眼 2035，远眺 2050。分三步走，将学院建成"遵义离不开、业内都认可、国内可示范、国际可交流"的高水平职业学校和专业（群）。围绕这一办学目标，遵义职院进一步厘清了专业发展思路，明确主干专业，以及围绕主干专业构建专业群；制定了学院《"十四五"发展规划》及专业群发展规划、师资队伍建设规划、文化建设规划等一系列子规划，并扎扎实实地组织实施。在办学规模上，学院坚持根据现实需要和现有条件稳步发展的原则，并按照扩展高职压缩中专的方向，缩减职业中专招生数量。在办学规模取得跨越式发展的同时，将不断加大教学投入，用更高更好的标准改善办学条件。

回眸征程应笑慰，凝心聚力谱新篇。师生员工对学院的昨天、今天和明天，人人底数清、方向明。如今的遵义职院厚积薄发，处处洋溢着生机与活力，迎来了展翅腾飞的大好历史机遇。在 65 年办学历程与 20 年建校历史弹指一挥间，遵义职院曾经历过创业的艰难时刻，亦收获过炫亮的荣耀。如今，她又行进在新的征程——朝着创建全国"双高"校而努力，目光依然坚毅深邃，奋蹄脚步依然铿锵有力。

# 第二章　红色塑魂　立德树人

　　"培养什么人，怎样培养人，为谁培养人"，是教育的首要问题。习近平总书记在全国教育大会上的明确指出："我国是中国共产党领导的社会主义国家，这就决定了我们的教育必须把培养社会主义建设者和接班人作为根本任务，培养一代又一代拥护中国共产党领导和我国社会主义制度、立志为中国特色社会主义事业奋斗终身的有用人才。这是教育工作的根本任务，也是教育现代化的方向目标。"遵义职院始终坚守为党育人、为国育才的初心，把传承红色基因同立德树人根本任务紧密结合，立足遵义实际，坚持守正创新，用好、用足、用活遵义红色资源优势，讲好红色故事，用党的奋斗历程和光荣传统鼓舞斗志、明确方向，在传承红色基因中立德、铸魂、育人。

## 第一节　以德为先　以文化人

　　人才培养是育人和育才相统一的过程，而育人是本，育人的根本在于立德，这个德既有个人品德，也有社会公德，更有报效祖国和服务人民的大德。立德树人，首先是立德。国无德不兴，人无德不立，德"立"住了，人才能"树"起来，才能真正成为对国家、社会有用的人才。立德，就是使受教育者确立世界观、人生观和价值观，形成符合社会规范和发展需要的思想品德；树人，就是将受教育者培养成为人格健全、身心健康、具备一定知识和技能、有利于个体发展和社会进步的全面发展的人。

## 一、立德为本 以德为先

教育是国之大计、党之大计。立德树人作为教育的根本任务，关系到德、智、体、美、劳全面发展的社会主义建设者和接班人的培养，也是塑造高质量教育事业发展新动能的必然要求。古语云："一年之计，莫如树谷；十年之计，莫如树木；终身之计，莫如树人。"说明人的培养是关系长远、成效百倍的大事，应作"终身之计"。我们党历来重视以德育人、以德治教，始终把德育摆在突出位置。中华人民共和国成立后，我们党确立了教育方针，强调要使受教育者在德育、智育、体育几方面都得到发展，成为有社会主义觉悟的有文化的劳动者。改革开放后，中国共产党明确提出要培育有理想、有道德、有文化、有纪律的"四有"新人。党的十八大把"立德树人"明确为教育的根本任务，党的十九大进一步提出，要"落实立德树人根本任务"。习近平总书记带着对新时代中国特色社会主义教育事业的深刻思考，在党的宣传思想工作会议、哲学社会科学工作会议、文艺工作座谈会、教育工作大会、思想政治课教师座谈会的讲话中明确阐明了立德树人教育理念。党的教育方针始终坚持德育为先，把坚定正确的政治方向放在第一位，培养一代又一代听党话、跟党走、扎根人民、奉献祖国的社会主义事业建设者和接班人。

我们的教育对象是青年学生，青少年阶段是人生的"拔节孕穗期""灌浆期"，这一时期知识体系搭建尚未完成、价值观塑造尚未成型、情感心理尚未成熟，加之现在的青少年长期生活在和平环境之下，没有体验过民族生死存亡的苦难，没有经历过血与火的考验，人生阅历相对有限。在市场经济和对外开放条件下，消费主义、拜金主义、功利主义等负面因素的影响不可低估。特别是要看到，各种"敌对势力"从来没有消停过，他们下功夫最大的一个领域就是争夺我们的青少年，这样的斗争是长期的、严峻的。如果不加以正确引导和长期教育，青少年就难以树立正确理想信念，甚至可能走偏。所以，我们必须把立德树人作为根本任务，着力教育引导广大青少年牢固树立马克思主义信仰、中国特色社会主义信念、实现中华民族伟大复兴中国梦信心，更好地肩负起民族复兴的时代重任。

学校自办学以来，始终坚持全面贯彻党的教育方针，坚守教育初心，把"立德树人"这一根本任务落实到培养社会主义建设者和接班人上，落实到培养一代又一代拥护中国共产党领导和社会主义制度、立志为中国特色社会主义事业奋斗终身的有用人才。在人才培养中，坚持以学生为本位，围绕学生，关照学生，服务学生，努力让广大青少年学生既有真才实学，又不断增进个人道德修养、社会担当、家国情怀。牢固立德树人的教育理念，构建了"三全育人"一体化工作体系，将立德树人融入思想道德教育、文化知识教育、社会实践教育各环节，协同推进课程育人、科研育人、实践育人、文化育人、网络育人、心理育人、管理育人、服务育人、资助育人、组织育人。学院以培养德、智、体、美、劳全面发展的社会主义事业建设者和接班人为依据，将德育、智育、体育、美育、劳育"五育"有机融入人才培养工作，充分研究把握德育、智育、体育、美育、劳育之间的规律性联系，坚持以德立人构建完善德育工作体系，坚持以智育人构建完善智育工作体系，坚持以体健人构建完善体育工作体系，坚持以美化人构建完善美育工作体系，坚持以劳塑人构建完善劳育工作体系，把德、智、体、美、劳"五课"纳入人才培养方案，扎实开展五课教育，形成"五育并举"人才培养工作体系，着力实现"以德立人、以智慧人、以体健人、以美化人、以劳塑人"目标任务。

## 二、文化活校　以文育人

坚定文化自信，坚持以文化人、以文育人，是加强高校思想政治工作的重要举措，也是办好中国特色社会主义大学的内在要求。文化自信，是更基础、更广泛、更深厚的自信，坚定文化自信，是事关国运兴衰、事关文化安全、事关民族精神独立性的大问题。面对经济发展进入新常态、改革进入攻坚期、各种矛盾相互叠加、社会思想多元多样多变的新形势，加强文化建设，增强文化自信，激发精气神，汇聚正能量，不仅对于坚持和发展中国特色社会主义尤为重要，而且也是高校坚持以文化人、以文育人，培养人才的迫切要求。习近平总书记在全国高校思想政治工作会议上讲话强调，"做好高校思想政治教育工作，要因事而化、因时而进、因势而新，要更加注重以文化人、以文育人"。这为新形势下更好地秉承文化育人新理念，探索思想政治工作新举措提出了新的更高要求。

高校肩负着人才培养、科学研究、社会服务、文化传承创新和国际交流合作的重要使命，能否有效传承创新文化，是大学核心竞争力的重要标志。习近平总书记指出："在5000多年文明发展中孕育的中华优秀传统文化，在党和人民伟大斗争中孕育的革命文化和社会主义先进文化，积淀着中华民族最深层的精神追求，代表着中华民族独特的精神标识。"中华优秀传统文化是中华民族历经磨难而生生不息的历史积淀与思想宝库，是中华文明赓续传承、屹立于世界文化之林的"基因密码"；革命文化是中国共产党和中国人民在新民主主义革命特殊历史时期形成的精神追求、精神品格、精神力量，也就是人们常说的"红色基因"；社会主义先进文化，是指中华人民共和国成立以来尤其是改革开放以来，在伟大的社会主义实践中孕育出来的，民族的、科学的、大众的社会主义文化。新形势下，加强和改进高校思想政治工作，要更加注重以文化人、以文育人，聚焦主题，创新形式，搭建平台，进一步增强师生文化自信，为落实立德树人根本任务、培养高素质人才提供文化支撑。

学院在长期办学中，始终坚持全面贯彻党的教育方针，把立德树人作为中心环节，把思想政治工作贯穿教育教学全过程，坚持以马克思主义为指导，坚持用习近平新时代中国特色社会主义思想铸魂育人，坚持不懈培育和弘扬社会主义核心价值观，不断创新思想政治工作方式方法，着力把中华优秀传统文化、革命文化和社会主义先进文化有机融入人才培养各环节，引导师生从博大精深的中华文化中汲取滋养、丰富涵养、提升品位，强化以文化人、以文育人，进一步增强师生的中国特色社会主义文化自信。

将文化建设提升到学校发展战略高度，明确把"文化活校"作为学校发展的"五校"（质量立校、人才强校、特色兴校、文化活校、双技亮校）发展战略之一。早在2014年，学校党委进行顶层设计，构建了校园"彩虹文化"。在学校建设发展过程中，将校园"彩虹文化"育人纳入学校"十三五"建设发展规划，列入"优质校"建设项目之一，进行系统规划，投入资金保障，在人力物力财力等方面给予大力支持，有计划分步骤实施，构建良性、高效运行的组织机构，开发富有特色的课程资源库，建成素质高、能力强的师资队伍，形成校本特色文化实践格局。

校园"彩虹文化"育人体系，传承60多载办学精神，充分利用遵义丰富的文化资源优势，结合新时代职业教育特点和高职学生的实际，坚持"以文化人、以文育人"，把思想品德修养、技术技能锤炼、工匠精神弘扬、个性特长张扬相结合，形成了独特的校园"彩虹文化"育人体系。

# 第二节 红色基因 塑造灵魂

红色基因是中国共产党领导人民群众在伟大斗争实践中孕育的先进思想因子的结晶，包含了坚强的精神品质、坚定的理想信念、对党和国家的绝对忠诚、敢于胜利的革命风范等，是中国共产党优秀传统、思想路线、先进本质、精神风范的集中体现，是中国共产党在长期革命与建设实践中孕育形成的思想理论、精神道德、优良作风等代代相传的光荣传统，是党的性质宗旨与初心使命的集中体现，是中国共产党人的精神内核，是中国共产党生生不息、薪火相传的"遗传密码"。传承红色基因就是要传承革命精神，弘扬优良革命传统，从历史经验中筑牢精神支柱，从实践体验中感悟崇高，化思想自觉为行动自觉。

## 一、依托资源优势　传承红色基因

红色文化资源是我们党在奋斗历程中积累的最宝贵的精神财富，是新时期加强立德树人的优质资源。红色文化资源承载了我们党波澜壮阔的革命史、艰苦卓绝的奋斗史、可歌可泣的英雄史，是中国共产党艰辛而辉煌奋斗历程的见证，蕴含着丰富的革命精神和厚重的历史文化，包含了革命先辈的崇高理想和坚定信念，凝聚了党的优良革命传统和集体智慧，是中国共产党和国家宝贵的精神财富。红色文化内涵丰富，所呈现的精神文化传承对于深化爱国主义教育、强化理想信念教育与实现伟大复兴的中国梦具有重要的时代意蕴与价值。党的十八大以来，习近平总书记多次强调，要把红色资源利用好，把红色传统发扬好，把红色基因传承好。

挖掘和利用地方革命文化资源优势，创新拓展赓续红色血脉路径，将红色基因渗进血液、浸入心扉，是确保红色江山代代传的重要路径。用红色基因滋润工匠精神，涵养职业素养，对于培养理想信念坚定、懂技术会创新、敢担当讲奉献的能工巧匠和大国工匠，具有十分重要的现实意义。新时代，我们培养担当民族复兴大任的时代新人，就要用好红色资源，传承红色基因，赓续红色血脉。

遵义是一片有着光荣革命传统的红色热土，红色是遵义的底色。遵义是革命历史名城、革命老区，具有十分丰富的红色文化资源，尤其以长征文化最为突出。中央红军长征期间在遵义转战三个多月，召开了举世闻名的遵义会议，创造了"四渡赤水"出奇兵的经典战例，留下了众多感人至深的红色故事，在中国红色记忆中书写了浓墨重彩的一笔，为我们留存了大量宝贵的精神财富。

　　长征是惊天动地的革命壮举，是中国共产党和红军谱写的壮丽史诗，是中华民族伟大复兴历史进程中的巍峨丰碑。长征这一人类历史上的伟大壮举，留给我们最宝贵的精神财富，就是中国共产党人和红军将士用生命和热血铸就的伟大长征精神。习近平总书记在纪念红军长征胜利 80 周年大会上的讲话指出："伟大长征精神，就是把全国人民和中华民族的根本利益看得高于一切，坚定革命的理想和信念，坚信正义事业必然胜利的精神；就是为了救国救民，不怕任何艰难险阻，不惜付出一切牺牲的精神；就是坚持独立自主、实事求是，一切从实际出发的精神；就是顾全大局、严守纪律、紧密团结的精神；就是紧紧依靠人民群众，同人民群众生死相依、患难与共、艰苦奋斗的精神。"❶ 伟大的长征精神，是中国共产党人及其领导的人民军队革命风范的生动反映，是中华民族自强不息的民族品格的集中展示，是以爱国主义为核心的民族精神的最高体现。

　　遵义会议是中国共产党历史上一次具有伟大转折意义的重要会议。2015 年，习近平总书记在贵州调研时指出："遵义会议作为我们党历史上一次具有伟大转折意义的重要会议，在把马克思主义基本原理同中国具体实际相结合、坚持走独立自主道路、坚定正确的政治路线和政策策略、建设坚强成熟的中央领导集体等方面，留下宝贵经验和重要启示。我们要运用好遵义会议历史经验，让遵义会议精神永放光芒。"❷ 2021 年，习近平总书记在贵州考察调研时再次强调："遵义会议是我们党历史上一次具有伟大转折意义的重要会议。这次会议在红军第五次反'围剿'失败和长征初期严重受挫的历史关头召开，确立了毛泽东同志在党中央和红军的领导地位，开始确立了以毛泽东同志为主要代表的马克思主义正确路线在党中央的领导地位，开始形成以毛泽东同志为核心的党的第一代中央领导集体，开启了我们党独立自主解决中国革命实际问题的新阶段，在最危急关头挽救了党、挽救了红军、挽救了中国革命。

---

❶ 习近平 . 论中国共产党历史 [M]. 北京：中共文献出版社，2021：146.

❷ 同❶：146.

遵义会议的鲜明特点是坚持真理、修正错误，确立党中央的正确领导，创造性地制定和实施符合中国革命特点的战略策略。这在今天仍然具有十分重要的意义。"❶

长征精神、遵义会议精神、红军故事、红色文化等为遵义高校加强思想政治教育，培养可靠的建设者和接班人提供了丰富而宝贵的资源财富，是传承红色基因、落实立德树人根本任务的思政教育资源优势。

遵义职院扎根遵义红色热土办学，紧紧围绕"培养什么人、怎样培养人、为谁培养人"这个根本问题，贯彻落实党和国家关于加强学校思想政治工作的指示精神，牢记习近平总书记2015年在遵义考察作出的"传承红色基因，讲好遵义故事"的殷切嘱托，把遵义革命文化资源优势转化为育人优势，坚持把传承红色基因、赓续红色血脉上升到灵魂工程、固本工程，坚持将红色基因传承与工匠精神培育相融合，用红色基因滋润工匠精神，涵养职业素养，以服务地方经济社会发展为己任，努力培养具有红色基因特质的复合型高素质技术技能型人才。坚持用红色历史教育青年学生，用革命精神涤荡年轻心灵，将红色基因融入青春血脉，引导青年学生从红色文化中汲取干事创业的智慧和力量，厚植爱国爱党情怀，辨清前行方向，明确使命担当，做到知行合一，拥有出彩人生。

## 二、健全体制机制　形成合力育人

遵义职院扎根遵义红色沃土，立足黔北振兴发展，用遵义红色精神育人，培养具有红色基因特质、技术技能精湛的人才，为红色遵义服务。学校通过健全工作机制，构建工作体系，打造载体平台，开展红色体验活动，拓展馆校融合育人，形成了红色文化教育全方位、全过程、全员的育人格局。

---

❶ 习近平. 习近平著作选读（第二卷）[M]. 北京：人民出版社，2023：425.

### 1. 明确育人理念

在人才培养中，确立以"塑红心、育匠才、报红城"为育人理念。坚持把遵义丰富的红色文化资源转化为优质教育资源，充分利用遵义红色文化资源优势，把传承红色基因、赓续红色血脉上升到灵魂工程、固本工程，坚持用好红色资源，传承好红色基因，把红色江山世世代代传下去。坚持潜移默化地浸润教育，锤炼优秀品质，练好职业技能，把学生培育成为地方产业所需、企业生产所要、德才兼备的高素质技术技能人才。

### 2. 健全红色文化教育工作机制

学院党委高度重视，对红色文化育人进行顶层设计，出台了系列制度，定期召开专题会议进行研判；各部门结合工作分工协作，层层抓落实，切实将红色塑魂工作落细落地。红色塑魂育人工作有序推进，形成了"党委主导、上下联动、内外合作、协调推进"的工作机制。学校加强与地方红色文化场馆协作联动，多方协调推进红色文化铸魂育人，先后与遵义地方红色文化资源场馆共建红色文化研学基地 8 个，深化与遵义会议纪念馆、四渡赤水纪念馆等红色文化场馆合作育人，建立了"共搭一个研学班子，共建一个长期运行机制，共建一批研学基地，共报一批研究课题，共育一批优秀师资，共享一批育人成果，共办一批特色活动，共塑一种品牌效应"的协同育人工作体系，实现资源共享，优势互补。学院先后聘请了一批红色文化专家、劳动模范等为兼职教师、客座教授等，充分利用社会资源协同参与育人。形成学校主导，社会参与，多方协同，合力育人的新态势。

### 3. 深化"校馆融合"思政育人

"校馆融合"思政育人，是指学校与红色文化场馆深度合作、相互配合、相互渗透、相互交叉，形成思政育人共同体，实现资源共享、优势互补、协同育人。"校馆融合"思政育人是传承地方红色文化坚定文化自信的需要，是实现革命文物资源运用与加强思想教育的有效结合的需要，是构建新时代"大思政课"发展格局的需要，新时期深化"校馆融合"思政育人更有时代价值与现实意义。在探索实践中，学院不断健全完善体制机制，形成资源共享、优势互补的"六个一"举措。

一是共建一个班子，形成合作机制。"馆校融合"思政育人需要搭建一个学校与红色文化馆双方人员共同组织的领导班子和工作团队，制定"馆校融合"思政育人相关制度，定期召开协调会、推进会、研讨会、工作总结会，研判工作中存在的问题，采取有效的措施，切实推进工作。通过共搭领导班子，明确专人负责具体工作，完善制度，定期组织开展活动，形成"馆校融合"思政育人常态化体制机制。

二是共建一批基地，搭建融合平台。革命纪念馆是中国共产党与中国革命辉煌奋斗历程的重要见证，其社会教育功能往往通过遗址、遗迹、遗物、图片等各种实物以感性方式呈现。高职院校思政课内容中包含对实践经验的高度概括和抽象概念的理解，蕴含着严密的历史逻辑和历史规律，具有很强的理论性。革命纪念馆社会教育突出感性教育，高校思政教育强调理性教育，虽然两者侧重点不同，但在实践路径上互通互补。学校在遵义会议纪念馆、四渡赤水纪念馆等红色文化馆挂牌共建实践研学基地，红色文化馆也在学校挂牌建理论提升研学基地。通过共建基地，定期组织开展研学研修，共建实践教育教学项目，开展实践教育教学活动，为馆校思政育人搭建了融合平台。

三是共建师资队伍，实现互融互通互用。红色文化场馆拥有一批专业的红色文化专家和讲解员，是开展思政教育的重要资源和力量，深化"馆校融合"思政育人必须要用好红色文化场馆专业化队伍。革命纪念馆专业技术人员与思政教师互融互通，相互补充学习，是充实建设高水平思政课教师队伍的重要渠道。学院选聘一批红色文化场馆的研究人员、讲解员为学院兼职思政课教师，定期到学校上思政大课，或开展专题讲座，或承担研学实践指导，或开展现场教学，充分运用学校"红色文化长廊"开展"行走的思政课"等。学校选派理论功底强的教师参与红色文化场馆红色教育资源整理与研究，利用假期安排思政课教师到红色文化场馆进行实践锻炼，和红色文化场馆的专家、讲解员共同提升，在参与中体会感悟红色文化的丰富内涵和突出品格。通过交流切磋、实践体悟等多种方式，提升教学能力和科研能力。

四是共建一批课程，实现资源共建共享。红色文化场馆的社会教育与高职院校思政课的内容具有很强互补性。红色文化场馆的历史资源丰富而可见、可知、可感，能够更加生动形象地融入思政教育。学校与遵义会议纪念馆、四渡赤水纪念馆等红色文化场馆的数字资源实现共享，联合开发专题课程，联合编写了《赓续红色血脉——100个红色故事》等学生辅学读本，共建省级思政课精品开放课程1门。通过挖掘红色文化场馆中所蕴含的教育资源，开发红色教育专题课程，共建共享课程资源可以为思政教育提供更丰富、更优质的内容供给。

五是共推一批活动，形成特色品牌。实践活动是高校思政教育教学的必要延伸，搭建教学实践一体、方式方法灵活的思政"大平台"，开展实践教育活动，有利于更好地把理论讲深、讲透、讲活，对于提升大学生思想素质有重要意义。红色文化场馆具有生动形象、感染力强的独特优势，学校与地方红色文化场馆深化合作，每年把进遵义会议纪念馆听讲解作为新生开学第一课。学校与四渡赤水纪念馆联合定期举办"四渡赤水出奇兵"展览进校园、女红军故事讲述会进校园等红色教育活动，与红色文化场馆联合举办思政课"课赛融合大赛"、长征组歌演唱大赛等。组织学生夏令营、入党积极分子、后备干部进红馆，思政教师假期社会实践等。通过系列实践教育，提升了思政教育教学的鲜活度和感染力。

六是共研一批成果，用成果体现合作成效。思政教育教学和科研是一个整体，两者互为表里、相得益彰。科研围绕教学的重点、难点、热点，才更有生命力；教学只有吸收采纳最新的科研成果才能孕育金课。地方高职院校通过加强与地方红色文化场馆协同开展科研合作，深度挖掘革命纪念馆教育资源的丰富内涵，为思政课教育教学提供深厚的学理支撑，可以形成自身科研特色。学院与地方红色文化场馆合作，围绕红色文化资源开发利用、地方红色文化资源融入思政课和课程建设、红色文化教育方法路径创新等进行研究，通过申报一批课题，推出一批论文，开发一批项目，取得了一定成果。

# 第三节 浸润滋养 体验感悟

红色基因的传承相比生命基因来说，不是自然而然轻而易举就得来的，红色基因传承需要细化落实到每个人身上，进行红色基因的教育与培养。习近平总书记指出："革命传统教育要从娃娃抓起，既注重知识灌输，又加强情感培育，使红色基因渗进血液、浸入心扉，引导广大青少年树立正确的世界观、人生观、价值观。"

遵义职院在人才培养中，坚持用习近平新时代中国特色社会主义思想武装头脑，用红色基因筑牢信仰之基，补足精神之钙，融入爱国主义教育和社会主义核心价值观，将红色文化教育纳入日常学习、文化活动中。引导青年学生从党的伟大历史中汲取精神营养，从历史经验中筑牢精神支柱，从实践体验中感悟崇高，保持艰苦奋斗等优良传统和作风，坚定政治信仰，永葆初心，化思想自觉为行动自觉，把传承和弘扬红色基因落实到学习工作上。

## 一、"四红工程"带动育人

把红色资源利用好、把红色传统发扬好、把红色基因传承好，是一项系统的工程，学校进行系统规划，实施"四红工程"，以"四红工程"带动全面实施红色文化铸魂育人。

### （一）实施"红色故事红在遵职"工程

"红色故事红在遵职"就是要在校园处处有红色故事、时时讲红色故事、线上线下都充满红色故事，用红色故事传承红色基因，赓续红色血脉。

### 1. 推进红色故事进教材、进课堂

学院组织挖掘收集资料，先后编写了《红色塑魂》《红色故事我来讲》《红军长征故事集》等红色故事校本教材，收录遵义特色和职教元素的红色故事，让红色故事赓续红色血脉，让红色故事引导学生认识职业精神，培养职业素养。在图书馆、读书角设立红色故事阅读区，购置、收集红色故事书籍供给师生阅读，让红色故事触手可及。将红色故事融入思政课，结合教学内容讲好红色故事，定期举办思政课课赛、红色情景剧大赛，让师生共同编撰演绎红色情景剧脚本，参与红色人物扮演，推动学生研究红色历史、感悟红色人物、体验红色精神的热情，深化思政育人效果。

### 2. 将红色故事融入校园环境建设

学院在校园建设中，在特定地方塑立红色故事雕塑，修建了红色故事文化墙，在廊道、宿舍、教室、食堂等室内环境用宣传板等形式展示红色小故事；用红色元素命名道路、广场，围绕红色命名，用永久展示的告示板、文化石等形式讲述相关红色故事。

### 3. 运用新媒体展示红色故事

建设红色文化教育传承展厅讲述红色故事，作为对师生进行红色文化教育的主要场所，展厅将红色故事以声、光、电等多种形式进行展示、讲述，感悟学生，触动学生心灵。同时，通过宣传平台，在官网、微信、抖音及橱窗、LED屏等校园媒体平台开辟专栏，以声音、视频、文字讲述红色故事，推动师生共讲共谈红色文化。校园广播站设立红色故事专栏，每天讲述一个红色故事。

### 4. 开展红色故事讲演活动

学院定期邀请红色文化专家和具有时代精神的典型人物到校为师生讲读红色经典故事；组建了红色故事宣讲队，定期开展学院红色故事讲述活动，每年

评选优秀红色故事讲述员。将"娄山大讲堂"作为红色故事讲述场所，定期举行红色故事讲演活动，让师生共上讲堂，讲故事，谈感悟，用歌舞、音乐、舞台剧讲述红色故事。学院红色文化教学研究团队，组织教师主动收集红色资料，研究红色文化，给学生讲授红色故事和研究成果。

## （二）实施"红色信仰红动遵职"工程

"红色信仰红动遵职"，就是用红色信仰感染师生，教育引导师生传承红色基因，赓续信仰力量。在中国共产党历经百年的坎坷磨砺后，始终不忘的是实现共产主义最高理想和目标，而这一坚定的信念，也为中国共产党排除万难、绝处逢生、重见曙光提供了最强支撑。习近平总书记指出："一代又一代共产党人为了追求民族独立和人民解放，不惜流血牺牲，靠的就是一种信仰，为的就是一个理想。""对马克思主义的信仰，对社会主义和共产主义的信念，是共产党人的政治灵魂，是共产党人经受住任何考验的精神支柱。"信仰是灵魂的根本，是精神的支柱，是力量的源泉。

### 1.思政课程讲信仰

将学院思政课程作为培养学生红色信仰的重要环节，在思政课程中融入红色文化内容，设置红色文化专题课程，从历史、诗歌、歌舞、电影等多渠道多形式讲解党的革命史、长征史，解读红色历史与文化背后革命者前赴后继的信仰支撑与信仰追求，结合当代实际，引导学生领悟红色信仰，培养红色信仰。

### 2.课程思政融信仰

红色文化融入基础课程和专业课程，以课程思政形式讲述红色故事中的职业技术技能，讲述技术技能发展过程中的红色历史，让学生在专业学习中感悟信仰的力量，提升职业素养，引导学生在思想政治和学习上不断追求进步，坚守职业道德，培养家国情怀。

### 3. 走出课堂感信仰

建立机制，带领学生走出课堂，到遵义会议纪念馆、遵义红军山烈士陵园、娄山关战斗遗址等红色文化教育基地开展现场教育教学，进行实践研学，开展与红色历史对话主题教育；推动开展教育部"青年红色筑梦之旅"；组织开展清明节为革命先烈扫墓活动；开展走访红军后代听事迹、走一段红军长征路，让师生在课堂之外感受当下幸福来之不易，感受红色革命信仰，培养社会担当与责任意识。

### 4. 重要纪念日谈信仰

在建党节、建军节、国庆节，以及各类红色革命纪念日组织开展万人升国旗、唱红歌、报告会、座谈会等纪念活动，组织红色信仰进班会课堂，让学生在学习历史中谈感悟、谈信仰。

### 5. 党团组织建设坚定信仰

加强党组织建设和团组织建设，深入学习践行党的先进理论，培育师生中党团员坚定的政治信仰；发挥党团组织核心战斗堡垒作用，在校园工作、学习中展示党团员的先锋模范作用，在师生中形成信仰的感召。

### （三）实施"红色文化红满遵职"工程

"红色文化红满遵职"，即是通过营造红色文化氛围，融合管理、教育、教学、实训，以及服务等各个环节，展现在学院各个场所、活动中，实现全员、全方位、全过程的红色文化塑魂育人。

### 1. 将红色文化与校园硬件环境建设紧密结合

打造学院"彩虹文化"3A级景区，让红色文化渗透到校园的每个角落，让一树一园蕴含红色元素，一楼一系展现红色基因。在校园规划中，通过道路、广场使用红色文化元素命名，打造红色文化展示广场，在院系教学楼宇中植入专业发展历史中的红色文化因素。

### 2. 将红色文化建设作为师生思想政治教育的重要内容

开展红色文化学习，引领师生思想教育，坚定政治方向，增强"四个意识"、坚定"四个自信"、做到"两个维护"，将红色文化作为教师日常政治理论学习和新入职教师培训重要内容，作为学生思政课程、课程思政及第二课堂教学必修内容。

### 3. 将红色文化展示在学生日常行为中

把红色文化与社会主义核心价值观紧密结合，在校园环境中展示红色文化，用红色故事、红色历史教育引导学生，在红色文化教育中领会社会主义核心价值观的精髓，引导学生规范日常行为，勇担社会责任。

（四）实施"红色精神红舞青春"工程

青春，是人生最美好的季节，是一个充满着个性与张扬的时代，是一个充满着智慧与力量的时代，青春是理想的火炬，充满彩色与梦幻。同时，青少年阶段是人生的"拔节孕穗期"，最需要精心引导和栽培。习近平总书记强调："青少年是祖国的未来、民族的希望。我们党立志于中华民族千秋伟业，必须培养一代又一代拥护中国共产党领导和我国社会主义制度、立志为中国特色社会主义事业奋斗终身的有用人才。""红色精神红舞青春"，就是要用红色文化教育青少年，用红色精神武装青少年，以红色精神鼓舞青年学生努力学习技术技能，强健身心，培养坚韧不拔的意志，敢于创新创业，勇敢面对困难，勇担社会责任。

### 1. 培养敢为人先的首创精神、百折不挠的奋斗精神、忠诚为民的甘于奉献精神

发扬红色革命精神，打造红色党建宣讲课堂，把红色革命精神纳入基层党组织建设和党课培训计划，组织"红色精神我先行"系列教育活动，把红色革

命精神内容融入积极分子、发展对象培训，教育引导学生传承红色基因，自觉成为弘扬红色精神、传承红色文化的先锋。成立红色精神研究中心，以红色精神与职业教育文化研究为切入点，打造师生员工增强党性的"熔炉"、弘扬革命传统的"加油站"、促进科学发展的"服务站"。依托研究中心，将传承红色基因和打造党建基地相结合，把发掘党建文献史料和弘扬红色革命精神相结合，举办学术会议，开展学术研究。

**2. 培养家国情怀、实事求是、顾全大局、严守纪律、紧密团结的精神**

学院结合重要历史时间节点，积极组织开展各类纪念活动，通过亲身的实践体验，让学生从心灵深处感悟和领会红色精神。学校每年3月组织系列学雷锋活动，每年清明节组织"缅怀先烈、铭记历史"班级红色诗歌朗诵比赛，组织学生代表赴红色教育基地参观学习；增强新生开学军训和入学教育中的红色精神体验内容，组织开展国庆节红色歌曲、情景剧等系列活动，让红色精神融入学生生活。每年的12月组织纪念"毛泽东诗词"学生书法、朗诵等竞赛。将红色精神元素融入运动会，突出运动中的集体意识、纪律意识、团结精神，让师生重温峥嵘岁月，感悟红色精神。

**3. 培养吃苦耐劳、艰苦奋斗的创业精神**

增强学生对红色精神的认同感，领悟吃苦耐劳、艰苦奋斗在新时代仍是必需的品质。要充分利用纸质或电子媒介，让长征精神"渗透到师生的意识中、习惯中、生活中。用红色精神命名和组织各类体育运动和劳动课程，用学生喜闻乐见的形式，感受革命先辈的奋斗史，让学生从内心深处感受艰苦奋斗的必要性，在实践活动中体会吃苦耐劳的精神，拉近与历史的距离。创新劳动教育模式，深入开展学术劳动周教育，让学生参加劳动。从新生军训开始，劳动周安排学生到企业参加社会实践和到实训中心进行训练，让学生慢慢养成劳动习惯，改变自己的劳动态度，培养学生的劳动意识，也为自己未来职业做好准备。

**4.培养谦虚谨慎，坚定信念，独立自主，敢于斗争，敢于胜利的精神**

鼓励学生创新创业，将红色精神融入学生"双创"教育教学中，培养学生敢于面对困难，善于处理问题，谦虚谨慎的创业就业作风。在教育教学中，用党史、新中国史各个历史阶段所展示的红色精神命名"双创"教育课程，在校内建设红色拓展中心，用红色精神命名相应项目，组织学生开展训练，培养学生吃苦耐劳、敢于拼搏的勇气与耐力。

# 二、"四红五进"深化育人

学院对接高职院校高素质技术技能目标达成，以社会主义核心价值观为主导，结合学校实际和高职学生特点，依托丰富的遵义红色文化资源，以红色文化"浸润"教育，通过"四红五进"，将遵义红色文化资源从表层次的普识教育引入深层次的内涵教育，真正把遵义红色文化的历史内涵与时代价值浸入学生成技、成长、成才、成人全过程，让学生用大历史观辨析大千世界，自觉抵御西方意识形态的渗透，培养信马列主义、有工匠精神、能吃苦耐劳、靠技能立身的高素质技术技能人才。

（一）"四红"工作举措

学院用革命红色文化浸润办学治校，确立了"建设红色环境、讲演红色故事、开展红色体验、塑造红色灵魂"的工作思路，以"四红"营氛围、明举措、强体验、达目标。

## 1.建设红色环境，营造氛围熏陶

校园文化氛围对于强化大学生的思想政治教育和塑造良好的精神风貌、形成文化认同意识具有重要的熏陶作用。学院在校园环境建设中融入红色元素，营造红色文化氛围。建造凸显红色文化的物化载体。以弘扬长征精神和遵义会议精神为主题，建设了 1935（长征）文化广场、党建精神谱系文化长廊、红色文化体验馆，成立长征组歌歌舞团、红色教育研究中心，开办了"娄山大讲堂"，形成了"一场、一廊、一馆""一歌舞、一中心、一讲堂"六个红色育人平台。用红色文化元素命名校园道路、楼宇，在路旁、楼下，立红色文化雕塑，设红色文化宣传栏，开展红星寝室、红星班级文化评比活动等，将红色文化浸润入学仪式、毕业典礼，融入学校"彩虹文化艺术节"。将红色文化全方位融入学生的学习生活中，让学生在革命红色文化环境中受到熏陶。

**2. 讲演红色故事，达成情感触动**

红色故事承载着红色历史，铭刻着红色记忆，流淌着红色血脉，凝结着红色传统。习近平总书记强调，要讲好红色故事，让红色基因代代相传。讲好红色革命故事是传承红色基因的重要手段，讲好一个故事胜过一堆道理。学院以讲演红色故事为红色文化传承主要形式，定期举办红色故事、红色情景剧讲演活动，利用党课团课、主题班会结合党史学习，讲述红色故事。学校形成处处有红色故事、时时讲红色故事、线上线下都在讲述红色故事，让学生在讲演红色故事中受到启迪，达成情感触动。

**3. 开展红色践行，体验感悟升华**

学生优良品质的形成离不开各种活动，红色文化育人需要实践感悟。学院把读一本"红"书、看一场"红"戏、唱一首"红"歌、走一段"红"程、演一幕"红"剧、访一位"红"人、讲一个"红"故事、听一次"红"文化讲座确定为学生红色传承"八个一红"模式，定期组织唱红歌、读红书、红色传承演讲，组织清明节扫墓、重走长征路等活动。党团主题活动，组织学生到革命战斗遗址、红色文化场馆、博物馆等接受革命传统教育。学校专门组建传承红色基因国防教育示范班、红色文化宣讲队等，通过重点示范，全面带动推进红色文化传承。

### 4.塑造红色灵魂，引领全面发展

教育的根本任务是立德树人，教育的目标是培养德、智、体、美、劳全面发展的社会主义建设者和接班人。学院始终坚持立德树人、以德为先，以促进学生全面发展为目标，坚持红色传承"三结合"（将红色传承与人文精神、科学精神结合，将红色传承与职业素养、职业精神结合，将红色传承与青年学生人格教育相结合），努力实现学生全面发展。构建校内外协同开展红色文化育人机制，将其贯穿学生三年成长过程，浸入学生的学习生活，实现铸魂、正心、力行，让学生在红色传承中塑红魂，在赓续红色血脉的过程实现德、智、体、美、劳全面发展。达成传承红色基因、落实立德树人根本任务，培养服务经济社会发展的高素质技术技能人才。

### （二）"五进"实施路径

以遵义革命红色文化"进校园、进专业、进课堂、进教材、进阵地"的"五进"为纵深路径，将革命文化育人贯穿人才培养全方位、全过程，浸润到教育教学中，以"五进"明路径、改方法、求实效。

### 1.进校园

定期组织英模劳模等进校园，让学生感悟信仰和榜样的力量。学院先后邀请"时代楷模"黄大发、全国三八红旗手陈丽容等先进典型及红军后代为学生开展讲座40余场次。通过校馆合作开展红色文化展览、红军故事讲述会进校园等，让学生零距离感受红色文化。先后与四渡赤水纪念馆、女红军纪念馆等举办活动30余场次。

### 2.进专业

打破红色文化教育与专业教育之间的"孤岛效应"，将传承红色基因、赓续红色血脉作为专业人才素质教育内容，设置素质学分，开设红色文化课程，构建红色文化＋专业（群）人才培养方案60个。

### 3. 进课堂

将红色文化融入第一、第二课堂，第一课堂发挥主渠道作用，提升理论认知，开办"娄山大讲堂"，邀请红色文化专家开展讲座 50 余场次。第二课堂开展传承践行，组织师生到遵义会议会址、娄山关战斗遗址等开展红色传承活动 200 余场次。

### 4. 进教材

在思政课程中，结合课程和教学内容，增加遵义红色文化教学内容。在课程思政中融入遵义革命文化元素，丰富课程思政内涵。学校还组织编撰《红色塑魂》《遵义 "红"》《遵义红色旅游》等校本教材。

### 5. 进阵地

用红色文化引领思政、党建、团建、社团、网络等阵地建设，树牢信仰信念，守牢意识形态阵地。将思想政治教育贯穿教育教学全过程，深化融入式、嵌入式、渗入式教育，构建阵地建设、管理机制、宣传引导、政工队伍 "四位一体"联动机制，通过各类校园文化活动，坚定学生理想信念，践行社会主义核心价值观。组织学生利用参观革命遗址、入团入党、重大节日等进行理想信念教育，开展万人颂经典、万人唱红歌、万人升国旗等活动，组织 "唱支山歌给党听""我与党旗合个影""对党说句心里话"等党团社团活动，树立正确三观，增强情感认同，坚定信仰信念。

"四红五进"工作体系，充分利用遵义红色文化资源优势，把红色文化资源优势转化为育人优势，坚持德育为先、立德树人，以浸润教育理念创新红色文化育人路径，提升人才培养质量，在社会上产生了较大影响。其经验在多次会议上进行交流，兄弟院校借鉴运用反响良好，《中国教育报》、人民网、《贵州日报》等媒体进行了报道。"以遵义革命文化为引领，'四红五进'赓续高职生红色血脉的路径探索与实践"项目荣获贵州省职业教育教学成果奖特等奖。

# 三、"三融合三链接"体验育人

牢牢把握立德树人根本任务，树立"因事而化、因时而进、因势而新"的思政工作理念，坚持守正创新，不断在改进中加强思政课建设；按照习近平总书记提出的"六要"要求，抓好思政课教师队伍建设，以"八个相统一"为根本，推动新时代高校思政课改革创新。思政课建设中充分融入遵义红色文化资源，改进教学方法，扎实推进思政课实践育人，从思想性、理论性、针对性和亲和力上多维发力，发挥好思政课这一关键课程在引导青少年立德成人、立志成才方面不可替代的作用，努力做到思政课建设有力、有为、有效，给学生心灵埋下真善美的种子，引导学生扣好人生第一粒扣子。

思政课教育教学中，充分利用遵义红色文化资源优势，推动红色文化进教材、进课堂，调动多方社会力量参与思政育人，创新课堂教学方法，拓展教学形式，传承红色基因，讲好遵义革命红色故事，打造红火思政教育金课，探索实施思政课"课赛融合开展、校企融合育人、理实融合进行"，思政课堂"链接舞台、链接馆展、链接讲堂"，形成了红色文化融入思政课的"三融合三链接"的红色思政课体验式教育教学模式，让枯燥的思想政治理论课活起来、火起来。

## 1. 思政课"课赛融合"

将思政课教学内容和实践活动有机结合，开展思政课实践活动大比赛。将思政课实践活动项目化，围绕"红动遵职八个一"活动，以"用好红色资源、传承红色基因、赓续红色血脉"为主题，坚持每年定期举办思政课"课赛融合"实践教学大赛。先后以"红色情景剧讲演大赛""红色家书颂演大赛""抗疫故事讲述大赛""脱贫攻坚故事讲演大赛""红军长征转战遵义故事讲演大赛"为主题，举办了五届"课赛融合"大赛。通过思政课教师组织教学班级开展主题实践教学初赛、选拔、推荐，在学院层面组织决赛等环节，打造思政课"课赛融合"活动品牌，传承红色基因，讲好遵义故事，进一步坚定学生的理想信念。

### 2. 思政课"校馆融合"

与红色文化场馆、企业等深度合作，实现校企融合育人。学校先后与遵义演艺集团公司、遵义会议纪念馆、四渡赤水纪念馆等单位合作，围绕"四个一批"（即建设一批教育实践基地、开发一批专题教学项目、培养一批教育示范精英、打造一批育人品牌活动），建立健全体制机制，创新合作育人模式，深入开展校企融合思政育人。学校与遵义演艺集团公司合作，把该公司的历史剧《伟大转折》作为学院思政体验课堂，公司派专家到校指导学生演艺活动；学院与四渡赤水纪念馆等红色文化场馆合作，定期举行"送红展"入校园，红色故事讲述会进校园等活动，让学生在校园、在线上参观红色文化展览，聆听红色故事。校企双方在师资培养、红色文化教材的编写、红色文化育人研究等方面都开展了合作，形成了一批成果。

### 3. 思政课"理论与实践融合"

理论与实践融合开展教学活动。改变原来思政课理论与实践相脱节的状况，将理论讲授、实践活动相融合，把思政课实践活动项目化，在思政课教学中融入多个实践活动项目，如"诵读红色家书，传承红色精神""访劳模谈体会""我的家乡变了样——改革开放成就演讲"等，通过实践活动项目的实施，进一步促进理论的升华。

### 4. 思政课堂"链接舞台"

让学生自编自演或观看表演。将思政课变成舞台，让学生自编自演节目，如演女红军的故事、"时代楷模"黄大发的故事、红色情景剧等，台上台下，师生一起构思、写剧本、查资料、排练，让学生在表演过程中学习更多知识，接受更深刻的教育。将思政课搬进演播厅，与遵义演艺集团公司签约，把该公司的历史剧《伟大转折》作为思政体验课堂，定期组织学生观看；组织学生观看红色舞台剧、红色影视等，让学生在亲临实景中接受教育。

### 5.思政课堂"链接展馆"

让学生参观展览，或讲解展览内容。把红色文化熏陶作为新生开学第一课，学院每年9月与四渡赤水纪念馆联合举办"四渡赤水出奇兵"展览，与女红军纪念馆合作定期开展"女红军故事讲述会"进校园活动，同时举办网上"红军四渡赤水故事会"等。通过联合举办红色展览入校园活动、组织学生就近参观科技展览、遵义博物馆展等，通过让学生看、让学生讲、让学生体验等方式，扩展了学生的知识面，提升了学生的人文素养和思想素质。通过组织教师、学生讲解展览内容等，锻炼了师生的相关技能，增强了师生自信。

### 6.思政课堂"链接讲堂"

让学生听报告讲座，或开展思政宣讲活动。定期聘请校外专家、领导干部到校上大课，讲解习近平新时代中国特色社会主义思想、红色文化、时事热点等；组织英雄劳模到校宣讲先进事迹，让学生在课堂亲身感受名家大师的魅力，接受英模事迹的熏陶。同时组织学生把思政课堂变成讲堂，让学生开展宣讲活动，培育红色文化宣讲员，从宣讲中升华理论认识。

思政课"三融合三链接"的体验式教育教学模式，改变了传统思政课以教师讲授、学生被动听的模式，形成了学生参与完成项目任务的过程性教学；改变了传统思政课教学仅在教室上理论课的单一地点和内容的方式，形成了思政课堂"链接舞台、链接展馆、链接讲堂"的多场所、多形式、多途径、多内容的现场体验式教学；改变了传统思政课教学只有学校单一主体的状况，形成了学校、企业、地方党政干部、英雄楷模等多方参与、资源共享的思政课育人模式。思政课"三融合三链接"体验式教学模式的实施，强化了学生参与的过程性、现场体验性，丰富了课堂教学的形式与内容，调动了社会多方参与思政课育人，增强了思政课教学的实际效果，成为学生想听爱学的"热门课"。学生的知识、能力、素养得到了提升，思想道德品质得到了加强，学生对思政课的期待增强了，参与思政课教学与实践的热情提高了，对思政课带来的实效性评价也提升了。

# 四、"三走进，三提升"拓展育人

为深入贯彻落实习近平总书记关于教育的重要论述、全国教育大会精神，全面落实《国家职业教育改革实施方案》等相关文件精神，实施好"新时代高校思想政治理论课创优行动"，建设一支素质优良的教师队伍，培育好新时代全面发展的复合型高素质人才，学院全面实施了"三走进，三提升"素质提升行动。通过实施"三走进，三提升"，让师生走进信念之地，走进社会课堂，用实际的感受与体现提升理想信念、职业素养、家国情怀，增强社会责任和个人就业自信，助推立德树人根本任务的落实，助力学院高质量发展。"三走进，三提升"拓展了思政教育新形式，拓展了大思政教育格局。

## （一）走进红色圣地，提升政治素养

采取集中与分散等形式，组织师生走进红色革命圣地，接受革命传统教育，坚定理想信念，提升政治素养，让教育者先接受教育，让讲信仰的人先有信仰，让受教育者真正受教育。通过组织师生走进红色革命圣地，接受革命传统教育，系统开展遵义红色文化教育培训。遵义革命红色文化资源丰富，作为地处遵义的高职院校，必须依托红色文化资源，以学校"彩虹文化"育人理念，加强遵义红色文化教育，促进师生对遵义红色文化的了解与掌握，进一步落实习近平总书记"传承红色基因，讲好遵义故事"的嘱托。

### 1. 深化思政课教师遵义红色文化教育

定期组织思政课教师参加红色文化专题培训，组织教师到遵义红色文化教育基地实践研修，让思政课教师全面系统了解和掌握遵义的红色文化和红色精神，为进一步推进遵义红色文化进教材、进课堂和参与红色文化培训夯实基础。

### 2. 加强专业课教师遵义红色文化教育

通过组织专题培训和实践研修等方式，全面加强专业课教师对遵义红色文化精神的充分理解，促进红色文化精神融入"课程思政"，与思想政治理论课同向同行，形成良好的协同效应。

### 3. 加强学生群体遵义红色文化教育

作为遵义高校的大学生，应该全面了解遵义的红色文化和红色精神。用好娄山大讲堂，开设相关课程，对学生进行遵义红色文化资源系统学习，在相关课程中融入遵义红色文化，促进学生对遵义红色文化的全面了解。一是组织开展"八个一"红色文化传承实践活动，提升学生红色文化素养，传承红色基因。二是组织师生到红色革命圣地开展研修。利用寒暑假，分批组织教师走进井冈山、延安、嘉兴南湖等红色革命圣地开展实践研修学习，加强教师的理想信念教育，深化红色文化精神的理解，进一步加强"红色塑魂"的引领作用，让教育者先接受教育、让讲信仰的人先有信仰。利用寒暑假组织学生团干部和学生代表，走进革命圣地开展红色文化传承实践活动，接受革命传统教育，传承红色精神。三是创新红色文化育人实践与研究。成立红色文化育人专家工作室，组建红色文化育人创新研究团队，集校内外专家开展红色文化育人模式，深入推进红色文化育人模式创新实践。四是创新推进红色文化融入思政课堂，打造特色红色思政课堂。把红色文化融入专业课程中，加强红色文化融入专业课堂，不断深化育人模式定化，凸显课程思政育人效果和特色。

### （二）走进发达地区，提升发展理念

组织师生走进发达地区和改革开放前沿，领略改革发展成就与经验，开阔眼界，扩展思维视野，坚定"四个自信"，升华新发展理念。一是走进优质学校，开展学习交流。组织教师赴省内外优质高职院校开展交流学习，学习先进办学理念、发展经验，学习借鉴三教改革，不断汲取营养，深化推进学校教学模式创新，丰富教学内容，增强教学自信，提升发展理念，推动学院创新发展。二是组织学生代表赴发达地区或改革开放前沿地区的学校开展交流活动，

深入了解发达地区学校的学生发展情况，拓宽学生视野，深化学生自我认知，提高学生自我学习的积极性和主动性。三是走进发达地区，开展研学考察。利用假期，分批组织师生走进发达地区或改革开放前沿开展考察研学，通过理论研修提升理论素养，通过参观当地博物馆、科技馆、城市规划馆和教育基地，扩宽眼界和思维视野，提升文化底蕴，坚定"四个自信"，汲取新发展经验，不断为学院发展提供经验指导。四是组织学生代表到发达地区开展假期社会实践活动，让学生零距离了解发达地区，在社会实践中拓宽视野，增长知识，提升素质。五是走进知名企业，开展学习调研。组织教师走进相关企业，加强企业与专业的联系，学习借鉴企业先进管理经验，了解相关企业发展模式，企业文化、人才需求等，将人才需求与专业发展紧密联系起来，不断增强制定人才培养方案的专业性和针对性，提高人才培养的质量。六是组织学生走进企业，加强学生对专业发展的认识，提高学生对专业的实际了解，深化职业规划发展的针对性。

## （三）走进"三农"一线，提升责任担当

组织师生走进农业农村，感受"三农"变化发展，增进"三农"情感，提升优先发展农业农村，全面推进乡村振兴战略认识，增强家国情怀，提升责任担当。

### 1.走进农村一线开展调研

一是组织思政课教师走进农村一线进行调研。了解脱贫攻坚和乡村振兴发展成就，用乡村振兴战略成果丰富教学内容，把科研论文写在农村大地上。二是组织专业课教师走进农村一线进行调研指导。实地考察农村发展状况，并结合自身专业发展，加强农业发展的技术指导，助推农村产业转型。将农村实际发展与人才培养方案结合起来，提升专业培养的针对性。三是组织学生走进"三农"一线进行实践与学习。结合学生"三下乡"实践活动，开展农业农村

学习活动，加强专业实践，提升综合素质，增强"三农"情怀。组织学生开展家乡变化的调研，开展家乡变化与发展成果的收集与分享活动，提升学生的学习成就感和荣誉感。

**2.走进农村一线开展宣讲**

一是组织思政课教师到农村一线开展宣讲，讲解党的好政策，传递中国声音，讲好中国故事，将国家发展与农民切身利益结合起来，提升农民发展的积极性，同心共筑中国梦。二是组织专业课教师到农村一线开展技术技能培训，提供技术咨询服务，提高农民的科学发展意识，为农村农业发展提供技术支持。三是组织学生到农村一线进行实践锻炼，开展专业实习和政策宣传，提高学生认识理解国家政策与农村实际的重要联系，增强家国情怀，提升学生的理论高度和实践能力。

实施"走进红色圣地，坚定理想信念，提升思政素质；走进发达地区，增长知识见识，提升发展能力；走进'三农'一线，增强家国情怀，提升责任担当"的"三走进、三提升"素质提升行动，拓展育人场所，丰富育人形式，构建大思政育人格局，让师生在参与过程中、在现场的体验中扩展知识、锻炼能力、升华理论、提升素质。

# 第三章　蓝色致用　技能立身

　　遵义职院秉承"立足黔北、服务城乡、强农兴工、助推'三宜'"的办学定位，坚持职业教育办学方向不动摇，传承"立修身之德，授就业之能，育创业之才"育人理念，紧紧围绕地方产业发展，培养地方产业所需、企业所要的高素质技术技能人才。

## 第一节　优化专业　服务产业

　　学校扎根黔北沃土，以助力遵义产业转型发展为己任，根据贵州省政府统一安排部署，不断调整优化专业结构，服务产业发展。

### 一、调整专业设置　培养产业人才

　　主动对接"乡村振兴""中国制造 2025"等国家战略和"一带一路"倡议及贵州 32 个产业发展需求，聚焦遵义"一枢纽两中心三基地"和新版专业目录，根据学校"立足黔北、服务城乡、强农兴工、助推'三宜'"办学定位，紧跟辣椒、现代金融、生态畜牧、汽车、旅游等产业升级，结合"云、物、大、智"做强优势专业，加强畜牧兽医、大数据与会计、汽车检测与维修技术、园艺技术、电子商务、大数据与财务管理等省级骨干专业建设；创新升级传统专业，不断优化专业结构，开设物联网应用技术、计算机应用技术（大数据技术应用）、人工智能技术服务、新能源汽车技术等战略性新兴产业相关专业，以及学前教育、建筑室内设计、旅游管理、动物医学等重大民生相关专业。按照"产业链（岗位群）—专业群—人才链"的思路，促进产业需求侧和人才培养供给侧结构要素全方面融合，跨类组建专业群。重点打造园艺技术、畜牧兽医、市场营销 3 个省级专业群，辐射带动建筑工程技术、新能源汽车技术等院级专业群发展，形成"1+2+N"重点突出、集群发展的区域服务型高职专业群体系。并加强与贵州卓豪、遵义德康畜牧有限公司、茅台镇华贵酒业（集团）有限公司等企业深度合作，组建订单班和现代学徒制班，精准培养人才，助推遵义乡村振兴发展。

## 二、推进"三教"改革 培育祖国栋才

教师、教材、教法是维系教学活动最基本的运转结构体系，每一要素都是不可或缺的逻辑构成，都具有自身独特的不可替代的功能，可以说是一个三足鼎立的自足系统。《国家职业教育改革实施方案》提出了"三教"（教师、教材、教法）改革的任务。为解决"谁来教""教什么""怎么教"问题，学院进一步提升人才培养质量，为地方经济社会发展培养急需的复合型技术技能人才。学校持续深化"三教"改革，推进学院内涵式发展和特色发展。

（一）递进式打造高水平结构化教师教学创新团队

### 1. 加强师德师风建设

建立健全学校师德师风建设"双组长"领导小组和"中国共产党精神谱系"常态化学习制度，着力提高师德师风践行能力。

建立健全《师德档案》和《师德师风承诺书》制度，落实师德师风评价第一标准和"一票否决制"，并应用于在职称评聘等强化考评。开展"劳模讲堂"等活动，评选"师德标兵"，鼓励教师争创各级各类表彰。

### 2. 组建教学创新团队

与领军行业、企业共同落实"行业＋企业＋学校"模式，推动教师主动适应信息化、人工智能等新技术变革，推进学校教师定期到企业实践，畅通校企双向协作路径，建成直播电商、黔茶、乡村振兴等高水平产业学院和校本兼职教师资源库。

以园艺技术、畜牧兽医、心理健康省级优秀教学团队建设为引领，以院级专业教学团队建设为重点，由名师名家领军，推进"课程思政""课堂革命"和智慧教学，实施团队合作的教学组织新方式、行动导向的模块化教学新模式，促进教学过程、教学内容、教学模式等集成创新。

### 3. 完善教师管理机制

以省级高水平专业群为引领，省级特色骨干专业群为重点，落实"头雁计划"，培养专业群"双带头人"，优化"双师型"教师认定标准。完善教师到企业实践机制，落实 5 年一周期的全员轮训制度，培养一专多能复合型教师。以省级"黔匠工坊"和省级"大师工作室"为载体，建设一支技艺精湛、专兼合理的"双师型"教师队伍。

与领军企业合作，实施兼职教师特聘岗，探索教职工"员额制"管理，完善教师培养培训机制，持续实施教师素质提高计划。打造专任教师、兼职教师、产业教授、企业专家领军人物的混编式"双师型"教师队伍。

完善教师准入、职称评聘及绩效考核办法，充分体现技能水平和专业教学能力。依托产教融合基地和技术技能创新平台等吸纳企业技术骨干到学校从教。创新开展"三走进，三提升"和"三融合，三链接"活动，推进固定岗与流动岗相结合、校企互聘兼职的教师队伍改革。

### （二）校企共筑德技并修　引领新形态教材建设体系

### 1. 健全教材管理体制

健全统一领导、分级负责的教材管理体制。成立教材委员会，统筹学校教材规划、编写、审核、选用等工作，严格落实教材建设意识形态工作责任制，牢牢把握教材建设政治方向和价值导向。在教材委员会指导下，优先选用国家职业教育"十三五""十四五"规划教材、全国教材建设优秀教材，保障教材立德树人根本任务。建立教材诊断改进制度，全程、全方位持续提升教材建设水平。推动第三方监测评估，对学校教材实行周期性监测与反馈。

### 2. 健全教材建设机制

构建系统完备、科学规范、运行高效的教材建设制度体系。贯彻执行教育部《职业院校教材管理办法》，强化顶层设计，优化学校教材选用委员会结构，学校党委书记、校长担任主任委员，党委宣传部、教务处、二级教学单位等为成员单位，制订学校《教材管理实施细则》，建立完善《教材选用委员会章程》。出台二级教学单位《实施细则》，由教务处主导，教学单位主责，协同落实教材管理工作。

### 3. 校企合作开发新形态教材

校企共建教材建设团队，联合开发新形态教材。聚焦产业高端、高端产业、产业新业态，与北京京东等龙头企业、德康集团等行业领军企业、贵州卓豪等区域知名企业共建教材建设团队。以岗位群需求为导向，以真实生产项目、典型工作任务、案例为载体组织教学单元，开发活页式、工作手册式教材。以订单培养为载体，对接职业技能等级证书标准，与企业及相关行业共同开发"岗课赛证"融通教材。推进校本教材提质升级，联合中国农业大学出版社、高等教育出版社等建设融媒体教材。

### 4. 共建共享国家职业教育智慧教育平台

依托国家职教智慧教育平台，共建学校新形态教材内控监测制度。联合北京蓝墨云等制定《教材开发标准》的开发、选用、监管、评价制度。以参与陕西、安徽省级专业教学资源库建设为契机，与高等教育出版社等共同开发《纳税实务》等财经商贸大类课程，开发《单片机应用技术》等行业领先教材、校本特色教材。聚焦"教学思辨管"立体化推进，启动市场营销等校级专业（群）教学资源库建设，形成"计算超市所得税"等典型案例。依托科普教育基地，打造"职业启航"数字资源库。

### （三）课程思政牵引信息化课堂革命　深化教法改革

#### 1. 推进"课程思政"

完善学校课程思政组织领导与专家指导机制。落实立德树人，坚持为党育人、为国育才宗旨。以集承创新为驱动，践行"彩虹文化"，强化专家引领，推进课程思政教法改革创新。聘请全国、省级模范等成立课程思政专家委员会，校政行企共建学校兼职"德育导师"库，聘请大国工匠、省劳动模范担任兼职教师。以深化学校"12125"课程思政运行模式为抓手，以"红色基因传承课"等"五课"精品德育品牌为重点，打造思政教育虚拟仿真实训基地。成立课程思政理论教研室，以"课程思政"与"思政课程"协同育人为主题，积极申报省级课题、课程思政示范项目，发表高水平学术论文等。

#### 2. 推动"课堂革命"

总结推广省级现代学徒制试点工作经验，推进项目化教学改革。尊重和满足学生个性化发展需求，推进岗课赛证融通，实现"做中学、训中学、研中学、创中学"的目标。推进国家最新标准、行业"三新"、优秀企业文化融入教学，积极打造一批可推广、可复制、可借鉴的"课堂革命"典型案例。

#### 3. 推行智慧教学

聚焦分类聚向培养，用好"云、物、大、智、移"（云计算、物联网、大数据、人工智能、移动互联网）新技术。依托优质仿真教学平台，形成远程教学"遵职经验"。基于学生核心素养健全评价体系，构建"自主、泛在、个性化"的教学环境。探索云计算、VR等技术融入专业（群）分类聚向培养，推进"线上＋线下"混合等教法改革，构建学校教学过程与企业生产过程实时互动的远程教学"遵职经验"。制（修）订专业（群）人才培养质量评价标准，改进学生职业能力与综合素养的数字化评价技术和手段。

## 三、深化产教融合　创新育人模式

2019 年国务院印发《国家职业教育改革实施方案》，提出促进产教融合、校企"双元"育人标准。强调要坚持知行合一、工学结合，借鉴"双元制"等模式，总结现代学徒制和企业新型学徒制试点经验。健全专业教学资源库，建立共建共享平台的资源认证标准和交易机制，进一步扩大优质资源覆盖面。适应"互联网＋职业教育"发展需求，运用现代信息技术改进教学方式方法，推进虚拟工厂等网络学习空间建设和普遍应用。推动校企全面深度合作，职业院校应当根据自身特点和人才培养需要，主动与具备条件的企业在人才培养、技术创新、就业创业、社会服务、文化传承等方面开展合作。厚植企业承担职业教育责任的社会环境，推动职业院校与行业企业形成命运共同体。2020 年教育部等九部门印发《职业教育提质培优行动计划（2020—2023 年）》，明确指出要深化职业教育产教融合、校企合作。提出深化职业教育供给侧结构性改革，深化校企合作协同育人模式改革。完善校企合作激励约束机制。为进一步落实《国家职业教育改革实施方案》《职业教育提质培优行动计划（2020—2023 年）》等文件精神，学院不断改革创新，深化产教融合，推进现代学徒制。深入开展校企"双元"协同育人的人才培养模式改革，构建现代学徒制培养体系。通过校企培养目标融通，校企课程体系融通，教学过程与工作过程融通，学校实训与企业培训融通，校企师资培养融通，以及多元考核方式融通，锤炼好师傅，培养好徒弟。培育和传承工匠精神，探索校企双主体育人互惠共赢的好路子；校企共同建立教学标准，开发课程教学资源，打造新技术课程群，建设专业教学资源库、新技术课程，编写活页式、工作手册式教材；运用信息化资源，建设云教材、数字立体化教材等。并采取"双导师"授课、"双评价"鉴定、"三维课堂"教学（校内课堂＋网上课堂＋企业课堂），促使各专业群全面推行试点班，实施现代学徒制，打造贵州省高职现代学徒制示范校，保证试点班学生就业率达100%。探索实施分类分层教学改革。针对不同生源学生，探索普通高职学生培养与"中高贯通""现代学徒制""高职扩招""订单培养"并重的分类多元培养模式，分类分层制订人才培养方案。

## 四、不唯学历凭能力　行行出状元

2015年5月10日，在北京举行的首届"职业教育活动周"启动仪式上，时任国务院总理李克强作出重要批示：加快发展现代职业教育，是发挥我国巨大人力优势，促进大众创业、万众创新的战略之举。要在全社会弘扬劳动光荣、技能宝贵、创造伟大的时代风尚，形成"崇尚一技之长、不唯学历凭能力"的良好氛围。学院贯彻职业教育理念，立足学生成长，结合职业教育发展和就业形势的变化，依托遵义浓厚的红色文化背景，形成了以"红色塑魂、蓝色致用、绿色出彩"为核心的文化育人理念，坚持以德立身、技能传授和素质培养并重，将"劳动光荣，技能宝贵，创造伟大"的时代风尚融入人才培养，教育引导学生牢固树立"崇尚一技之长，不唯学历凭能力"观念，坚持"把工匠精神刻在胸中，把创新意识融入血液"。

（一）树立自强自信　融入创新意识

2016年9月，学院电商D151班的39位同学到上海科学技术职业学院学习，一个多月的时间，他们从专业知识的学习，到实践操作的实训，再到参加"第四届上海高职高专大学生创业计划大赛"的实战，收获不小。急于向时任教育部部长的陈宝生展示自己学习成果与成长进步的遵义职院电商班的同学们，萌生了要给教育部部长写一封信的想法，并付诸了行动。信中提到，作为贵州一所普通高职院校的学生，能有这样一个到国际化大都市学习的机会，十分难得。母校在背后的支持与付出，为他们创造了良好的学习环境和实习机会，有母校铺就的锦绣前程，他们才能走出去。同学们非常珍惜，感恩无限。电子商务专业是上海科技职业技术学院重点帮扶遵义职院建设的特色专业。对口帮扶以来，遵义职院已完成了电子商务专业实验实训基地、专业机房、图像采集实训室等建设。遵义职院电商 D151 班的同学们通过在校一年的专业知识学习和实践操作，已具备一定的技能基础。在院领导的高度重视与大力支持下，通过与上海科技职业技术学院协商，电商 D151 班的同学远赴上海科技职业技术学院进行为期 4 个月的学习和生活。一个多月下来，凭着勤奋与努力，他们在学习、实训、实战中进步巨大，在心理素质、团队协作、沟通能力、专业技能上大幅度提高。对于即将到来的"双十一"实训更是充满信心，迫不及待要大展拳脚。信的结尾，他们诚邀陈部长在"双十一"之际赴现场参观指导，验收学习成果，见证他们的成长。从初到陌生环境的胆怯到自信坚定扬在脸上，同学们用实际行动回应陈部长在回信中的期盼："不唯学历凭能力，360 行行行出状元。

（二）践行蓝色致用　展现职教风采

2008 年 6 月 28 日，在首届全国职业院校技能大赛开幕式上，时任教育部部长的周济提出，通过定期举办全国职业院校技能大赛，把多年来职业教育发展过程中逐步探索出的具有中国特色的"工学结合、校企合作、顶岗实习"经验和做法加以制度化和规范化，形成"普通教育有高考，职业教育有大赛"的局面。技能强国需要职业院校唱重头戏。遵义职院本着"立修身之德、授就业之能、育创业之才"的宗旨，始终致力于培养适应经济社会发展需的高素质技能型人才，坚持办好技能大赛，以赛促教，以赛促学。

2010 年，遵义市教育局首次举办中等职业学校技能大赛。为备战市赛和省赛，学校首次举办院级技能大赛，通过层层选拔，推选优秀选手参加市赛和省赛。2013 年，在全市中等职业学校技能大赛开幕式上，学院会计系 60 名学生着装整齐，表演了点钞、珠算、手工凭证等会计技能项目。学生娴熟的操作技能让广大观众大开眼界，展现了学院学生良好的精神面貌和风采，得到了与会领导的一致好评。遵义市中职技能大赛组委会决定，2014 年中职技能大赛将增加会计技能比赛项目。2014 年，学院首次承办遵义市中等职业学校会计技能大赛，此后学院积极承办各类竞赛，得到省教育厅、市教育局、社会各界和兄弟学校的认可。学院坚持技能大赛一年一办，先后承办贵州省、遵义市组织的各项技能大赛 30 余项。

从 2009 年起，学院首次组队参加省赛，就旗开得胜。2017 年至今，学院师生参加职业院校技能大赛共荣获国家级一等奖 2 项、二等奖 1 项、三等奖 12 项；省级一等奖 39 项、二等奖 83 项、三等奖 123 项。如图 3-1、图 3-2 所示。另外，还荣获贵州省第一届职业技能大赛银牌 1 枚、铜牌 3 枚、优胜奖 7 枚的优异成绩，5 名师生被授予"贵州省技术能手"荣誉称号。

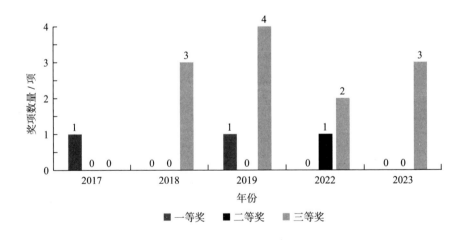

图 3-1　2017—2023 年师生国家级技能大赛获奖分析

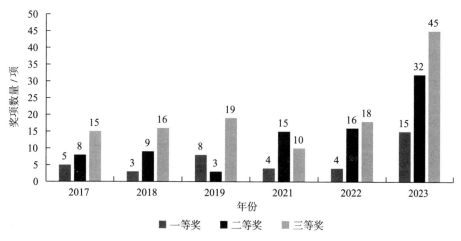

图 3-2 2017—2023 年师生省级技能大赛获奖分析

（三）践行工匠精神 争做技能达人

工匠精神包括高超的技艺和精湛的技能，严谨细致、专注负责的工作态度，精雕细琢、精益求精的工作理念，以及对职业的认同感、责任感，是职业道德、职业能力、职业品质的体现，是从业者的一种职业价值取向和行为表现。《诗经》云："如切如磋，如琢如磨。"朱熹说："言治骨角者，既切之而复磋之；治玉石者，既琢之而复磨之；治之已精，而益求其精也。"道出了"精益求精"一词的丰富内涵。

学院始终把弘扬工匠精神作为人才培养的价值取向，教育引导学生践行工匠精神，争做技能达人。

2017 年，经济管理系学生冉松林、陈世玉、施金圻、周娇娇荣获"市场营销技能"国赛一等奖，实现了贵州省在该项目零的突破。2019 年，李庆汉、谢登飞、李萍、王健再次荣获"市场营销技能"国赛一等奖。在第 46 届世界技能大赛贵州省选拔赛上，王佳燕同学在"货运代理"项目上荣获一等奖。他们用实际行动践行了工匠精神。

### （四）搭建平台　协同育人

为了保证选手能在真实的工作环境下提升技能水平，学院对标大赛标准对实训场所进行优化，全面贯彻工学结合课程的教学内容，通过完成真实的生产任务让学生熟悉企业文化，提升工作技能，系统地解决专业问题，培育高层次的职业发展能力。学院先后建立了"卓越经管人才开放实训基地""黔北麻羊协同创新中心""黔北绿色食品数字营销产教融合实训平台""数字园艺产教融合实训基地""数字商科产教融合实训基地""现代农业科技创新中心"等省级研学实训基地，在育人方面发挥了越来越大的作用。

搭建校企合作平台协同育人。企业处于生产第一线，了解行业发展最前沿的技术和技能人才需求。学校高技能人才教育培训基地建立了全方位、立体化的校企合作机制，探索政府引导、依托企业和行业的校企合作新模式。学校进行校企合作、产教融合，锻造专业的"双师型"教师团队，促进实训资源的有效利用。

## 第二节　双创驱动　助推就业

"双创"，即"大众创业、万众创新"的简称。2014年9月，李克强总理在夏季达沃斯论坛上指出，要在960多万平方千米的土地上掀起"大众创业""草根创业"的新浪潮，形成"万众创新""人人创新"的新势态，以此激发民族的创业精神和创新基因。

"双创"重在培养学生的创新素质和创业能力。培养学生的创新素质和创业能力，是高校面临的人才培养的重要课题，包括首创精神、冒险精神、创业能力、独立工作能力及技术、社交和管理技能。

学院坚持以校园"彩虹文化"为引领，不断深化实施"双创"体系化教育，以高质量就业推动高质量发展。

# 一、"彩虹文化"引领 育"双创"人才

（一）"红色塑魂"，打造价值导向体系，铸就学生创新创业的精神品质

人无德不立，育人的根本在于立德。学院注重把博大的家国情怀、坚定的理想信念、顽强的意志品德、强烈的责任担当等创新创业基因融入学生的价值观，铸就学生创新创业的精神品质。

一是挖掘红色资源的"双创"育人功能。学校发挥遵义红色资源优势，开设通识教育课程，并将遵义会议精神作为创业教育第一课，打造创新创业教育红色课程模块，并组织开展红色阅读、红色体验、红色宣讲等系列活动，回顾和体验红军创业历程，让广大学生在传承红色基因中体悟社会责任，树立家国情怀，张扬敢创个性，锤炼顽强意志。

二是发挥思政工作的"双创"育人功能。学校发挥思政工作的强大优势，努力把社会主义核心价值观内化为广大学生创新创业的思想品质，通过思想政治工作清单制度、思政课改革实践创新等，实现从"思政课程"向"课程思政"转变，引导学生树立正确的世界观、人生观、价值观，树立远大的理想和崇高的精神追求，把握人生成长方向，将"双创"理念结合专业特征、地域经济发展优势，扎根黔北大地，带动地区经济发展。

三是借力行业企业文化的"双创"教育功能。将行业企业文化、职业道德教育等融入"双创"教育，培养学生创业精神、敬业精神，树立艰苦奋斗、脚踏实地的工作作风。

（二）"蓝色致用"，打造人才"双创"培养体系，强化学生创新创业的能力素养

"蓝色致用"的核心内涵是塑造工匠精神，培育职业素养，提升"双创"能力，既包括对人才培养体系的深度创新，也包括对学生深度创新能力的培养。学校对标"双创"教育要求，深化创新人才培养体系，强化"双创"能

力培育，不断使广大学生具备良好的创新创业知识结构和较强的创新创业能力。

一是构建创新创业立体化教育课程。构建了一个由"双创"普及课程、选修课程、网络课程（慕课、在线开放课程）组成的多层次、立体化的创新创业教育课程体系，实现大学生创新创业教育"全覆盖"，让全体大学生都能接受创新创业教育和训练，具备较好的创新精神、创业意识和创新创业知识与能力。

二是推动创新创业教育融入专业教育。结合培养高技术技能型人才目标，将培养创业型、创新型大学生作为培养特色，在制定修订人才培养方案上，把创新创业能力列入人才培养要求，完善体现创新创业教育内涵的专业教学质量评价标准，构建多样化人才培养体系，促进学生多样成长。

三是强化教师创新创业教育教学能力。每年投入 20 万元经费用于"双创"师资队伍的培训，联合专业培训机构举办师资培训班、训练营，近三年来 70 多位教师取得职业、创业指导师资格证。

（三）"绿色出彩"，打造实践育人体系，提高学生创新创业的实践能力

优化实践教学内容、平台和教学安排的立体生态环境，把实践教学贯穿教育全过程，着力为学生提供丰富的创新创业平台和机会，增强大学生的创新创业体验和能力。

一是构建立体实践教学体系。构建三大平台（实验实训室平台、校内第二课堂平台、"双创"中心平台），四大模块［实验（实训）模块、实习（见习）模块、论文（设计）模块、科技创新等活动模块］。在实践教学安排上注重梯度递进，先基础实践，后专业实践，再综合实践。基础实践，重在帮助学生掌握分析和解决问题的科学方法；专业实践，重在提高学生解决实际问题的实践能力；综合实践，重在培养学生的创新创业精神和能力，提高学生的综合素质。

二是组织丰富多样的"双创"实践活动。制订了面向全体学生的"普惠式"创新创业训练计划，鼓励本校学生参加 SYB 创业培训、网络创业培训、遵义市大学生创业精英训练营等创新创业训练培训，实施以赛促创，建立"校—市—省—国"赛事辅导机制，通过大赛锤炼学生创新创业能力，打磨项目深度，助推项目可行性。将教师指导获奖成果在教师职称晋升中予以体现，激励教师和管理人员投身在校生科创工作。

## 二、多维并举构建"双创"教育新模式

### （一）优化专业人才培养方案，将"双创"教育纳入教学全过程

发挥职业教育办学优势，围绕培养高技术技能型人才目标，着力培养创业型、创新型大学生。通过向师生征集意见、向用人单位走访调研等形式，对现有教学模式、思路理念进行"升级"、创新，在加强专业能力培养基础上，增加创业创新领域的课程设置和师资配备；结合专业特点、市场需求、课程设置，对"双创"人才培养的课时安排、考核标准、创新创业学分设置等内容进行研讨论证，不断优化专业人才培养方案，从而确保"双创"人才培养进入"常态化"。

### （二）构建"双创"教育课程体系，提高创新创业教育覆盖率

学院构建科学的"双创"教育课程体系，将创新思维和学校人才培养计划相结合，提升学生思维能力和创新能力。鼓励本校学生申请参加 SYB 创业培训、网络创业培训、遵义市大学生创业精英训练营等创新创业培训，为大一新生增设创新创业课程必修课，做到创新创业教育全覆盖。

### （三）搭建"双创"演练平台，实施培育孵化一站式服务

学校坚持"兴趣驱动、自主实践、重在过程"的原则，为支持和鼓励学

生创业。2019 年，学校建立了"双创基地"，为大学生创新创业项目孵化提供实训平台和锻炼基地，目前已有 4 个创业、创新项目入驻双创基地。通过举行创业沙龙、座谈交流会、创业比赛等活动，提升学生创新创业意识，激发学生"双创"意愿，打造学院和学生"双赢"局面。学校积极组织学生参加"挑战杯"竞赛、"互联网＋"大学生创新创业大赛、中华职教杯大赛，各种校企联合培养、产学研成果不断展示，学生应用型创新成果较丰硕，科技创新教育取得了很好的成绩，得到了学校和社会的高度关注。

学院大力实施以赛促教、以赛促学，将创新创业理念覆盖全院师生，从报名人数少、参赛学生少、获奖项目少，到如今报名项目破百、参赛学生各院（系）全覆盖，同时实现了创业大赛年年有突破，年年创新高，特别是从 2020 年到 2023 年，围绕主流两大赛项——"互联网＋"大学生创新创业大赛和"挑战杯"，学院集中资源、集中力量、集中人才建立了"双创"基地和就业创业教师指导团队，因此，学院在各大赛项均有突破，其中，"互联网＋"大学生创新创业大赛实现了零的突破，斩获省级金奖（一等奖）1 项，银奖（二等奖）6 项，铜奖（三等奖）31 项。在"挑战杯"各类赛项中，获全国星系级（特等奖）1 项（"黑科技"赛项）、二等奖 1 项（红色专项赛），省级一等奖 3 项、二等奖 7 项、三等奖 6 项，有效保障了学院"双创"工作高质量发展。

现代农业系毕业生王彬同学被评为"2018—2019 大学生年度就业创业新闻人物"。王彬系学院 2018 届毕业生，入学第一年就创办了贵州九鼎阳农业发展有限公司，大三下学期创办贵州九鼎阳种植养殖农民专业合作社并担任法定代表人。获得营养师证、动物疫病防治员证、SYB 创业证、优秀企业证书，2018 年被评为遵义市大学生创业典型。同年 6 月，代表全省大学生创业者在全省就业创业工作暨普通高等学校毕业生就业创业工作电视电话会议上发言。8 月，他的创业事迹入选全国第二届"闪亮的日子——青春该有的模样"大学生就业创业典型事迹。

# 三、完善"双创"质量体系建设促发展

以就业创业为导向发展职业教育，需要将就业创业指导融入专业教育、纳入人才培养体系、贯穿教育全过程。改变传统的毕业生就业工作观念、机制、模式，改变工作方法和手段，根据新形势、新情况、新问题，认真审视和思考毕业生就业创业工作。围绕"就业创业导向"的工作理念，以提升创业促就业为目标，以全程化、规范化、科学化的思路，从组织体系、市场体系、评价体系三个方面，构建完善科学的就业创业指导与服务体系。

## （一）建立"一把手工程"为核心，机构、队伍、硬件、经费"四到位"为基础的组织体系

学院始终把创业工作摆在突出的重要位置，成立以学院领导、各职能部门、各院（系）主要领导为成员的创业指导委员会，大力推进创业工作"一把手工程"，逐步建立"一把手"高度重视、分管领导全力推进、院（系）两级负责、全员共同参与的创业工作体系。同时，创业服务不仅仅局限于分管创业工作领导、创业指导专职人员、创业辅导员、专业课教师也应该以创业为导向，不断探索人才培养模式，在专业课教学和实践环节，注意渗透创业指导思想，注重理论联系实际。

## （二）建立以创业渠道拓展为重点、以信息化建设为亮点的服务体系

学院利用自身优势，加强与企业、行业协会、政府主管部门的联系，开拓就业创业市场，建立稳定的毕业生就业创业渠道。通过校政合作、校企合作、校校合作，2020年，学院组织成立职业教育集团，以职教集团为平台，利用集团资源，促使学生充分就业。同时，积极引导毕业生到基层、农村、社区、西部地区就业，鼓励毕业生考取专升本、应征入伍，拓宽基层的就业创业渠道，充分利用国家到基层就业创业的各项优惠政策。紧跟当前形势，加快毕业生就

业创业信息化建设，拓宽网络就业创业渠道。建立信息资料库，实现信息资源共享，提供就业创业信息服务。

（三）建立以考评为宗旨、以就业创业服务质量为目标的评价体系

学院建立科学合理的评价反馈机制，实行学生就业创业工作目标管理与量化考核，从机构、队伍、硬件、经费"四到位"、就业创业日常工作开展情况、毕业生与用人单位的满意度调查、就业创业工作研究等方面，全方位建立就业创业指导工作量化指标，进行定期考核评价。考核评价体系实行奖惩、激励制度，对于表现好、评估优异的院（系）予以表扬，对于日常工作开展不到位的院（系）提出批评与通报。学院不断摸索科学考评就业率和就业情况统计的方法，将就业质量纳入考核评价体系。

# 第三节　一系一品　多元特色

遵义职院现有汽车工程学院、现代农业系、经济管理系、机电与信息工程系、建筑与艺术设计系、人文旅游系六个教学院（系），是一所集理、工、农、财、管于一体的综合类高职院校。各教学院（系）结合专业特色优势，加强文化建设与育人，形成一系一品文化育人特色。

## 一、融创汽车　四创英才

汽车工程学院紧跟产业发展，培养新时代汽车工匠人才，坚持传承中国传统文化、融合遵义红色文化、契合汽车行业文化，以校园"彩虹文化"为引领，加强文化建设与育人，形成了"融创汽车　四创英才"文化育人特色。

### （一）文化主旨及内涵

#### 1. 以德立身明礼仪

承中华文化，明使命担当，树行业新风（立中华汽车梦）。传承中华优秀传统文化，融合遵义红色文化，契合汽车行业文化，培养学生德行，树立家国情怀，明确个人对国家的使命担当，弘扬工匠精神，树立未来中华汽车梦想，提升整个行业从业人员的素质，引领汽车行业新风尚。

#### 2. 以技为本育匠才

怀热情创事业，懂智能强本领，精技能成大器。依托新能源技术专业群，以智能网联为抓手，了解汽车发展趋势，掌握汽车行业新动向，培养行业认同感，深入学习智能网联汽车新知识新技术，练就过硬本领成为汽车匠人。

#### 3. 以强身健体创未来

育健全人格，培协作能力，创多彩未来。积极参加体育与心理健康锻炼，增强意志力和韧性，习得与他人协作能力，培养团队意识，获得自我和他人认可。学会坦然面对失败，在人生道路上更能大步向前，创造多彩未来。

### （二）主要途径

融创汽车品牌通过"一引领、二提升、三融、四创"途径实施。

#### 1. 党建引领，坚定信念

学院始终坚持以习近平新时代中国特色社会主义思想为指导，以党建为引领，贯彻落实立德树人根本任务，大力弘扬社会主义核心价值观，积极探索"党建＋"育人模式，在师德师风建设、师资队伍建设、专业建设、实训基地建设、大学生思政教育、共青团建设、学生管理、招生就业等工作中取得实效。

### 2.抢抓机遇，实现双提升

一是提升专业和专业群建设水平。以"双高"建设为契机，全面提升专业和专业群建设水平。通过分析办学条件和特色，结合自身的行业背景与区域优势，打造"新能源汽车技术"专业群。搭建人才培养、科研协作、成果转化、社会服务平台，推进学院内涵升级。二是提升技术技能人才培养质量。始终坚持把人才质量摆在首要位置，在省级职教名师敖克勇的带领下，注重学生"工匠精神"的培养。近年来，学院毕业生就业率常年保持在90%以上；学生和教师参加各类技能比赛获奖颇丰。

### 3.三个融合，促专业发展

一是融合行业、企业建基地。实训基地建设是应用型人才培养的关键环节，学院着力打造融创汽车实训基地，并与遵义众悦丰田汽车销售服务有限公司共建产教融合实训基地，促进教学质量提高的同时，为企业培养更多的技能型人才，真正为企业高质量发展助力。二是融汇"彩虹文化"育英才。深化学校"彩虹文化"育人，以党建带团建，通过"12·9"红歌会、"三下乡""乐读"分享、"汽车匠人之星"评选活动及节日庆典等系列活动传承红色基因，弘扬中华优秀传统文化，厚植家国情怀；以企业文化、劳模精神、航天精神学习宣讲弘扬工匠精神，以师生技能大赛、专业建设、实训室建设、实习实训为载体，实现知行合一，提升学生职业素养和技术技能水平；以丰富多彩的文体活动、安全教育、心理健康教育、感恩教育、价值观教育等促进学生身心健康和人生出彩。通过"彩虹文化"的传承引领、文化艺术滋润，使学生在活动中体验生活、感悟人生，不断增强爱党、爱国、爱校、爱家意识，刻苦学习、苦练本领，真正成为德、智、体、美、劳全面发展的社会主义建设者和接班人。三是融合地方产业谋发展。推进产教融合引领高质量发展，积极融入地方汽车产业发展，在遵义市机动车维修行业协会副会长敖克勇的带领下，连续多年承办遵义市职业院校技能大赛、遵义市职工技能大赛、丰田西南地区技能大赛，提升企业职工技能水平。并与贵州遵义巴斯巴科技发展有限公司等地方企业开展人才培养、技术研发等合作，实现校企共同发展。

### 4. 四创推进，出教学成果

四创，即有创意、能创作、敢创新、会创业。一是有创意、能创作。充分利用实训室及两个工坊，鼓励学生社团举办各类与专业紧密结合的创意比赛，如汽车废旧零部件工艺品设计大赛、轮胎创意设计比赛等。通过比赛激发学生的创意，制作出高水平的专业作品。二是敢创新、会创业。从学生进校开始，通过职业生涯规划课程等方式培养学生敢于创新创业的精神。组织学生参加各类创新创业大赛，充分挖掘学生的创造能力，充分发挥学生年富力强、思想活跃、有强烈进取心的优势，敢于拼搏、善于探索、勇于开拓，用创业向青春献礼。

### （三）品牌特色

### 1. 讲好遵义故事，服务区域经济

形成月月有主题，多形式推进"四红工程"，开展"八个一红"红色传承活动。结合每月特色，开展唱红歌、演红剧、读红书等主题党日和主题团日活动，党团活动密切联系，充分发挥党建带团建的政治作用，推进学院"四红工程"建设，开展"八个一红"活动，助力学校"彩虹文化"建设。

### 2. 开展职业启蒙教育，共筑汽车梦计划

依托汽车科普与职业体验中心，通过对外开放和送体验下乡等形式，对小学生进行职业启蒙教育，开启汽车梦计划，让中国的汽车梦能够从娃娃抓起，如图3-3所示。

图 3-3  汽车科普与职业体验中心

### 3. 以技为本，助力乡村振兴

乡村振兴战略是新时代"三农"工作的总抓手，积极促进职业教育与乡村振兴同频互动、高质量发展。利用高职扩招，采取弹性学制和灵活多元教学模式，精心组织优秀教师担任教学任务，通过集中授课、线上教学、学生自学等方式实施教学，将技术技能送到企业。与汽车维修协会配合，积极组织新生代农民工参加职业技能培训，提高技术覆盖率，普及汽车使用技能。

### 4. 开展乡村汽车技术服务活动，解决乡村汽车产业发展瓶颈

现在越来越多的农民朋友都买起了小汽车，农村逐渐成为汽车市场服务的短板，很多农民朋友对汽车的保养使用存在很大的误解与盲区等实际问题，据此学院坚持面向"三农"，积极开展汽车使用技术培训，将常用的技术服务送到农村，解决普遍的汽车使用难题，进一步激活农村的汽车消费，引导汽车产业转型升级。

### 5. 强化第二课堂，营造"一强双修"育人环境

一是实施"曙光"计划，强体魄。曙光即破晓时的阳光，比喻已经在望的光明前景。开展"曙光"计划，利用校园跑平台，开展晨跑打卡积分评比活

动，促进学生作息规律，以强青春体魄，以良好的精神状态去迎接未来的光明前景。二是开展"乐读"分享，常"修身"。将红色经典故事书籍与红色经典音乐有机结合，开展"乐读"分享活动（"乐"指音乐），感受经典音乐的旋律，回顾红色经典故事，分享"乐读"心得，找初心、悟初心，培养家国情怀，坚定理想信念。三是以赛促学，精"修车"技能。通过专业兴趣小组开展课余学汽车维修技能比赛、营销比赛、汽车组装大赛等活动，提升专业技能水平，培养追求卓越的创造精神、精益求精的品质精神、用户至上的服务精神。

### 6. 产教携手，共育汽车匠人

一是开展"汽车匠人新星"评选活动。开展以"精于工·匠于心"为主题的汽车匠人新星评选，通过自主申报、教师推荐、现场答辩等环节，推选汽车匠人新星。以树匠心、育匠人为抓手，大力弘扬工匠精神，将有利于鼓励广大学生不断学习汽车专业知识，提升岗位技能，助推学生成长成才，培养更多技能高超、甘于钻研、崇尚精益求精的人才队伍。二是举办丰田现代学徒制班。汽车检测与维修技术省级现代学徒制试点获批立项，学院与遵义众悦丰田汽车销售服务有限公司合作开展现代学徒制试点教育。通过邀请行业、企业、校内外专家成立专业指导委员会，建立校企协同育人长效机制、"学生—学徒—准员工—员工"四位一体培养体系，形成"校企双元、育训结合、岗位成才"现代学徒制人才培养模式，强化育训结合，提升人才培养质量。项目实施后，在教学、科研、学生职业技能及社会服务等多方面取得实效，并于2020年以优秀通过省级验收。三是办好四类人员班。为响应党中央作出的高职扩招100万的决策部署，学院积极组织教师到相关企业宣传高职扩招相关政策，最终扩招学生人数235人。按照国务院、教育部"质量型"扩招的总体要求，结合扩招学生具体情况，将班级设在企业，并通过网络课程、送课到企业等灵活的教学方式开展教学工作。在管理、师资、教学、实训、实习、就业等方面严格管理，不断提升四类人员培养质量。

### 7. 双师引领，共建"四创"平台

一是以大赛为平台，展创意出创作。通过开展汽车废旧零部件工艺品设计大赛、"万众一心，共克时艰"——抗疫主题书法作品和绘画作品，鼓励学生只专心提出构想而不加以评价；不局限思考的空间，鼓励想出越多主意越好，培养学生的创意思维。组建新能源汽车技术小组和汽车爱好者小组等专业社团，学生通过自己设计制作了一大批汽车工艺品和新能源汽车，提升了学生的创作能力。二是以创新引领创业、创业带动就业。分析上级政策文件，在常规教学中融入创新创业元素，让创业知识进课堂，让创新意识进头脑。邀请行业、企业专家进校园，进一步加强创业扶持。组织在校学生参加创新创业比赛，先后多名学生获得市级奖励，通过比赛不断积累经验，为毕业后创业就业打下基础。

### （四）育人成效

#### 1. 领导关怀

汽车工程学院以"融创汽车，四创英才"得到来校考察的领导肯定，育人成效显著，涌现了大批匠人新星、就业典范和创业达人。

#### 2. 匠人新星

在学院领导的带领下，汽车工程学院学生获国家奖学金 1 人、励志奖学金 50 人，省级三好学生 3 人、省级优秀学生干部 1 人，院级三好学生 33 余人、优秀学生干部 13 人、3 个先进班集体得到学院表彰。汽车工程学院团总支获院级优秀团总支称号，参与国家级新能源行业技能比赛获一等奖 1 项，二等奖 1 项。

#### 3. 就业典范

叶红钦：2011 年毕业于汽车检测与维修专业，在校期间荣获"遵义日报杯"科普作品创作大赛二等奖。毕业后先后在通源遵义丰田 4S 店、贵州航天职业技术学院实习工作，于 2013 年 8 月入职湄潭县中等职业学校任教。先后

多次获得优秀班主任、市级优秀教师等荣誉；指导学生参加各级技能大赛，获得优异的成绩，其本人也获得优秀指导教师。创办"大黄蜂汽车美容服务中心"，并与校办企业"乐业汽车服务有限公司"合作，为学生提供实习就业岗位。

周禹国：2007 年毕业于汽车检测与维修专业，在校期间遵守学校规章制度，具有很强的上进心，积极参加学校组织的实践活动。在贵州遵义乾通沪通汽车销售服务有限公司从一个机电实习生一步一个脚印走到售后服务经理，并在 2016 年被广汇集团公司评为年度卓越售后精英，是贵州 24 个 4S 店面唯一获得此项称号的售后经理。

### 4. 创业达人

刘玉常：2008 级汽车检测与维修技术专业，通过校企合作平台成功被一汽大众华来金集团录用，先后担任服务经理、服务总监。多次参加一汽大众汽车高端技术培训和比赛，获得一汽大众西部地区服务技能竞赛优胜个人奖。2020 年创办鑫盛名车，并与母校达成校企合作协议，在教学、科研和实训等加强合作，反哺母校，助力专业发展。

陈超：2011 年毕业于汽车检测与维修技术专业。毕业后在 4S 店从事汽车销售，他要求自己诚信做人，踏实做事，对工作随时保持 12 分热情。通过自己的努力多次拿下销售冠军，任展厅经理一职。在几年的工作中积累了丰富的管理经验，建立了较好的人际关系。2014 年年初，创建了第一家汽车服务有限公司，集汽车销售和售后服务于一体，占地面积 700 余平方米。2017 年投资 60 万元创建了第二家公司——贵州鑫盛宏达汽车服务有限公司。

### 5. 匠人之师

张鑫，男，汉族，出生于 1983 年 6 月，中共党员，2011 年毕业于四川电子科技大学。现任遵义名成汽车科技服务有限公司汽车维修技术总监、遵义职院客座维修专家。

2003 年 2 月进入乾通汽车销售服务有限公司，从基层开始慢慢学习，刻苦钻研技术，2004 年从机电组员晋升为机电组长，以"学有所长、术有专攻"为准则，持之以恒，不断提高自己的技术能力及创新水平。2005 年晋升为技术总监，以"扛红旗、争第一"为座右铭，多次代表公司参加全市、全省、全国的汽车维修行业技能大赛，技冠群雄，屡获殊荣，2011 年至 2016 年期间，获得金奖、银奖、铜奖等多项。

2008 年 10 月从贵阳乾通雪佛兰调查遵义担任分公司技术总监。

## 二、德技双馨　多彩人旅

人文旅游系紧密结合贵州省、遵义市教育优先及大力发展大旅游和大健康产业为背景，主动适应并服务地方产业经济发展，优化专业结构，现开设有三大类五个专业，分别是学前教育、旅游管理、酒店管理与数字化运营、社区康复、婴幼儿托育服务与管理。近年来，积极探索校园文化建设新方法、新思路，努力实践管理育人、活动育人、课程育人，注重育人过程的针对性和有效性。在学校"彩虹文化"的引领下，坚持立德树人为根本，以"礼仪修身，技能修行，一专多能，多岗覆盖"为切入点，促进学生全面发展，凝练形成"德技双馨，筑梦前行，成就多彩人生"的"多彩人旅"文化育人模式。

（一）"多彩人旅"文化内涵

德技双馨：围绕各专业人才培养目标，对接行业、企业，创新人才培养模式；对接岗位能力，开展教学模式改革；立德树人，培养技术技能精湛的合格建设者和接班人。

筑梦前行：志存高远，坚定"报国梦"；勤学善思，实现"成才梦"；奋发有为，成就"创业梦"；不忘初心，共筑"幸福梦"。

成就多彩人生：以学校"彩虹文化"育人为主线，秉持人文旅游系"礼仪修身，技能修行，一专多能，多岗覆盖"的育人理念，培育富有活力、敢闯敢干、勇于担当、勇立时代潮头的青年，奋力在实现中国梦的伟大新征程上成就多彩人生！

### （二）"多彩人旅"文化实施内容

#### 1."红色塑魂"，德育为先，全面提升学生综合素养

全面贯彻党的教育方针，牢固树立新发展理念，服务建设现代化经济体系和更高质量更充分就业需要，大力开展理想信念教育和社会主义核心价值观教育，探索思政课程与课程思政的结合，构建全员、全过程、全方位育人的思想政治工作格局，全面落实立德树人根本任务。以学院"彩虹文化"为引领，完善学生德育工作长效机制，坚持不懈地用习近平新时代中国特色社会主义思想铸魂育人，依托遵义红色资源，强化"红色塑魂"教育，弘扬传统文化，传承红色基因，坚定理想信念。强化德技并修，以"礼仪修身，技能修行，一专多能，多岗覆盖"的育人模式为抓手，全面提升学生综合素养，实现职业技能和职业精神培养高度融合。

#### 2."蓝色致用"，技能为要，全面提升学生实践能力

坚持工学结合，加强学生认知能力、合作能力、创新能力和职业能力培养。落实"学历证书＋若干职业技能等级证书"制度，加强课岗证赛融合，提高考证通过率，深化复合型技术技能人才培养培训模式改革，加强劳动教育，落实"蓝色致用"，塑造工匠精神，培养职业素养，提升"双创"能力，引导学生养成严谨专注、敬业专业、精益求精和追求卓越的品质，着力培养一批产业急需、技艺高超的高素质技术技能人才。

#### 3."绿色出彩"，身心为重，全面达成学生出彩人生

全面关注学生身心健康，引导学生积极参与各类体育运动，强健身体，注

重心理健康，为进入社会创业就业打下坚实基础。加强学生日常管理，强化校园集体生活的制度意识。举办课外科技学术活动，营造生动活泼、健康向上的校园文化氛围，组织学生参与各类社会实践活动、社团活动、青年志愿者服务活动、各类文体艺术活动，多样化锻炼学生能力，提升学生素质，为学生人生出彩奠定坚实基础。

### （三）"多彩人旅"文化实施途径

#### 1. 紧扣"多彩人旅"，促进全面发展

以"多彩人旅"文化促进学生全面发展，培养懂礼仪、知人文、有爱心、能操作的高素质劳动者和复合型人才。一是制订新生入学教育方案，明确指导思想，从适应性教育、专业教育、安全教育、心理健康教育、感恩教育（爱国、爱党、爱校、爱系、爱父母）、文明行为、校规校纪教育、成才教育八个方面入手，帮助新生尽快适应大学校园生活，引导新生系好人生的第一粒扣子，树立正确的世界观、人生观和价值观，培养立志成为具有高技术技能的中国特色社会主义合格建设者和可靠接班人。二是优化课程设置。结合优化人才培养方案，对课程体系进行相应的设置调整，着重在对接岗位需求方面进行深入挖掘和调研，根据岗位需求对学科内容和教学重难点进行调整，打造"课岗证赛"四位一体的课程体系。着力"传承红色基因，讲好遵义故事"。旅游管理教研室编写《遵义红色文化》特色校本教材，讲好遵义红色故事，加强爱国主义和社会主义核心价值观教育。学前教育专业开设"红色经典"系列课，注重学前专业特点与红色经典文化的内在整合，分为"红色历史、红色标志、红色歌谣、红色诗词、红色故事、红色家园"六大板块，通过生动活泼的教学形式开展红色文化教育，坚定学生理想信念。三是强化实践能力锻炼。为满足学生多种岗位实习锻炼的需求，开设了认知实习、教学实习、顶岗实习、综合实践、暑期实践、课程实训等多种实践模式，贯穿于学生从入校到毕业的全过程，通过全过程式的实践，帮助学生更好地把握行业发展现状，了解岗位工作

模式，提升专业技能。在系列课程、实践的综合培育下，学生能力素质得到了多方面锻炼和提升，使他们在学校就懂出彩、能出彩、会出彩。

### 2. 围绕"多彩人旅"文化，强化社团指导

根据学生专业、个人兴趣，成立各专业社团，加强党总支对专业社团的指导，指导专业社团开展社会服务、专业技能拓展等各类特色活动，帮助学生社团提质增效。学生"礼仪社团"积极开展社会服务，为遵义市美术馆开馆、第九届遵义市旅游产业发展大会、遵义市第二届"中国女红军之路"半程马拉松比赛、三岔河镇丹霞谷景区服务、遵义市第四届职工技能比赛开幕式、遵义市首届"双创论坛"、遵义市人社系统业务技能练兵比武决赛典礼、遵义市庆祝中国共产党成立 100 周年等提供志愿者服务并得到好评，每年开展志愿服务达 150 场，荣获学院"优秀社团"称号；"乐游遵义"专业社团坚持以"传承红色基因，服务遵义全域旅游"为目标，开展导游才艺大赛、红色讲解员大赛和"5.19 中国旅游日"主题宣传活动，组织学生担任红军山义务讲解员。这些活动在提升学生导游讲解能力的同时，也激发学生参加社会服务的激情；"学前教育专业"社团到图书馆定期开展"为幼儿讲红色故事"活动，每年 12 月举行社团汇报演出，形成学前教育专业品牌活动；"守护健康"社团进社区、进养老院、进乡镇送健康知识，得到社会充分认可。这些活动进一步提高了学生专业技能，增强了学生社会责任感和职业使命感。

### 3. 围绕"多彩人旅"文化，开展系列文化活动

以"让每一个同学都能人生出彩"为出发点，程式化开展"多彩人旅·点赞青春"系列活动。如三月"学雷锋活动月"志愿服务、四月"清明祭奠"赓续红色文化、五月"五四精神传承月"活动、六月"传统文化教育"、七月"颂党恩跟党走"、八月"暑期三下乡"社会实践活动、九月"谢师恩"活动、十月爱国主义教育活动、十一月社团展示、十二月勿忘"一二·九"历史。以活动为载体融入思政、文化、美学、劳动等教育，陶冶情操，强健身体，营造

生动活泼、健康向上的文化氛围。通过文化活动引导学生志存高远坚定"报国梦"，勤学善思实现"成才梦"，奋发有为成就"创业梦"，不忘初心共筑"幸福梦"。

### 4. 围绕"多彩人旅"文化，着力培养和提升专业技术技能和"双创"能力

一是抓职业技能比赛。坚持以赛促教、以赛促学、以赛促改、以赛提质，坚持每年举办康复技能比赛、旅游、酒店专业技能比赛和学前教育专业技能比赛，通过比赛促进教学质量提高，同时为省赛、国赛选拔人才。近年来，学生在技能比赛中荣获省赛一等奖2个、二等奖4个、三等奖17个；在学校第二届"彩虹文化节""蓝色致用"专业成果展中，组织学前教育专业同学手工作品展示，旅游酒店管理专业学生西餐摆台设计、咖啡冲泡与制作、西餐简餐的制作等，这些成果均荣获一等奖，极大地激发学生主动学习专业技能的热情；二是加强就业创业指导。学院组织开展了SYB创业培训、邀请专家进院（系）开展就业创业讲座等，培养学生创新创业精神，增强学生就业创业理念。组织学生参加职业生涯规划大赛、"互联网＋"大学生创新创业大赛等让学生在实践中锻炼成长。近年来，学生多次参加创新创业项目大赛，荣获院级二等奖2个、三等奖3个、省级优秀奖1个。加强就业指导，每月组织企业进院（系）宣讲，毕业季组织企业进校开展招聘会，通过QQ、微信等平台及时为学生提供就业信息，保障其顺利就业。坚持毕业证书与职业技能证书相对接，为旅游行业、酒店行业、康护行业等培养了大批优秀的技能人才，就业率保持在95%以上。

坚持"德技双馨，筑梦前行，成就多彩人生"文化育人理念，助力了学子人生出彩，涌现了一批先进典型。

李海：人文旅游系酒店管理专业2018届毕业生，在毕业后选择做一名光荣的西部计划志愿者，最终通过团中央、团省委审核并选派到南明区太慈桥街道办事处基层党建办公室服务。2020年面对突如其来的疫情，李海毫不退缩，

奋战在一线，自发建立起物资采购群保障居民基本生活，随着居民需求越来越大，李海召集志愿者，建立起采购服务队，起早贪黑为居民服务。勇于担当，乐于奉献的李海，被评为贵阳市优秀共青团员，同年10月被评为"全国抗击新冠疫情青年志愿服务先进个人"荣誉称号。

秦易：人文旅游系旅游管理专业2010届毕业生。在校期间，努力学习、探索创新。2010年毕业后，成立了文中酒业公司，并以自己名字谐音注册商标"勤艺"坊。公司占地100亩，投入资金3亿元，建成标准生产车间4栋10 000余平方米，酱香酒年产量2000吨，未来年目标销售额5000万元。

王芳：人文旅游系旅游大专2009届毕业生。毕业后，王芳积极投身于自己的事业当中，2020年6月自主创办深圳花羽の家花店遵义店；2011年与爱人沈龙共同创办遵义艺龙广告设计中心工作室；2013年创办"贵州艺术人居装饰工程有限公司"，打造出播州区最大的一家自购房产实体装饰企业，数千平方米实体展厅，成为播州区最具实力的装饰口碑商家。成为遵义市青年企业家协会理事单位称号，荣获遵义市青年企业家商会（协会）"优秀企业"称号、中国装企联盟协会"消费者满意3A级"称号。

翁恒：人文旅游系酒店管理专业2008届毕业生，毕业后她在深圳喜来登酒店工作，后来应聘到酒店行业的标杆"丽丝卡尔顿"酒店，凭着自己的努力进入管理层。2011年，翁恒开始了创业之路，开了一家属于自己的花店，三个月后又成功注册了婚庆公司，为自己的梦想搭建了更高的平台。通过自己的不断努力，公司从最开始的零售模式转为承接大型活动、线上线下相结合的服务型销售模式，并在不久后开设了连锁店。目前翁恒拥有1个婚庆礼仪公司，1个文化传媒公司，4个直营店，9个加盟店。

## 三、农耕传承　乡村振兴

农耕文化是中华优秀传统文化的"根"与"魂"，积淀了我国数千年传统农业社会的智慧和经验。习近平总书记强调，农耕文化是我国农业的宝贵财富，是中华文化的重要组成部分，不仅不能丢，而且要不断发扬光大。现代农业系在文化建设中，坚持传承农耕文化，结合学校"彩虹文化"育人和现代农业系实际，探索农耕文化传承模式，形成了"耕读解民生、农牧育匠才、乡土出成就"的一系一品文化育人模式。

耕读解民生：以稼穑立性命、以读书立高德、以己才解民生。

农牧育匠才：以情怀事"三农"、以农艺塑能力、以匠才报家国。

乡土出成就：以改革强农业、以创新美农村、以发展富农民。

### （一）历史与发展

中华文化博大精深，源远流长。农耕文化是中华优秀传统文化的"根"与"魂"，积淀了我国数千年传统农业社会的智慧和经验。农耕文化就是建立在传统的自给自足自然经济基础上的文化形态，即指传统农业基础之上的生产关系、社会关系、典章制度以及与之相适应的道德、风俗、文化、习惯等意识形态，它所反映的思想意识、思维方式和价值观念是其本质内容。

### 1. 历史

据《周易·系辞下》记载："包羲氏没，神农氏作，斫木为耜，揉木为耒，耒耨之利，以教天下，盖取诸《益》。"在中华先民的辛勤劳作和努力耕耘下，灿烂而深厚的农耕文化也随之产生并一直绵延在中华民族的传承中。

早在先秦时期民间流传的《击壤歌》所载的："日出而作，日入而息，凿井而饮，耕田而食"，就描述了乡村间里人们击打土壤、歌颂太平盛世的情景。周宣王"不籍千亩"，虢文公于是谏曰：民众的大事在于农耕，上天的祭品靠它出产，民众的繁衍靠它生养，国事的供应靠它保障，和睦的局面由此形成，财务的增长由此奠基，强大的国力由此产生。谏辞反映了周朝对农业基础地位的深刻认识。商鞅在中国历史上最先倡明"事本禁末"口号，秦国得以强大。

汉朝建立后，汉高祖刘邦为了尽快恢复发展社会生产，医治战争创伤，同样奉行"重农抑商"政策。刘邦即位不久，即颁布著名的"复故爵田宅令"，全面推行重农政策，养殖逐渐沦为辅助农业。与耕作相关的动物养殖，得到特殊的保护，牛是除马之外排行第一的牲畜，其地位取决于与农耕的关系。《厩苑律》是中国目前发现的最早的畜牧方面的法规，体现了对耕牛特别的重视。《盐铁论·刑德》有"盗马者死，盗牛者加（枷）"之说，就是用严刑峻法来保护耕牛。《淮南子·说山》中有"杀牛，必亡之数"。原因何在呢？后汉人应劭在《风俗通义·佚文》中给出了答案，他认为："牛乃耕农之本，百姓所仰，为用最大，国家之为强弱也。"在那个时代，耕牛的作用被上升到关乎国家强弱的地步，事实也的确如此，因为种地缺乏耕牛，效率可想而知。唐人则进一步阐述了"君所恃在民，民所恃在食，食所资在耕，耕所资在牛，牛废则耕废，耕废则食去，食去则民亡，民亡则何恃为君"。

### 2. 发展

传承优秀农耕文化是中华文明薪火相传的必然要求，是实现乡村文化振兴的迫切需要，是乡村治理有效的重要支撑，也是乡村塑形铸魂的现实途径。

着力促进传承农耕文化与美丽乡村建设相结合。人们在村庄的生产生活中产生了语言、风俗及各类祭祀活动等，形成了独特的文化内容和特征，不断总结和创造产生了农耕文化。

着力促进农耕文化与发展休闲农业、乡村旅游相结合。随着经济社会的发展和人们生活节奏的加快，人们渴望到乡村享受充满田园情趣的休闲生活。休闲农业与乡村旅游传承农耕文化的理念，利用乡村自然环境、农牧渔业生产、农家生活等资源条件，通过合理改造、适度开发，以农业生产为依托，使农业与自然、人文景观以及旅游业相结合，为游客提供观光、休闲、度假、体验等服务。

着力促进农耕文化与乡风文明建设相结合。农耕文化在生产劳作、家居生活、人际交往、子女教育等方面蕴含着丰富的精神内涵，可为乡村社会建设和文化建设提供充沛的给养。当前大力推进自治、法治、德治"三治融合"的乡村治理体系，农耕时代的乡贤文化、家风家训、乡规民约等，具有很高的借鉴价值。

着力促进传承农耕文化与举办农事节庆相结合。我国传统节日大多起源于农耕时代，充分体现了中华民族天人合一的和谐理念。建设活力乡村，需要将传承农耕文化与乡村节庆相结合，既能有效传承，又能增添乡村活力，也让现代人感悟四时有序、万物明理的自然法则。

着力促进传统农耕文化与乡村建设新形式相结合。要注重散落于民间的农耕文化的挖掘与整理，深入发掘当地农耕文化的内在潜力，同时也要与时俱进，注重赋予传承农耕文化新的形式。

## （二）核心价值

### 1. 主要内涵

以渔樵耕读为代表的农耕文明是千百年来中华民族生产生活的实践总结，是华夏儿女以不同形式延续下来的精华浓缩并传承至今的一种文化形态，应时、取宜、守则、和谐的理念已深入人心，所体现的哲学精髓正是中华优秀传统文化核心价值观的重要精神资源。

（1）应时。与农业生产联系最直接的是时间与节气，在中国古代，人们基本上是生活在按照自然节律和农业生产周期而安排的时间框架之中的。在《夏小正》中，已把天象、物候、气象和相应的农事活动列在一起，便于民间掌握。后来，又把一年分为二十四节气，人们依节气安排农事活动。直到今天，节气依然是人们开展农业生产活动的依据。农业生产，本就是一种根据节气、物候、气象等条件而进行的具有强烈季节性特征的劳作活动，其时间性是很强的。因此，顺天应时是几千年人们恪守的准则，"不违农时"是世代农民心中的"圣经"。"夫稼为之者人也，生之者地也，养之者天也""是故得时之稼兴，失时之稼约。"(《吕氏春秋·审时》)"凡耕之本，在于趣时""得时之和，适地之宜"。应时，体现了前人对自然规律的重视。

（2）取宜。取宜主要是对"地"来说的，即适宜、适合。中国传统农业强调因时、因地、因物制宜，把"三宜"看作是一切农业举措必须遵守的原则。种庄稼最重要的是因地制宜，"取宜"是农业生产的重要措施。我们的祖先在农事活动中很早就懂得了"取宜"的原则，周朝农耕文化中的"相地之宜"和"相其阴阳"理念，就是"取宜"的实践经验总结，在指导人们认识自然和从事农业生产中发挥了重大作用。

（3）守则。即准则、规范、秩序，它是人与自然长期互动形成的实践原则。农耕文化作为中国传统文化的根基，蕴含着"以农为本、以和为贵、以德为荣、以礼为重"等许多优秀的文化品格。农耕文化是中国传统文化的重要源头，对中华民族坚忍不拔、崇尚和谐、顺应自然、因地制宜、勇于创新等优良品质的养成，起到了重要作用，是中华民族绵延不绝、生生不息、发展壮大的精神厚土。

（4）和谐。农业是农业生物、自然环境与人构成的相互依存、相互制约的生态系统和经济系统，这就是农业的本质。农耕生活的平实性与和谐性，使中华民族爱好和平，并且重视和合。中国的农耕文化连绵不断，是宝贵的精神财富，它铸就了中华民族自强不息的精神，使中华民族历经磨难而不倒；铸就了形式多样的民俗文化，使人民的生活丰富多彩；特别是铸就了中华民族以和为贵的理念，孕育了中华民族天人合一的思想，追求着人与自然和谐、人与社会和谐、人与人和谐的思想。和谐理念塑造了中华民族的价值取向、行为规范，支撑着中华民族不断走向可持续发展的道路。

"应时、取宜、守则、和谐"，就是在天、地、人之间建立一种和谐共生的关系，这是农耕文化的核心理念。时至今日，农耕文化仍是农村社会的主要文化形态和主要精神资源。

**2. 优秀品质**

（1）开拓进取，自强不息。"天行健，君子以自强不息；地势坤，君子以厚德载物。"漫长的历史发展中，我们的祖先从狩猎和采集社会步入农业社会，驯化选育动植物、生产食物以维持生计和繁衍后代。无论是在广袤肥沃的平原地带，抑或是在荒凉贫瘠的河谷山沟，先民在感恩大自然慷慨馈赠的同时，也依靠自己的双手改变着山川大地的面貌。

（2）道法自然，和谐共生。对于我们的祖先来说，自然界不是一个外在于我们、需要被征服的对象，而是一个需要掌握其原理、怀有敬畏之心并与之和谐相处的系统。道法自然、天地人和谐共生，这正是中国农耕文化的传统智慧，体现出对农业节令和时序的把握、顺应和利用。

（3）同舟共济，守望相助。农业的劳动节奏较之工业更富于弹性，但农业的劳动绩效并不能立竿见影，需要耐心等待自然和时间来参与其中并发挥作用。"一分耕耘，一分收获"，有时候只是一种美好的愿望，因为在生产和收获之间的漫长过程中，往往存在很多不确定性。这就是农业、农村、农民内在地要求协调与合作的原因。分散经营的个体农户，面对大自然的瞬息万变，实在太过渺小。由此，先民结成生产和生活的共同体，"出入相友、守望相助"。

（4）孝友耕读，勤俭传家。父慈子孝、兄友弟恭，是儒家传统对理想家庭内部关系结构的描述。这一状态的达成，与农耕文化密不可分。其中一个重要原因是，古代教育水平较低，对农事活动规律认识的传承和把握高度依赖于经验的口耳相传，离不开长者的智慧和指导。在此基础上，孝老爱亲、安土重迁、慎终追远，成为内嵌于传统农耕文化的道德基因。直至今日，人们游走四方，心中追寻的依然是故土亲人，舌尖上思念的是家的味道。农耕文化的影响远远超越农村范围，深深移植入当代人的生活境遇和文化环境之中，化为挥之不去的乡愁。

（三）培养措施

### 1. 党建引领建文化 耕读传家育新人

现代农业系成立了"彩虹文化"育人模式——一系一品农耕文化传承领导小组，下设综合协调组、文化研究组、实践传承组等，制定了《传承农耕文化助推乡村振兴工作方案》；党组织发挥政治引领作用，根据职责分工制订了切实可行的活动方案，号召党员、干部职工积极参与活动的筹备，为下一步工作奠定了坚实的组织基础。

### 2. 农耕文化校本教材 渔樵耕读实践体系

（1）公共必修课。紧扣"传承农耕文化、助力乡村振兴"这一主题，结合"四史"编撰《农耕文化起源与传承》，教材力求尽量收录农耕经典故事、诗词、歌曲和舞蹈，以提高学生的综合素养为核心目标，体现目标、内容、形式上的综合性，注意激发和培养学生的兴趣，引导学生树立正确的人生观、世界观和价值观，为学生终身发展奠定坚实的基础。

（2）实践选修课。依托"茶艺""农艺""花艺"及"沙滩文化鉴赏"等建设综合实践选修课，超越教材、课堂和学校的局限，在活动时空上向自然环境、学生的生活领域和社会活动领域延伸，密切学生与自然、社会、生活的联系。解决生活问题，必然要跳出书本，从生活、自然及社会交往中学习，在拓展了的学习领域和实践中感受农耕文明。

### 3. 构建耕读第二课堂 搭建兴农育人平台

（1）强化专业社团，绽放别样人生。加强茶艺、花艺、植保等专业社团建设，发展特色社团文化，提升农业技艺，提升素质教育、思想政治工作，培养学生的综合能力，提高学院精神文明建设中校风、学风建设，活跃校园文化氛围。

（2）建设稼穑阵地，增强劳动实践。学以致用，知行合一。通过校内农业生产基地建设，充分发挥学生的主观能动性，积极开展农业劳动实践，有利于锻炼学生的动手能力及个人品格养成，有利于生态校园的建设，有利于培养学生的劳动观念以及感恩意识。

（3）诵读田园诗词，传唱红色经典。坚持新生晨读制度，建立读书角，汇集农耕文化诗书，收集红色歌曲，使学生生活更充实、丰富、有知识，使思维训练、境界得以提升，开阔视野，陶冶情操，提高写作水平，改变气质，传承红色精神。

（4）农耕文化讲坛，共谋乡村振兴。坚持周五开展农耕文化讲坛活动，广邀农业专家、文化名人，深入解读党的"三农"政策精神，展示新农村建设新风貌，感受传统文化，培养广大农业学子学农、爱农、知农，积极投身乡村振兴战略中。

### 4.校政行企深度融合　双主体育能工巧匠

（1）融企业文化于现代学徒制班。现代学徒制深化了产教融合、校企合作，将农业企业文化融入教育教学全过程，实现专业设置与产业需求对接、课程内容与职业标准对接、教学过程与生产过程对接、毕业证书与职业资格证书对接、职业教育与终身学习对接，提高了人才培养质量和针对性。

（2）专业导师领衔培育工匠精神。基于导师制的农业学子"工匠精神"的培养，遴选专业导师，引进技能大师，构建以培育精益求精职业技能为主、以精英学生为主体、导师手把手相授的方式，培育学生的职业道德。

### 5.学党史开新局　传承红色基因

（1）讲好遵义故事。扎根红城遵义，秉承学院"四红工程"引领目标，践行"八个一红"实践活动，帮助青年学生学习红色文化，汲取精神营养，补足精神之钙，点亮信仰之灯，熔铸信念之魂；研习沙滩文化，明慧坚持办学、刻苦学习，购求图书、遗惠后人，积极吸收外来文化，勇于革新开拓。

（2）学党史知农耕。以史为鉴，探索大革命失败后，以毛泽东同志为主要代表的中国共产党人，逐步把党的工作重点由城市转入农村，在农村建立根据地，开展土地革命，建立革命武装和工农政权，开创了一条农村包围城市、武装夺取政权的中国革命新道路，当然农耕文化在其中也起到了积极作用。

### （四）主要成效

#### 1. 领导关怀

遵义职院的飞速发展得到了党和国家领导人及各级党委政府的高度重视，现代农业以浓厚的农耕文化传承氛围成为人们的打卡点。

#### 2. 教师示范

只有培养"四有"好教师，才能传承好文化，培育好职业精神，即谓"学高为师，身正为范"。在践行农耕传承、深化"彩虹文化"育人中，现代农业系培育了如邱宁宏、覃成等为代表的优秀教师。

#### 3. 学生践行

学生是教育主体，只有主体表现出优秀品质，文化才得以传承。现代农业系坚持以习近平新时代中国特色社会主义思想铸魂育人，充分利用遵义红色文化资源传承红色基因，以"耕读解民生、农牧育匠才、乡土出成就"的文化理念，培养了大批"知农、爱农、懂农"优秀的毕业生，为遵义乡村振兴作出了应有贡献。

## 四、精巧机信 精益求精

机电与信息工程系以校园"彩虹文化"为指导，根据学科和学生特点，提出了塑造"精益求精、能工巧匠"为核心理念的"精巧机信"的一系一品文化，通过系部文化的引领和浸润，培养合格的建设者和接班人。

精益求精是工匠精神的最核心品质，工匠精神追求认真、严谨态度，需要专注、耐心及坚持。

（一）依据

从职业教育的教育本质来看，职业教育的主要功能给学生赋能，包括两个方面，一是赋予学生做事的态度和精神，只有具备了严谨认真的态度、专注、耐心和坚持的精神，才能成就事业，才能出彩。机电与信息工程系作为理工类教学单位，对学生而言，更应该具备这种态度、精神，没有这些素养，信息专业学生的编程仅有数行，电商专业学生的店铺装修将会是粗制滥造，大数据专业无数据可挖，装备制造专业产品残次。二是赋予学生技能。也就是解决怎么做的问题。通过项目教学、实训操作、实习锻炼等赋予学生技能，不管是教学的哪个环节，只有以精益求精的态度去对待自己的学业，学生技能才能得到强化，才能培养出合格的建设者，才会有能工巧匠，才会有大国工匠的可能。

（二）实施路径

### 1.坚持"工匠精神"育人理念和目标

教育教学过程中，为了能够实现工匠精神的培养，首要的是牢固"工匠精神"育人理念，明确"工匠精神"教育教学标准，在此基础上才能够为工匠精神的培养提供更好的指导，使工匠精神的培养取得满意效果。结合不同专业的教学要求及教学需求，纳入工匠精神培养的内容，重视学生工匠精神的培养。实践中，在教学系层面，提出实施了"三学鲁班"，即大一学生学懂鲁班，领悟精神，保持刻苦学习的钻研精神；大二学生读高志气，明确目标，磨炼意志；大三学生读亮前程，激励学生为理想努力拼搏。在课程改革层面，实施专业课程的教学内容标准化、课堂教学项目化、课后学习立体化的"三化"改革，组建课程教学团队，由负责人组织开展调研，将工匠精神融入课堂，完善课程标准，确定教学内容，制订教学项目，建设课程信息化教学资源。开展集体备课、研讨、评价等提升课程教学质量。"三学鲁班""三化"改革实施两年来，推动了工匠精神进教材、进课程、进头脑，收到了良好的效果。

吴炜，机电与信息工程系计算机 D185 班学生，在校期间，时刻保持先锋模范带头作用，思想政治理论扎实，积极向上，创建了遵义职院青年马克思主义者学习研究社，热心公益事业，加入了志愿者协会，结合自身专长参与社会服务工作，先后获得"全国大学生优秀志愿者""贵州省疫情防控志愿服务者"、遵义职院"优秀干部""三好学生""红丝带网络形象公益大使""今日校园大使负责人"、遵义职院机电与信息工程系"抗击新冠疫情青年志愿者"等光荣称号。陈品，机电与信息工程系机电 D161 班学生，在校期间刻苦学习专业知识，积极参加学校各类活动，毕业后当选为织金县以那镇大寨村村民委员会主任。在全镇干部大会上，镇党委书记表扬其是以那镇最年轻的、学历最高的村干部，任职期间充分发挥自己的所学所长，投身于以那镇的建设工作中。在此之后，相继奋战在产业调整的前线，任职期间村支两委完成了 300 亩南瓜种植，300 亩刺梨种植，200 亩退耕还林，200 亩果树种植，200 亩辣椒种植，增加全村 270 人就业，带动贫困户 132 户脱贫，促进全村 158 户经济增收。与此同时，还完成了 40 户危房改造，62 户老旧房屋整治，40 户改厨、改厕、改圈舍，从根本上彻底解决了贫困群众住房不安全的难题。在此期间，陈品同学充分运用所学的专业知识，帮助 20 户群众安装了电线，教会他们最基本的双控电路原理，电线坏了如何检修、家庭 220V 电表如何接线、空气开关如何安装等知识。

### 2. 加强学生实践训练

在教育教学中，实践训练属于关键内容，在学生工匠精神的培育方面能够发挥不可替代的作用。在实际教育教学过程中，增加实训课的内容，加大实训课比例，为学生更好地进行实践训练提供更多机会。在实践训练过程中，让学生自主进行实践，引导学生自己发现实践训练过程中存在的问题，并且指导学生对这些问题不断改进，使学生的专业能力及水平不断提高，同时培养学生精益求精的良好品质。实践教学调整两年来，培养了一批动手能力、解决问题能力强的优秀学生。

吴文辉，遵义职院机电与信息工程系机电 D171 班学生，大学期间在党组织的教育和培养下，成了一名有理想、有道德、有文化、有纪律的"四有新人"，时刻以高标准要求自己，工作中作风务实，认真努力，获得就业单位高度好评，2020 年获得中国航天科工集团第十研究院"天马杯"技能大赛 CAD机械设计"二等奖"。

李传文，机电与信息工程系工业机器人 D171 班学生，2020 年通过"专升本"就读于凯里学院大数据工程学院。李传文同学立志高远，笃志躬行，苦心钻研专业知识，扎实技能，在多次的专业竞赛中赛出了风采，获得全国职业院校技能大赛"嵌入式开发赛项"国赛"三等奖"、贵州省"明日工匠杯"职业院校学生技能大赛"一等奖"、第十一届"蓝桥杯"全国软件和信息技术专业人才大赛"三等奖"，同时获得"国家励志奖学金""贵州省优秀毕业生"称号。

### 3. 实行校企合作教学模式

对学生工匠精神的培养，除需要有效实施学校教育外，还应当开展校企合作的教学模式，这种教学及人才培养模式对学生工匠精神的形成具有不可替代的作用。教学院（系）与社会企业加强合作，安排学生进入企业进行实践实习，让学生尽早体验实际工作，使学生能够对今后的工作加强认识，有利于学生更好地专注于学习及实践。同时，在这种真实的工作环境中，可使学生形成良好的职业责任感，能够使学生向工作人员学习职业技能及职业精神，能够使学生受到职业人员敬业奉献精神的感染。机电与信息工程系不断强化校企合作，2020 年，机电与信息工程系 930 余名高职学生按专业技能特点分赴杭州赢动电商学院、国通星驿网络公司、天马微电、三安半导体、中兴通信、英华达、天准机器人等企业开展网络营销、物联网实施、开发、电子应用技术、JAVA 开发、UI 设计、大数据应用开发等项目的跟岗实习，学生通过跟岗实习，感悟到了工匠精神品质，提升了专业技能，为将来成就事业打下了坚实的基础。

机电 D141 班长、团支部书记邹洋同学，在校加入了中国共产党，获贵州省优秀毕业生、学院优秀学生干部、优秀团干部等荣誉称号。2017 年 6 月毕业于遵义职院机电信息工程系，同年 2 月进入贵州中航电梯有限责任公司顶岗实习。现任中航电梯公司技术质量党支部委员、安全部部长、团委委员等职务。2017 年 2 月，在中航电梯顶岗实习期间，获得中航电梯"两学一做"演讲比赛二等奖及"优秀青年员工"等称号。2017 年 7 月，获贵州省"品牌故事"演讲比赛三等奖、中国贵州航空工业集团"书香航空"朗诵比赛一等奖、中国通用飞机集团公司"优秀共青团员"、中航电梯"清风颂"演讲比赛一等奖等奖项。2019 年 7 月，中航电梯公司提拔邹洋为安全部部长。2021 年 1 月 5 日以安全生产代表登上《贵州日报》、天眼新闻等媒体。

# 五、七彩建筑　和合共生

## （一）内涵释义

"七彩建筑、和合共生"的建筑文化是建筑个性化的体现，是对建筑的理解与需求。"七彩"取自"七彩云南、多彩贵州"等西南民族品牌应有之义，也是学院"红色塑魂、蓝色致用、绿色出彩"校园"彩虹文化""红绿蓝"的继承和拓展。和合，出自《墨子·尚同中》："内之父子，兄弟作怨谁，皆有离散之心，不能相和合。"《史记·循吏列传》："施教导民，上下和合"，指在承认"不同"事物之矛盾、差异的前提下，把彼此不同的事物统一于一个相互依存的和合体中，并在不同事物和合的过程中，吸取各个事物的优长而克其短，使之达到最佳组合。

"七彩"彰显个性，"和合"强调共性，建筑人才在强调"德技双馨"的同时，张扬个性，以天人合一的宇宙观、协和万邦的天下观、和而不同的国家观、琴瑟和谐的家庭观、人心和善的道德观，设计出适合不同民族、不同地域特色的作品，在乡村振兴、大数据、大生态三大战略行动中，为新型城镇化、旅游产业化及新农村建设献计出力，拥抱"七彩"阳光茁壮成长。

"七彩建筑、和合共生"的建筑文化是校园"彩虹文化"的深化，是对"产教融合、校企合作、工学结合、知行合一"职业教育要求的生动实践，是"彩虹文化"之"四红工程""三走进，三提升"的延伸和拓展，强调建筑与人、建筑与自然、建筑与社会的和谐共生，平衡发展，绿色发展。紧扣"四大定位"，强化德、智、体、美、劳"五位一体"，培育"德技双馨"的建筑工匠。

（二）"建德筑能，逐梦黔川"的人才培养定位

"建德筑能"，是取建筑与艺术设计系"建筑"二字与"德能"二字的和合体，是系的代名词，彰显了职业教育"德技并重"的育人观。以"立德树人"为根本，培养德、智、体、美、劳全面发展的高技术技能人才。"逐梦黔川"，职业教育要为区域经济和社会发展服务，学生要立足贵州，扎根黔北，瞄准川渝，在遵义"一地一市"和"一枢纽两中心三基地"打造中，在贵州大力推进"新型工业化、新型城镇化、农业现代化、旅游产业化"战略中，在国家打造"成渝双城经济圈"规划中，充分发挥专业优势，展示技能特长，谋生存，求发展，建功新时代。

（三）实施路径

**1. "七彩文体，内化行为"的践行路径**

"七彩文体"，也是多彩文体。通过开展"三走进，三提升"活动，学先贤，感悟人生，内化人格，开阔视野，提升服务区域经济社会发展能力，在遵

义新型城镇化、新农村建设中显身手，献力量；通过开展"四红工程"，利用节庆假日、重大庆典，结合专业特点，开展"八个一"红色传承活动和"弘扬传统文化、传承红色基因、我与祖国共成长"晨诵活动，增强"四个意识"、坚定"四个自信"、做到"两个维护"，塑造建筑"红人"；通过开展党团教育，提高政治站位，践初心，守底线，明事理，悟道理，做政治上的明白人，事业上的创新人，工作上的开创人；通过开展体育活动，强健体魄，树立团队意识，拼搏意识，规矩意识，纪律意识，凝聚强大正能量；通过开展劳动教育，增强劳动观念，树立劳动意识，铸就职业精神，树立劳动最光荣、劳动最伟大的理念。

### 2."博学善思，精益求精"的教学实践

建筑是一门古老的艺术，内涵博大精深，构建"算、建、检、居"为一体的综合人才培养体系，通过分层分类教学，开展室内装饰技能班，智能化校企合作订单班，通过师带徒、企业跟岗、顶岗实习、技能比赛锻炼，树立竞争意识，将传统民宿民居建筑特色融入人才培养的全过程；塑造精益求精的职业精神、工匠精神，培养"博学善思，精益求精"的职业定位，服务"一带一路"、新型城镇化和新农村发展战略。

### 3."立足黔北，辐射周边"的服务定位

以党建扶贫为切入点，充分发挥专业人才优势，立足遵义城区、周边县市，协助村镇搞好新农村建设规划；以毕业生就业为突破点，深化校企合作，产教融合，紧跟行业标准，构建"专业对口、校企共培、高标就业、长期稳定、服务一线"的就业体系，服务区域经济社会发展。

### （四）育人成效

建筑与艺术设计系以"七彩建筑，和合共生"的文化理念，坚持育"人"与育"才"相结合，素质教育与职业发展相统一，贯彻新发展理念，"产学研

用"并举，强化高质量办学，突出办学特色，推进内涵建设，强化专业内涵的建设发展、创新实践、引领带动，着力培养高素质、创新型技术技能型建筑人才。产教融合增值赋能，赛训结合，以赛促学，全方位培养学生丰富的理论知识和扎实的实践技能。近年来，学院师生参加职业院校技能大赛获得全国赛三等奖 1 项、贵州省赛一等奖 3 项。仅 2022 年，师生参加各类比赛共获奖 12 项，21 人次获奖。先后为贵州输送了数千名高素质技能型的建筑技术精英、管理能手和业务骨干。不少学生还通过"专升本"考试顺利升入本科学校，2022 年，专升本上线率达 63.5%，录取率 51.9%。

# 六、卓越经管　精打细算

经济管理系由原经济贸易系和会计系组建而成，现开设有大数据会计、大数据财务管理、市场营销、电子商务、金融与科技应用、物流管理 6 大专业，拥有一支 80 余人的"双师型"结构化教学创新团队（有教授、副教授、讲师、注册会计师、税务师、注册资产评估师、会计师、国际财务管理师、律师、硕博高学历和归国留学生人员）。经济管理系办学历史可以追溯到遵义财贸学校的创立时期，60 多年来，已为遵义乃至全省培养了万余名优秀的商科专业人才，被誉为"遵义商科人才摇篮"。

悠久的办学历史，深厚的办学底蕴，以"重品格、会经营、精核算、懂融资、通物流、善管理"为培养目标，组建市场营销（数字营销）专业群，走培养中小微企管理者和营销实战人员之路。在国家职业教育改革、"提质培优计划""兴黔富民计划"等政策引领下，经济管理系正在转型升级、创新发展。

经济管理系以立德树人为根本，以为党育人、为国育才为使命，全方位深化教育教学改革，围绕现代物流和现代金融产业链，助推"遵义乡村振兴"和"遵货出山"，做强会计专业和做亮数字营销专业群，提升"财、商、贸"服务产业能力，助力"一地一市"建设，为地方经济社会发展培养复合型、创新型人才。在多年的办学积淀中逐渐形成了"经世致用，厚德精技，追求卓越"的办学理念、"诚以修身，信以立业"的系训和"敬业、诚信、拼搏、创新"的系风。

（一）"品德为先，诚实守信，精益求精，追求极致"的文化

文化是一个国家、一个民族的灵魂，文化兴则国运兴，文化强则民族强。遵义红色文化是遵义职院育人的宝贵资源，传承红色基因，讲好遵义故事更是"遵职人"义不容辞的责任，也是专业建设、教学改革和创新发展的"内生动力"，为决胜"双高"、提质培优提供了强大精神动力。在学院"红色塑魂，蓝色致用，绿色出彩"的校园"彩虹文化"和"践学践行，崇德尚能"校训指引下，经济管理系形成了"品德为先，诚实守信，精益求精，追求极致"的"卓越经管"一系一品文化。

### 1. 品德为先

品德就是道德品质，是指个体依据一定的社会道德准则和规范行为，对社会、他人、周围事物所表现出来的心理特征或倾向。古人所说"先天下之忧而忧，后天下之乐而乐"的政治抱负、"位卑未敢忘忧国，苟利国家生死以，岂因祸福避趋之"的家国情怀、"人生自古谁无死，留取丹心照汗青""鞠躬尽瘁，死而后已"的奉献精神等都是优良品德的表现。习近平总书记指出，核心价值观就是一种德，要求明大德、守公德、严私德。作为经济管理系的学生，必须以社会主义核心价值观为统领，认真践行"富强、民主、文明、和谐、自由、平等、公正、法治、爱国、敬业、诚信、友善"社会主义核心价值观体系，培养优良的品德，把德放在人才培养的第一位。

### 2. 诚实守信

诚实就是表里如一，做老实人，说老实话，办老实事。守信就是信守诺言，讲信誉，重信用，忠实履行自己承担的义务。诚实和守信是统一的。守信

以诚实为基础，离开诚实就无谓守信。诚实守信是一个人安身立命的根本，是人和人之间正常交往、社会生活稳定、经济秩序得以保持和发展的重要力量。诚实守信既是中华民族的传统美德，也是社会主义市场经济条件下我国道德建设的重点。诚信是做人的基本准则，是立身之本、成事之基、发展之道。在中国历史上，从孔子提出的"足食、足兵、足信"的治国方略和"民无信不立"的德治思想，到孟子提出的"诚者，天之道也；思诚者，人之道也"的最高原则；从儒家经典《大学》所宣扬的"诚意正心，格物致知"的道德修养论，到"独尊儒术"的董仲舒所创立的"三纲五常"说（"三纲"，即君为臣纲，父为子纲，夫为妻纲；"五常"，即仁、义、礼、智、信），说明诚信的重要性。古人云："君子诚之为贵"，君子"言必信，行必果"。因此，要培养学生"以诚实守信为荣、以见利忘义为耻"的荣辱观，诚实守信是经管学生最基本最核心的职业素养，要求培养学生规范经营、规范交易、规范生产、规范竞争。

### 3. 精益求精

《论语·学而》云："如切如磋，如琢如磨。其斯之谓与？"朱熹注："言治骨角者，既切之而复磋之；治玉石者，既琢之而复磨之。治之已精，而益求其精也。"习近平总书记指出，要建设知识型、技能型、创新型劳动者大军，弘扬劳模精神、劳动精神和工匠精神，营造劳动光荣、技能宝贵的社会风尚和精益求精的敬业态度，要有一种追求技术极致和精益求精的工匠精神。培养学生弘扬"劳动光荣，技能宝贵，创造伟大"的时代风尚，要求学生潜心钻研技术，苦练本领。

### 4. 追求极致

追求极致是指达到最佳境界或最高、最深的程度。选择做一件你最喜欢的事情，把这件事情做到你想要做到的极致。唯有割舍，才能专注；唯有放弃，才能追求。经得起诱惑，耐得住寂寞，永远是成长道路上的不二法则。有一种经验叫历尽沧桑，有一种追求叫浅行静思，有一种美丽叫淡到极致。我们培养的经管学子无论是经营管理，还是从事各行各业都要求把工作做到极致、把事情做到完美。

（二）"一引领、二强化、三打造、四提升、五实现"的建设路径

"卓越经管"一系一品文化的建设路径是：一引领、二强化、三打造、四提升、五实现。

### 1. 一引领

一引领是指党建引领。发挥党总支的政治核心作用，支部的战斗堡垒作用和党员的先锋模范作用，实施"三双引领工程"，即"双带、双建、双晋"（党支部书记、教师成为党建带头人和学术带头人；支部建到专业群和"双高"项目上、党建＋信息＋学习教育＋思政育人＋载体；支部晋级、党员晋星）。经济管理系39名教师党员分布到三个支部（市场营销专业群党支部、会计特色骨干专业党支部和学生党支部），在育人和"双高"建设过程中，发挥一个支部一个堡垒、一名党员一面旗帜，在立德树人和"三全育人"中的引领作用。

### 2. 二强化

二强化是指强化师生理想信念教育和思想政治教育。发挥遵义红色文化特有的地缘优势，把红色塑魂作为强化师生理想信念教育的重要内容，深入践行社会主义核心价值观，实施学院"四红"工程和"八个一"活动，把思政课程和课程思政有机结合，实现同向同行，贯穿"三全育人"的全过程，坚定师生理想信念，永远跟党走。以红色文化为重点，深入持久开展思想政治教育工作。一是坚持"红色塑魂"，发挥"红色"地缘优势，以"红色文化、长征精神、遵义会议精神"为主阵地，全面提高青年学生的思想道德素质。学院地处红色圣地遵义城区，发挥"红色"地缘优势，把传承和弘扬"红色文化、长征精神、遵义会议精神"作为学生思想政治教育的主阵地、主战场；二是把求真务实、艰苦朴素、顽强拼搏、坚定信念，作为学生思政工作的重要内容，将其

写进工作要点，纳入计划，如利用班级周五政治学习讲红军故事，学习先进人物事迹，了解红军的艰难历程和英雄人物的光辉事迹，在全系掀起"学先烈、敬先烈、赶先进"的不怕困难、敢于担当之风；三是把传承和弘扬遵义会议精神与学生的理想信念教育、集体主义教育、艰苦奋斗教育、纪律观念教育、社会主义核心价值观教育和爱国主义教育相结合，利用"升国旗、唱红歌"对青年学生进行敬国旗、敬国徽的爱国主义教育；四是把红色教育进课堂、进寝室、进活动，与节庆日相结合。利用学生喜闻乐见的"三月学雷锋活动、中华经典诵读、文化艺术节、宣传栏、文体活动、知识讲座和新型媒体"等载体，使学生身体力行，让青年学生深刻认识到共产党好、社会主义好、改革开放好，懂得热爱家乡、热爱祖国、热爱中国共产党，使中华民族的传统美德薪火相传；遵循青年学生的身心健康发展规律，倡导遵义会议精神、宏扬长征文化，让校园充满红色韵味，切实加强学风、系风、教风建设；利用红军山烈士陵园、遵义会议会址、苟坝会议会址、四渡赤水纪念馆、遵义历史博物馆等红色教育基地，对青年学生进行人生观、世界观、价值观和职业观的教育，让他们懂得进取、开拓、创新和奉献，增强和激发学生自强不息、勤奋刻苦的自觉性。在高度重视学生思想政治教育的同时，对学生分年级进行重点培育。

一年级学生：规范学生日常行为。组织参观遵义会议会址、苟坝会议会址、红军山、娄山关、博物馆、湄潭浙大旧址、遵义沙滩文化；读一本红色读物、唱一首红色歌曲、开展红色文化报告会；组建或参与社团、开展社团活动、校园文化活动月活动、唱红歌比赛及其他文体活动，开展"阳光男生、优雅女生"评选活动。

二年级学生：强化学生养成教育和提升综合素质。开展主题班会、学雷锋活动，践行宗旨实践活动；听励志人物报告会或收看励志影片，增强团队意识；开展感恩等心理素质拓展活动、邀请成功校友到校作报告等；要求学生讲一个红色故事、写一篇红色文章、组建一个红色文化宣讲团队，开展社会主义核心价值观和弘扬遵义会议精神、长征精神报告会等；开展主题文化活动（文化月活动、科技艺术节、财经文化节、社团活动，编演小品、话剧，"三下乡社会实践活动"、校园文化精品展演），开展"自强之星"评选活动。

三年级学生：提升职业技能和职业素养。举办学术、技能报告会；开展知识竞赛、发明创造、毕业作品设计；开展专业讲座、学生技能比赛等，提高学生技能；通过课程思政、诚信教育等提高学生职业素养；通过开展毕业生座谈会、欢送会、给母校签名留念、文明离校、校友返校日等，让学生感恩母校。

通过每年固定的"五四""七一""十一""一二·九"等活动开展爱国主义教育、革命传统教育、励志教育和"四三三二"（即实施"开展四大工程、狠抓三支队伍、完善三项制度、加大两个投入"）的学生思想政治教育。强化思想政治教育，实现教师高尚的师德和学生良好的道德品质。四大工程：开展以帮助学生树立正确的世界观、人生观、价值观和择业观为主要内容的"春风工程"；开展以"让阳光普照心灵"为主题的"阳光工程"；开展以认真解决学生实际问题为突破口，切实为学生办实事、解难事的"凝聚力工程"；开展以维护院（系）社会治安环境、安全稳定为前提，构建和谐校园为目标的"平安工程"。三支队伍：加强院（系）政工和共青团干部队伍建设，加强"思政课"教师队伍建设，加强班主任、辅导员队伍建设。三项制度：院（系）领导联系班级和学生思想政治教育工作制度；定期召开学生代表座谈会制度；学生实际困难解决督查督办制度。两个投入：思政和管理人员精力的投入（不分上下班，周六、日，经费和硬件设施投入）。

### 3. 三打造

"三打造"是指打造一流的实训平台（基地）、"双师型"结构化的师资队伍和技能大赛品牌。围绕专业群建设服务产业，特别是新商科、新零售对人才培养的需求，打造一平台、两基地、三中心，即：大数据流通与交易技术创研平台，校内校外实训基地〔贵州省卓越经管人才开放实训基地、贵州省（遵义绿色食品）数字营销公共实训基地，贵州省数智商科产教融合实训基地，新商科智慧学习工场，一站式生产性实习实训基地（校园超市）]，农村金融科技创新中心，用友大数据会计记账中心，智慧电商物流中心，以适应人才培养需求；通过引、聘、培、下、带企业锻炼等方式，培养"双师型"结构化师资队伍。现有博士 2 人（在读），硕士研究生 26 名（含全国外留学 7 名），注册会计师 3 人，税务师 1 人，司法证 2 人，注册资产评估师 1 人，高级国际财务管理师 5 人，会计师 3 人、管理会计师 1 人。坚持"引、聘、培、下、带"并重，构建"双师型"结构化师资队伍。"引"是从生产和行业一线引进管理人员、技术人员担任核心课、实践课的教学工作，提高教学团队的整体实践教学实力。"聘"是围绕区域经济发展，聘请企业、行业知名专家担任兼职教师、客座教授，为专业人才培养方案的修订把脉问诊。"培"是在注重短期学习培训的同时，选拔部分骨干教师到重点院校的对口专业或行业进行学习深造，加强教师的继续教育和技术更新。"下"是让专业教师下到相关企业挂职锻炼，丰富、提高他们的实践技能，与合作企业的技术骨干互兼互聘。"带"是以老带新、以强带弱，坚持新教师岗前培训制度、青年教师导师制度。鼓励教师积极参与教学能力大赛、科学技术研究和社会服务，培养一流的师资；实施技能大赛品牌工程，把"1+X"、课赛证融通，以赛促教、以赛促改、以赛促学，采取走出去与引进来的方式训练学生技能。近几年，系技能大赛成绩斐然，市场营销技能赛项已两次荣获国赛一等奖，省赛一、二等奖近 20 项。

### 4. 四提升

四提升是指提升文化品质、技术技能、双创能力和社会服务能力。以红色文化、中华优秀传统文化、职业文化、黔商文化为主体，打造诚信文化，形成独具特色的经管文化。开展一年一度财经文化艺术节、中华优秀传统文化经典诵读、汉字听写大赛、桥牌大赛，与中国人民银行共建征信基地，开展诚信知识大赛，举办"黔商文化、筑梦前行"精品文艺晚会，学生暑期三下乡社会实践活动等提升系文化品位；通过蓝色致用，培育学生技术技能、工匠精神和双创能力。一是实施"2345"人才培养模式（通过"双轨道、三阶段、四强化、五提升"的人才培养模式，即学校与企业、就业与创业两条轨道并行并重；在学校与企业间进行学生培养全过程、就业与创业目标指导培养全过程；在学生培养过程中，基础理论、专业认知，专业学习、跟岗实习，综合技能、顶岗实习三个阶段在学校和企业交替进行；强化"互联网+"、人工智能知识、强化营销技能实战训练、强化职业意识和职业精神的培养、强化就业创业综合能力和素质的培养；通过三年培养，提升专业知识和专业技能，提升写作、演讲与表达能力，提升沟通合作能力，提升策划与市场开拓技能，提升组织协调与抗风险能力），实现专业技能的传授；二是通过专业社团和学生技能大赛、发明创造，提升学生技能水平，培养工匠人才；三是开展就创业讲座、职业生涯规划、校友返校分享会、双创基地孵化等，提升学生双创能力。发挥经管专业服务地方经济和产业需求，特别是营销、金融、电商、物流、会计在黔货出山、乡村振兴中的重要作用，把专业群建到产业链或对接岗位上，组织教师到行业、企业一线，依托专业教师的优势、特长，更好地服务社会和乡村振兴；注重送课送技到乡村，完善扩招培养四类人员（下岗工人、退役军人、农民工、新型职业农民），四类人员中有中共党员、省人大代表、村党支部书记、村居委主任、创业人员，院（系）根据他们实际情况有针对性开展人才培养，四类人员学习优异，成果丰硕，提升了学院服务社会能力。

### 5. 五实现

五实现是指实现学生会经营、精核算、懂融资、通物流、擅管理，让学生人人出彩。以立德树人为根本，深入践行社会主义核心价值观，在学院"彩虹文化"育人模式的引领下，通过"卓越经管"一系一品文化的浸润，德技双馨的人才培养、学生职业生涯规划、就创业工作的孵化引导，全员、全过程、全方位育人，培育新商科复合型技术技能人才，实现学生会经营（把握经济发展规律、运用现代技术诚实守信经营）、精核算（精通大数据会计和财务，精打细算、精准核算）、懂融资（运用现代金融与科技应用知识，懂得资金管理与融通）、通物流（懂得物流作业一体化，管理信息化，资源社会化，体系综合化，商流、物流、信息流一体化，对物资高效便捷的流通配置）、善管理（运用现代管理技术，进行制度、组织、流程、计划、文化的有效管理），铸就学生出彩人生。

# 第四章  绿色出彩  知行合一

青年是祖国的希望，民族的未来。大学生正是最有生机的青年群体，正处在生理心理逐渐成熟的时期，是"扣好人生第一粒扣子"的重要时期。学校通过创造环境浸润，规范行为养成，加强身心锻炼，塑造健全人格，强化知行合一，成就青年学子出彩人生。

## 第一节  彩虹校园  润物无声

校园环境是学校育人的一个重要组成部分，它在学校教育活动中发挥着特殊的作用。要使校园里的每一堵墙、每一块草地乃至每一株花木都会"说话"，使他们营造出一种能够产生教育作用的"氛围"，发挥浸润的作用。这是一种教育，一种更高层次的教育。静态的教育环境虽然不是学校教育的主体，但它在学校教育过程中的作用是其他教育内容所不能取代的，其作用也不是可有可无的。大学校园要创设一种与主体教育相适应的校园环境，发挥环境在育人中的特殊作用。

学校以"彩虹文化"育人理念进行校园建设，以长征文化元素"横山纵水"命名校园道路，以蓝色致用为主题的楼宇、过道走廊文化，建设了"1935文化广场"、红色文化长廊，建设了爱国主义教育林、职教林等人文景点，充分发挥校园内山、水、园、林、路、楼等建筑，达到育人效果。

# 一、校园道路文化　传递红色基因

学院位于全国首批 24 个历史文化名城之一、中国革命老区、贵州省第二大城市——遵义。坐落在遵义市，有城区校区和新蒲新区，占地面积833亩。簇拥遵义会议会址、娄山关大捷战斗遗址、四渡赤水、苟坝会议会址等全国著名红色文化资源。学院主干道路命名将 1919—1949 年间中国共产党革命历史上有重大意义的地名运用其中，按照"横水纵山"进行布局，以"红色道路"体现"红色精神""长征精神"，彰显遵义地域特色和红色文化，展示师生肩负传承红色基因的使命，走在红色大道上，让革命精神得以延续。结合学院地处新蒲新区红色道路体系中，与学院周边"长征大道""乌江大道"遥相呼应，将进入学院的正南门大道命名为"遵义路"，成为核心主干道，形成以图书馆大楼为核心的制高点，在学院这艘红色大船上，成为高扬的风帆，传承"红船精神"，承载着为社会主义培养合格接班人和可靠接班人的重任，扬帆远航，不断前进，培养出一代代红色精神的传承人，从而将红色历史的脉络串接在学院道路上。南北路以"山"命名，东西路以"江河"命名，校园纵横在山河之间，兼具人文性，突出地域性。学院校园分为5 条主干道，11 条辅路和支线以及 1 座桥。建设一个品位高雅、环境优美、特色鲜明的"彩虹文化"校园，使学生在红色文化的浸润下，达到红色塑魂的目的。

## （一）核心主干道　引领方向

### 1. 遵义路

据遵义会议命名。起于学院正南门，终至图书馆大楼，南北走向。遵义在中国革命史上，无疑有着重大的影响，不管是强渡乌江、召开遵义会议、攻占娄山关，还是四渡赤水、巧渡金沙江等，无一不影响着中国革命的发展，特别是 1935 年 1 月在遵义召开的遵义会议，确立了毛泽东在全党和红军中的领导地位，第一次独立自主地运用马克思列宁主义原理，结合中国革命的具体实践，解决了自己的路线、方针和政策，确定了符合中国革命战争特点和规律的积极防御的军事路线，是中国共产党从幼稚走向成熟的标志。遵义会议是在中国共产党和红军力量极度削弱的危急关头召开的，它使红军和党中央得以在极其危急的情况下保存下来，并且在这以后能够胜利地完成二万五千里长征，打开了中国革命的新局面。学校有着得天独厚的地理优势，沐浴着红色文化，所以主干道以遵义路为中心向四周辐射，体现了校园环境与地方红色文化特色的结合，给人以厚重的红色文化沉淀，使同学们在环境中进一步感悟红色历史，坚定理想信念。

### 2. 红船路

据中共一大红船命名。连接遵义路，东西两边延伸绕图书馆大楼，形似一艘大船承载着图书馆大楼，寓意学院的发展都是在中国共产党的带领下不断走向辉煌。当中华大地支离破碎、暮霭沉沉，南湖一叶红船，燃起了中国革命的希望星光。红船路的命名，体现了校园环境与红色历史的结合，充分运用红船精神——开天辟地、敢为人先的首创精神，坚定理想信念、百折不挠的奋斗精神，立党为公、忠诚为民的奉献精神塑魂育人，使同学们在环境中感悟中国共产党人为了完成"民族独立和人民解放""国家繁荣富强和人民共同富裕"这两大历史任务，从诞生那天起，就没有自己的私利，而是以全心全意为人民谋福利为根本宗旨，从而立志发奋图强。

### 3. 扬帆路

据中共一大红船的帆命名。图书馆大楼背后连接红船路，东西走向。这里的帆正是红船的帆，承载着图书馆大楼这座"红船"扬帆起航，寓意学院师生在"彩虹文化"熏陶下，根植红色沃土，培养技术技能，成为德、智、体、美、劳全面发展的高技术技能型人才，扬帆未来，出彩人生。

## 4. 赣江路

据红军长征起点赣江命名。自学院东门到扬帆路，经扬帆路连接延河路，东西走向。赣江流域是中国红色文化成长的摇篮，开启了中国共产党领导人民群众在赣州这片红土地上进行革命根据地建设和红色政权建设的伟大实践。赣江是红军长征的起点，长征的队伍从那里走出，为遵义带来了红色的种子，传播了红色精神，为中国革命的胜利奠定了基础。寓意不忘初心、牢记使命。

## 5. 延河路

据革命圣地延安命名。起自西大门，至图书馆大楼，连接扬帆路，东西走向。此条路既是主干道，也是东西走向道路。延河在延安境内，不仅滋养两岸生灵，更哺育了中国革命。"巍巍宝塔山，滚滚延河水"，见证了中国革命从"星火"走向"燎原"、中华民族争取独立和民主革命的伟大历程，成为一种时代精神的象征，是中国革命的母亲河。在学院西大门起始处以延河路命名，是将自强不息、顽强拼搏、无私奉献的精神发扬并传承。

## （二）江河分支道　贯通精神

### 1. 长江路

长江路起自医务所，经双创中心，至彩虹幼儿园，东西走向。红军长征多次跨越长江支流，如"四渡赤水""强渡大渡河"等重要事件都发生在长江支流。以此命名，让师生加深对红军长征中的重要事件的记忆，从而增强师生对红色文化的学习。

### 2. 金沙江路

金沙江路起自足球场，经篮球场至幼儿园，东西走向。为了迅速摆脱敌人的围堵，在川西建立根据地，1935年5月3日至5月9日，中央红军开始渡江行动，仅用 6 天时间迅速渡过金沙江，跳出了数十万敌人的围追堵截，为长征的胜利奠定了基础。以此命名，让师生通过对红军抢渡金沙江精神进行学习，从而攻克今天在学习、生活、工作中的难关。

### 3. 湘江路

湘江路为第二食堂北面与篮球场之间一段，东西走向。湘江，源自湖南省永州市海拔近 2000 米的九嶷山。1934 年 12 月 1 日湘江战役取得胜利，粉碎了国民党于湘江以东地区消灭红军主力的企图。湘江战役是中央红军突围以来最壮烈、最关键的一仗。以此命名，进一步坚定党员师生的理想信念，锤炼政治品格，注入奋勇前行的力量源泉，唤起党员师生干事创业的雄心壮志，促使严守初心、坚定恒心、增强信心，自觉摒弃"不愿干、不想干"的懒惰思想，彻底转变"工作拈轻怕重、想干事又怕干多错多被问责多"的懈怠思想，从而在新征程里，高举伟大思想精神之旗，以坚不可摧的理想信念，闯关夺隘、勇往直前。

### 4. 岷江路

岷江路起自知行广场，经勤业楼南面，至老图书馆。岷江，长江上游的重要支流。岷江是成都平原最重要的水资源，历史上岷江以都江堰为代表的灌溉工程使成都平原成为"天府之国"。1935 年 5 月至 7 月下旬，红军第四方面军 8 万余人经过茂县、汶川、黑水等地，在这一地区留下不少可歌可泣的故事，以此命名，进一步让师生了解红四方面军作为红军长征的主力军，在长征期间骁勇善战，数次突破了国民党军队的封锁线。红一方面军和红二方面军，在长征过程中屡屡建功。抗日战争时期，红四方面军被整编为 129 师，为抗日战争的胜利作出了卓越贡献，为共和国培养了许多优秀的指战员和指挥员。这激励了师生在新时代艰苦奋斗，建功立业。

### 5. 乌江路

乌江路连接井冈山路，经宠物医院，自学院西南角到东南角，横穿学院最南面，与新浦乌江大道遥相呼应。乌江为贵州省第一大河，长江上游右岸支流，古称黔江。长征期间，党中央和红军主力部队强渡乌江，将国民党几十万追兵阻隔在乌江南岸。强渡乌江是中央红军长征以来取得的第一个伟大胜利，打破了蒋介石企图在此歼灭红军的计划，为遵义会议的召开及黔北革命根据地的建立奠定了坚实的基础。以此命名，激励师生像红军攻克乌江天险一样，坚定信念，以不怕牺牲、敢于胜利的无产阶级革命乐观主义精神对待今天的事业。

## （三）山川次干道　凝聚力量

### 1. 井冈山路

井冈山路起自西门延河路，经五人制足球场连接乌江路，南北走向。1927年10月，毛泽东率领秋收起义部队到达井冈山，发动农民"打土豪，分田地"，开展游击战争，恢复党的组织，建立工农政权，开始了工农武装割据。井冈山革命根据地是中国共产党创立的全国第一个农村革命根据地，为中国革命开辟了一条农村包围城市、武装夺取政权的新道路，它是中国革命的伟大创举。以此命名，加深师生对井冈山精神的了解——胸怀理想，坚定信念；实事求是，勇闯新路；艰苦奋斗，敢于胜利；依靠群众，无私奉献。井冈山精神是中国革命精神，是中国共产党宝贵的精神财富，是开创中国特色社会主义事业的强大精神动力，鼓舞着一代又一代中国共产党人为党和人民的事业英勇奋斗。激发新时代的青年更加努力奋斗。

### 2. 娄山路

娄山路起自第二食堂经足球场至医务所。南北走向。娄山关，是大娄山主峰上的唯一关口，中通一线，地势奇险，自古为黔北咽喉、兵家必争之地，素有"一夫当关，万夫莫开"之说。1935年2月，第一次娄山关战役中，中国工农红军歼灭了黔军两个团，保证了遵义会议的安全召开。第二次娄山关战役揭开了遵义战役的序幕。娄山关战役遗址是我国重要的红色基地。毛泽东填有《忆秦娥·娄山关》词一首，描写红军指战员英勇鏖战的壮烈情景。以此命名，让师生真切感悟在黔北大地红军长征途中的战斗，继续发扬必胜信念，顽强拼搏的精神，一步步战胜前进道路上的艰难险阻。

### 3. 六盘山路

六盘山路起自延河路中段，经第二食堂东面与金沙江路交汇至长江路。宁夏南部固原西南，是六盘山山脉的主峰，险窄的山路要盘旋多重才能到达峰顶。六盘山是 1935 年毛泽东同志率领中国工农红军长征时翻越的最后一座大山，以此命名，使师生感悟红军长征的胜利，是翻越了一座座大山，尽管艰难险阻，却仍旧没有放弃的信念。

### 4. 岷山路

岷山路为馨兰苑与沁荷苑之间路段，起自金沙江路抵长江路，南北走向。岷山，自甘肃省南部延伸至四川省西北部的一褶皱山脉。1935 年 9 月，长征中的中央红军翻越白雪皑皑的岷山，毛泽东在《七律·长征》中有"更喜岷山千里雪，三军过后尽开颜"之句。以此命名，激励师生不管前进道路上有怎样的艰难险阻，仍然要时刻保持革命乐观主义精神，方能战胜困难。

### 5. 平山路

平山路为馨兰苑与第一食堂之间路段，起自五四广场，抵长江路，南北走向。平山路在遵义路的北面。1949 年 3 月 5 日，中国共产党第七届中央委员会第二次全体会议在河北省平山县西柏坡村召开。中共七届二中全会是中国共产党为建立新中国而召开的一次具有深远历史意义的会议。这次会议为迎接全国胜利的到来，从政治上、思想上和理论上做了充分的准备，描绘了新中国的宏伟蓝图。以此命名，激励师生在前行的道路上，时刻做好出发的准备。

### 6. 乌蒙山路

乌蒙山路为学生活动中心与幼儿园之间路段，起自金沙江路抵长江路，南北走向。乌蒙山是金沙江与北盘江分水岭，位于滇东高原北部和贵州高原西北部，呈东北—西南走向，系由断层抬升形成的年轻山地。举世闻名的红军二万五千里长征，经过了乌蒙山区，毛泽东在《七律·长征》诗中就曾写下"乌蒙磅礴走泥丸"的诗句。以此命名，激励师生勇敢面对困难，用一颗强大的内心去战胜困难。

### 7. 韶山路

韶山路为自东门到学术交流中心路段。韶山，毛泽东的出生地，从这里走出了中国人民的领袖，一个马克思主义者，一个伟大的无产阶级革命家、战略家和理论家。以此命名，使师生进一步加深对伟人的感激之情。

### （四）彩虹桥梁道　链接信念

彩虹桥——连接图书馆大楼和五四广场，南北走向。彩虹桥寄予学院"红色塑魂，蓝色致用，绿色出彩"的"彩虹文化"育人理念，也是紧连师生的桥梁。以此命名，使师生在知识的海洋里立德垂范、强技修身，跨越彩虹、飞扬青春，走向出彩人生。

## 二、楼宇走廊文化　锻造职业精神

### （一）传统文化办公楼　传递文化的力量

习近平总书记指出，中华优秀传统文化丰富的哲学思想、人文精神、教化思想、道德理念等，可以为人们认识和改造世界提供有益启迪，可以为治国理政提供有益启示，也可以为道德建设提供有益启发。学院办公大楼以传统文化命名，增强了文化自信。

### 1. 图书馆大楼

图书馆是知识的宝库，是文化的核心，也是学校的第二课堂和校园文化建设的阵地。行政办公楼和图书馆合二为一，命名为图书馆大楼，正是体现对文化的尊重。旨在打造办公、阅读为一体的学习中心，营造积极向上的学习氛围，使师生在知识的海洋里徜徉。

### 2. 翰林馆

老图书馆是代表一个具备深厚文化底蕴的地方，是学院最具代表性的建筑，见证了学院的光辉岁月，同时与翰林相呼应，故名为翰林馆。旨在对历史建筑、文化的保留，使师生不忘学院一路走过的历史。

### 3. 树蕙堂

大礼堂取自《楚辞·离骚》"余既滋兰之九畹兮，又树蕙之百亩"。"树蕙"比喻培育英才。"十年树木，百年树人。"教育就是树人的过程，学校发展历程就是树人的过程。

### 4. 砺学楼

勤工助学楼取自"宝剑锋从磨砺出，梅花香自苦寒来"，荀子也云"木受绳则直，金就砺则利"。经历半工半读的磨砺来提升自我，遇见更好的自己，成就美好的人生。旨在激励学生努力奋斗，成就更好的人生。

### 5. 雅集堂

学术交流中心是学者们为做学问而相聚的平台和场所，学术交流能促进学院专业的建设和发展，也能促进人才的培养和发展，古时的文人雅士吟咏诗文、议论学问的集会场所谓之雅集堂，取此名正是体现对文化交流的一种传承。

### 6. 琢玉楼

学生活动中心是青年学生课外活动的主要场所，青年学子正如一块玉石，在学校经过精雕细琢，方能成器成才。

### 7. 思齐楼、思贤楼

现代农业系现有两栋教学楼，取自《论语》"见贤思齐焉，见不贤而内自省也"。见到有德才的人，就想着（自己修养之后）能与他的道德和才能相当。这是对莘莘学子一番美好的期望，希望同学们在漫漫人生路上，能做到见贤思齐。现代农业系辉煌的昨天和今日，正是师生的辛勤付出与收获，我们更应"思齐"，弘扬遵职农学精神。

### 8. 匠心楼、匠人楼、匠魂楼

待建的三栋实训大楼。一直以来，工匠精神应该是职业技术人员具备的素质，而学院作为职业技术人员培养的主阵地，培养工匠型人才将成为人才培养的主要趋势，在教育中应该传承和发挥工匠精神。精益求精，独具匠心；精雕细琢，成就匠人；精进传承，塑造匠魂。

### （二）竹兰梅菊荷　多彩宿舍楼

生活区以具有高贵品质象征竹、兰、梅、菊、荷命名，寓意青春之花在此绽放，让学生在此飞翔。

### 1. 沁荷苑（小荷楼、静荷楼、悦荷楼、嘉荷楼、雅荷楼、舒荷楼）

沁荷苑六栋寝室命名以荷为主题，名字均来自《诗经》、唐诗宋词等古典文学中的词句，体现荷"出淤泥而不染"的高贵品质和"亭亭玉立"之美。"小荷才露尖尖角，早有蜻蜓立上头"，青年学子正如初出水面的荷叶，隐隐约约惹人喜爱，扬起人生的风帆，在教师们的呵护下"亭亭玉立"；"静"代表着一种沉着冷静、恬静淡泊，这也正是"荷"所具有的天然本质；"悦"表达一种喜欢、愉悦的心情。《诗经·静女》中有"彤管有炜,说怿女美","悦"正代表一种情窦初开的喜爱,在学习、生活中,通过教师、朋友去理解真正的"爱",感受生命的可爱;嘉荷,一茎多花之莲也。古代以嘉莲开花为祥瑞的象征。"嘉"寓意真善美,代表一种幸福;"雅"字意为温文尔雅,脱俗出众,正是荷的品质最好的诠释,时刻以优雅的姿态去面对生活,面对人生;"惟有绿荷红菡萏,卷舒开合任天真",含苞待放的荷花慢慢舒展开,犹如学子在此绽放青春,精彩纷呈。

### 2. 馨兰苑（芝兰楼、木兰楼、蕙兰楼、润兰楼）

馨兰苑四栋寝室以兰为主题命名,兰花具有"色清、气清、神清、韵清"的气质,深受古今文人的喜爱,被称为"花中君子"。孔子以"芝兰生于幽谷,不以无人而不芳;君子修道立德,不为困穷而改节"的精神气质,象征不为贫苦、失意所动摇,坚定向上的人格;《离骚》中有"朝饮木兰之坠露兮,夕餐秋菊之落英",木兰象征忠贞不渝的爱国主义精神、纯洁的爱情和真挚的友谊,在校园这片净土上,青年学子当珍惜短暂的时光,磨炼出木兰品质,在遵职培养爱国主义精神,锻造纯粹的情感;在尧舜禹时期,蕙兰和白芷被称为"蕙芷",代表中华上下五千年的文明历史。在中国的传统意识中,"蕙芷"被看做中华民族秀丽山河与领土完整、繁荣昌盛和民族团结的象征和标志;《礼记》中有"富润屋,德润身",将兰花品质浸润于心,成长于行,故名润兰。寓意学生在此收获纯洁、真挚的友情,团结向上、真切的爱国主义情怀。

### 3. 润竹苑（修竹楼、瑞竹楼、荆竹楼、翠竹楼）

润竹苑四栋寝室以竹为主题命名,竹修长挺拔、四季青翠、凌霜傲雨、经冬不凋,具有坚韧不屈、坚贞不渝的气节,苏轼有言"宁可食无肉,不可居无竹",师生应该培养和坚守竹的气节。修竹多受诗人和画家的喜爱,在名篇名画中常能见到修竹,如王羲之《兰亭集序》中有"此地有崇山峻岭,茂林修竹"，杜甫《佳人》诗云"天寒翠袖薄，日暮倚修竹"，郑板桥作有名画《修竹新篁图》；"瑞竹生洛阳，司马温公独乐园中竹一本"，"瑞"字自古以来就是吉祥、吉利的意思，瑞竹更是文人墨客爱好的；荆竹取自"荆竹山"，毛泽东宣布三大纪律遗址——雷打石，位于江西茨坪西南面的荆竹山。毛泽东等老一辈无产阶级革命家率领中国工农红军来到井冈山，开展了惊天动地的井冈山革命斗争。国民党多次火烧井冈山大小井和茨坪，竹叶烧了，还有竹枝；竹枝断了，还有竹鞭；竹鞭砍了，还有深埋在地下的竹根。正是革命者具有"野火烧不尽，春风吹又生"的荆竹精神才换来了希望；翠竹取自王慕兰《石门竹枝词》"山南山北竹婵娟，翠涌青围别有天"，在赤水竹海的观海楼上，可以看见竹林涌翠，风吹千亩迎风啸，古竹老梢惹碧云，浩瀚的竹海公园成为人们避暑休闲、度假、疗养的理想胜地，赤水竹加工产业助力脱贫，培养了众多竹艺工匠大师。

# 三、活动场所文化　升华出彩人生

## （一）桃李满园

### 1. 稼穑园

现代农业系园子命名为稼穑园，稼穑出自《诗经·魏风·伐檀》"不稼不穑，胡取禾三百廛兮""种之曰稼，敛之曰穑"。所以稼穑代表种植与收割，泛指农业劳动。恰与现代农学系专业相符，从农耕文明到现代文明的几千年里，农业水平反映一个国家的综合实力，在新时代，这种实力正因全面建成小康社会和乡村振兴而熠熠生辉。

### 2. 桃李园

图书馆大楼左侧的山丘区域，地势较高，适合种植桃树、李子树、石榴树等能够开花结果的树木，寓意职业教育"桃李满天下"，可在这块小丘上留些空地，让校友回来认领所种之树，留下记忆。

### 3. 匠心园

匠心，是一种态度，"工于心，匠于行"，寓意工匠有魂，爱岗敬业，匠心筑梦；工匠有心：坚定、执着、踏实。综合性的职业院校，除了理工类专业，文化艺术管理类也要"独具匠心"，把匠心园放到学术报告厅这片空地，可充分体现职业教育的特点。

## （二）文化广场

### 1. 1935 广场

从正南门，沿着遵义路环绕图书馆周边广场，命名为"1935 广场"寓意遵职师生入校便接受学院"彩虹文化"的熏陶，立德修技强身，成就出彩人生，从青春洋溢的此岸走向"立修身之德，育创业之才"的彼岸。1935 广场，寓意 1935 年遵义会议的召开，在党的历史上是一个生死攸关的转折点。命名为 1935 广场，彰显出学院在跨越赶超中披荆斩棘，在"人才强校、文化活校"中经过一次次内涵"转折"，师生规模翻三番，成为省级优质职业院校，综合实力迅速增长，用苦干实干的精神践行遵义会议精神，同时讲好"遵义故事""长征故事"。使师生进一步加深对长征精神、遵义会议精神的理解，从而走好新时代的长征路。

### 2. 知行广场

知行楼后面的活动场地，命名为知行广场。一是寓意学院认真落实习近平总书记就加快发展职业教育所提出的"坚持产教融合、校企合作，坚持工学结合、知行合一"指示精神；二是契合古人"知行合一"传统文化精髓；三是与人文旅游系知行楼命名契合。激励师生发扬工匠精神，掌握精湛技能。

### 3. 沙滩文化广场

沿着勤业楼旁边的岷江路，到达德艺楼和仁慧楼之间的广场，命名为沙滩文化广场。沙滩文化孕育了以郑珍、莫友芝、黎庶昌为代表的一大批文化名人，崇尚"渔樵耕读"，其学术成就影响深远。晚清以后的一百多年间，这里走出了几十位文人学者、两位外交官和一大批有作为的官员。学者们的研究领域极其广泛，从经学、文字学、版本目录学到地理学、天文学、农学、医学，都有颇高造诣。这里也展示着黔北民居的魅力，是遵义黔北民族文化的精髓，是学生进入校园后对遵义的基本认知地，使师生进一步加深对民族文化的认同感。

### （三）优美环境　身心愉悦

#### 1. 菶菲林　蒹葭林

从图书馆大楼途径现代农业系区域的园林命名为"菶菲林""蒹葭林"，取自《诗经》，寓意绿意盎然、环境优美。师生在此停下脚步，放松心情，感受深厚的中华传统文化魅力。

#### 2. 曦林

地处沁荷苑与润竹苑学生宿舍楼之间的园林，命名"曦林"，出自"日出而作，日落而息"之意，寓意职院师生迎着晨曦，自信满满，一点一滴去勤勤恳恳拼搏。

#### 3. 翰林

黔北广场周边区域园林命名为翰林，老图书馆坐落于此。"翰林"，寓意师生在浩瀚无边的知识海洋中搏击，学有所成，追求永无止境，彰显文化底蕴。这里有来自全国职教精英为纪念国家颁布《职教二十条》而植下的银杏林，职教改革为学院未来发展指明了方向。

# 第二节　行为规范　文明素养

行为规范是现实生活中根据人们的需求、好恶、价值判断而逐步形成和确立的、是社会成员在社会活动中所应遵循的标准或原则，由于行为规范是建立在维护社会秩序理念基础之上的，因此对全体成员具有引导、规范和约束的作用。引导和规范全体成员可以做什么、不可以做什么和怎样做，是社会和谐重要的组成部分，是社会价值观的具体体现和延伸。

所谓细微之处见精神，文明体现于一个人的一言一行、举手投足之间，需要每个人在每个细节上能够自我约束。讲求文明素养，不仅能提高个人品德，也是构建家庭美德、社会公德、职业道德的基础。从小处着手，从自身做起，养成良好的文明习惯，做有文明素养的人。

## 一、涵养文明风尚　强化文明养成

文明礼仪是人类维系社会正常生活而要求人们共同遵守的最起码的道德规范，是个人素质、教养的体现，也是个人道德和社会公德的体现，讲文明、讲礼仪，是弘扬民族文化、展示民族精神的重要途径。高校是为国家培养人才的场所，是建设社会主义精神文明的阵地，应当优化育人氛围，着眼于大学生文明素质的提高。加强大学生思想道德建设，促进大学生文明素质养成，为全社会培养思想先进、信念坚定、学识丰富、诚实守信、明德知礼的楷模。大学生作为中国特色社会主义的建设者与可靠接班人，应时刻谨记，规范自身行为，养成良好文明习惯。养成教育，顾名思义就是要着力培养学生养成良好的生活习惯和学习习惯及待人接物等方面的行为习惯，使学生养成良好的品质。

学院历来重视学生文明行为的养成规范。学院为此制定了《遵义职业技术学院学生管理规定》，规范在校学生管理行为，维护学校正常的教育教学秩序和生活秩序，保障学生的合法权益，培养德、智、体、美、劳全面发展的社会主义建设者和接班人，并将学生日常行为纳入其中。

进教室"三不"：不穿拖鞋、不穿奇装异服、不染头发。在上课期间，学生进入教室，坚决执行"三不"，以此规范学生的日常行为，使其明白作为学生的基本日常规范。在教室甚至在校内，无奇装异服乃至怪异头发出现，形成了规范的景象。

过人行道不乱走。在以往的大学校园内，大多数学生没有走人行道的习惯，在校园里总是乱窜，这会给学生养成乱穿马路的习惯，不利于进入社会后规范行为。在校园设立道路监督岗，引导、规范学生自觉走人行道、过斑马线，通过前期的引导，一届带动一届，已形成一种自觉的行为。现在，学生自觉过斑马线，已经成为学校的一道风景线。

烟头"销声匿迹"。大学生作为成年人，抽烟这一现象屡见不鲜，以往校园总是烟头随处可见，乱扔烟头是不良行为，为整治这一现象，设置公共吸烟室，在公共区域抽烟或乱丢烟头，对其进行惩罚，以此约束学生行为。

节约粮食成了一种习惯。大学食堂历来浪费严重，不利于粮食安全。通过光盘行动、浪费曝光等，督查学生吃多少、取多少，形成了节约光荣的风尚。

## 二、细化标准规范　量化操行考评

为进一步规范考核标准，学院印发了《遵义职业技术学院学生操行量化考核实施细则》（遵职院办发〔2015〕13号）文件，通过科学量化的考评方法，客观地评价学生的综合素质，达到激励先进、鞭策后进的作用，评出积极向上的精神风貌。操行考评实施细则主要结合《遵义职业技术学院学生行为准则》和《遵义职业技术学院学生操行量化考评办法》，对学生的表现进行量化考评，得出学生综合表现的成绩。操行考评的成绩是评定三好学生、优秀学生干部、优秀学生、优秀团干部、优秀团员、优秀班级以及各类奖项、助学金和评选优秀毕业生的主要依据之一。操行考评主要包括思想品德、纪律、劳动卫生、文体活动和社会实践活动等方面。

## 三、系统安全教育　提升安全意识

公共安全是国家安全的重要组成部分，是经济和社会发展的重要条件，是人民群众安居乐业与建设和谐社会的基本保证。大学生安全教育是高校教育的重要组成部分，是维护大学生安全的一项基础教育，是学生素质教育的一部分，是人才保障的根本教育，它始终贯穿于人才培养的全过程。学院坚持安全教育工作常抓不懈，常抓常新，在加强内部管理、落实安全措施到位的基础上，强化学生的安全意识教育，提升自救自护能力。通过定期举办讲座，开展丰富多彩活动，利用班会课、学科渗透等途径，对学生系统开展日常生活安全、交通安全、活动安全、网络安全、实训实习安全、意识形态安全等安全预防教育，使学生接受比较系统的预防交通事故、防触电、防食物中毒、防病、防体育运动伤害、防网络诈骗等安全知识和技能教育。

## 四、加强入学教育，开好毕业典礼

在心理学上，仪式是一种有意义的特定行为方式，是一个表演者或一个群体通过象征的方式表达一定的感受和思想的一种特定的行为或活动。高校开学仪式和毕业典礼教育具有大学校园文化载体、学生实践梦想的象征意义等，也具有归属情感、凝聚感、校园文化认同感、集体认同感等方面的育人功能。开学典礼仪式一般是每年新生入学开始的一项重要校园文化活动，也是对学生开展仪式教育的开启阶段，对于学生在大学阶段开始追逐梦想具有很好的启蒙意义。通过学生的亲身参与和经历，来帮助学生从高中阶段向大学阶段的场域仪式跨越。毕业典礼一般是在每年6月学生毕业之际举办的一次大型送别活动，学生在典礼上获得前行的动力和满满的能量，用一场充满仪式感的毕业典礼来给自己的大学生涯画上一个完美的句号。2017年6月，中国高校传媒联盟的一项调查显示：90.18%的受访大学生表示毕业典礼不可缺少，因为它是大学生人生分节的标志和独立成人的仪式。

学院高度重视学生入学仪式和毕业典礼，规定每年6月举办毕业典礼、10月开展新生入学仪式。着力办好入学仪式，筹划毕业典礼，让学生在仪式中获得满满的能量。2020年，是人类历史上极不平凡的一年，一场突如其来的新冠疫情使我们的工作、学习、生活都按下了暂停键。在这场没有硝烟的战争中，中国共产党领导全国人民共克时艰，展现社会主义中国的蓬勃生机和磅礴力量，中国青年逆行武汉、勇于担当，是即将走出校门的青年学生的好榜样，学院举办了以"历经抗疫淬初心，翻越娄山逐梦行"为主题的毕业典礼，利用本次毕业典礼，给毕业生进行了一次生动形象的爱国主义教育。新时代青年既是有格局、有才华、善学习、具有创新精神的"后浪"，也是能吃苦、勇担当、传承历史的"前浪"。2020年10月25日，伴随着清晨第一缕阳光，遵义职院2020级新生入学仪式在训练场上正式开幕，遵义职院全院师生以高度的思想自觉和行动自觉开启了新学期新征程，通过会操表演、校园文化展示、党委书记致辞、学长经验谈、大一新生代表发言等仪式环节，阐述了遵义职院的特色和亮点，通过精心准备的开学仪式展示了遵义职院独特的校园"彩虹文化"、人文品位和人文关怀。

## 五、传承红色基因，加强国防教育

常怀报国之志为民为中华，常思武备兵事强军强国家。国防伟力之最深厚的根源，存在于民众之中，国防教育是大学育人的主要思想教育阵地之一。五年前，国防教育宣传力度不够，学生入伍缺乏激情，参军人数较少。面对现状，学工部（武装部）加强学生思想引领，成立国防教育示范班；开展丰富多彩的征兵宣传工作，提升学生爱国强军思想；加强辅导员和班主任对征兵政策培训，做好入伍学生补助发放和退伍士兵学费补偿事宜等，积极应对、努力解决征兵工作中存在的问题。学院武装部国防科联合国防预征连成员每年定期在校内进行国防知识宣讲、海报张贴、发放征兵宣传手册等，向学生重点解读每年的征兵对象及入伍基本条件、男青年应征入伍体检及其他基本程序流程、女青年入伍要求、大学生服兵役享有的权益、大学生入伍优惠政策、士兵退出现役的安置、对违反兵役法规行为的责任追究等内容，让学生全面了解当前国家的征兵政策。设立征兵工作站，组织退伍老兵到各教学院（系）有针对性地进行征兵宣讲、分享军旅生活和征兵思想准备，鼓励大批青年学生参军入伍。

通过系列宣传和活动开展，国防教育效果显著。一是基础管理提升，加强学生思想引领。在之前征兵管理体系的基础上积极思考，成立国防教育科和国防教育示范班，加强征兵宣传，设立每周一升旗仪式等制度。积极创新国防教育方式及征兵管理系统，根据省军区要求积极建设国防教育基础阵地，完善国防教育科各项制度。学院党委定期部署征兵工作、召开动员大会、出台《遵义职业技术学院大学生应征入伍优抚待遇办法》和《国防教育分队管理办法》，成立军事理论教研室。二是丰富征兵宣传，打造征兵方式亮点。组建院内"预备役"队伍，成立"传承红色基因国防教育分队"。用"军人在身边"的方式宣传部队生活，让有意参军的同学能体验、能提高、能参军的模式宣传及提高学院学生参军入伍的热情。三是学生素质增强，入伍质量提升。2018年起学院每年都超额完成入伍指标，通过政治理论教学树立正确的人生观、价值观和世界观，努力提高入伍学生的思想政治素质，帮助学生明确肩负的家国情怀、应征入伍的责任。通过日常体能训练、内务管理规范，提高入伍同学的身体素质及基本技能。

# 第三节　五育并举　人格健全

中国共产党的教育方针始终强调受教育者的全面发展，坚持培养德、智、体、美、劳全面发展的社会主义建设者和可靠的接班人，学院坚持立德树人为根本，同时注重全面促进学生发展，实现德、智、体、美、劳"五育"并举。

# 一、强化身心锻炼　健全人格品质

健康是一个人在身体、精神和社会等方面都处于良好的状态，不仅指一个人身体没有出现疾病或虚弱现象，还指一个人生理上、心理上和社会上的完好状态。学院始终将学生健康放在重要位置，致力于学生的身心健康教育。

## （一）锻炼健康体魄　夯实幸福生活

健康是一个人在身体、精神和社会等方面都处于良好的状态，不仅指一个人身体没有出现疾病或虚弱现象，还指一个人生理上、心理上和社会上的完好状态。

"锻炼健康体魄，夯实幸福生活。"身体健康既来源于合理的膳食，又来源于持之以恒的锻炼。学院确立了"每天锻炼一小时，健康工作五十年，快乐生活一辈子"的体育育人理念。通过组织学生开展全院"健康跑"活动，积极参加各级各类体育竞赛和开设劳动实践课程，不断加强学生体质锻炼。在教师和学生的共同努力下，学生身体素质普遍增强，院容院貌整体提升。

体育竞技，师生进步。每年定期举办田径运动会、球类运动会，组织学生参加全国大学生健身操比赛、贵州省大学生运动会、足球赛和篮球赛等各级各类体育竞赛。近些年学院荣获了多项荣誉：2017 年 6 月"街舞""傣族舞""Hiphop 风格"分别获贵州省全民健身操舞比赛高职组一等奖、最佳编排奖；2018 年 10 月获贵州省"多彩校园·闪亮青春"第 13 届全省大学生校园文化月健身操三等奖，学院多名教师获贵州省第十届运动会先进工作者；2019 年分别获全国职业院校师生礼仪大赛高职组团体项目总分、学校团体总分、学生团体项目（礼仪情景剧）三等奖，遵义市首届大中专学生运动会拔河比赛一等奖，"拼搏青春"遵义市首届大中专学生运动会团体积分三等奖。

全院健康跑活动、劳动实践课程双轨并进。2018 年起，学院全面实施"大学生健康跑"活动和劳动实践课程，活动开展和课程开设以来学生身体和精神面貌得到很大的改善。具体表现在以下三方面：一是整体看来学生睡眠质量提高，普遍有充沛的精力面对每天繁重的学习压力，课堂很少感到疲惫乏累；二是学生身体素质整体提升，体态相对匀称，从遵义职院医务所学生生病信息反馈来看，学生生病的人数在逐年下降；三是学生能从容不迫地处理日常事务和师生关系，为人处世乐观积极，不挑剔，有责任，有担当。

### （二）塑造美丽心灵  成就温暖人生

心理健康教育是提高大学生心理素质、促进大学生身心健康和谐发展的教育，是高校人才培养体系的重要组成部分，也是高校思想政治工作的重要内容。习近平总书记在全国高校思想政治工作会议上的讲话中指出："我国高等教育肩负着培养德、智、体、美、劳全面发展的社会主义事业建设者和接班人的重大任务""要坚持不懈促进高校和谐稳定，培育理性平和的健康心态，加强人文关怀和心理疏导，把高校建设成为安定团结的模范之地。"学院十分重视学生的心理健康教育，2017年投入100万元建设心理健康教育中心，2018年心理健康教学团队成功申报省级优秀教学团队，在学院党委的领导和心理健康中心老师的共同努力下，现在已经形成了一个机构完善、设施齐备、师资力量雄厚、心理健康教育全覆盖、社会服务有特色的工作体系。学院心理健康教育教师团队，充分利用"心理健康教育平台"，创新工作模式，加强学院学生心理健康教育，在不断创新实践中，探索形成了具有职业教育特色的心理健康教育和助推地方家庭教育服务的"6+2"工作模式。

"6+2"工作模式中的"6"：一是开展心理健康测评，建立学生心理健康档案。每年秋季开学对全院新生进行心理健康普查，筛查学生心理问题，对严重心理问题的学生进行及时访谈和干预；二是开设心理咨询和服务热线。对个体学生的障碍性心理或发展性心理问题进行面对面的疏导，让学生正确全面地认识自己，对自己充满信心和勇气；三是推进心理健康教育线上线下课程改革。通过对《大学生心理健康教育》项目化课程改革，充分体现学生主体的原则，让学生在体验和实际生活情景中掌握心理调适的方法和途径，形成"每个人是自己心理健康的第一人责任"理念，让学生成为自己最好的"心理咨询师"；四是利用心理健康讲座、广播橱窗和学院官微宣传心理健康知识。通过心理健康讲座、校园广播和官微网站，普遍宣传心理健康知识，达到增强心理健康意识、提高心理素养的效果；五是加强辅导员心理健康教育能力培训。辅导员是大学生成长和发展的引路人，通过组织校外和校内心理健康教育培训，不断提升辅导员的能力素质，有效地提高辅导员的工作质量；六是学生心理健康素质拓展。打破传统的课堂讲授方式，让学生在户外足球场开展心理健康素质拓展活动，极大地提高了学生的团队意识。

通过这 6 项工作方式打造了学院心理健康教育主阵地。"6+2"工作模式中的"2"，即利用心理健康教育团队的优势参加遵义市家庭教育指导中心工作，一是开展家庭教育科研课题研究。主动承担遵义市家庭教育指导中心的科研课题，通过调查问卷、阅读大量文献资料和实地走访调查，完成多项遵义市家庭教育课题；二是开展家庭教育"三进"（进学校、进社区、进企业机关）讲座的社会服务活动。将科研课题转化为专题讲座，传递科学的家庭教育理念，促进家庭和谐和孩子健康成长，为遵义市被评为全国文明城市贡献了应有的力量。"6+2"工作模式体现出了"管理规范性、工作主动性、服务针对性、干预及时性"的特点。

"塑造美丽心灵，成就温暖人生。"快乐人生的三大标志是能用宽容的心看待世界、对待生活；用美丽的心创造世界、改变生活；用感恩的心感受世界、感受生活。心理的健康来源于完好的性格、正确的认知、丰富的情感和积极的心态等。学院注重从公益活动等社会实践活动中培养学生的健康心理，成就他们的温暖人生。

无偿献血，关爱他人。学院每年都会向全院学生发出献血倡议书，联系遵义市中心血站进校采血，并根据献血学生的学业成绩和综合成绩来评定献血公益奖学金。2015—2020 年，学院有 9000 多名师生参与无偿献血活动，学生献爱心积极性越来越高，学院讲爱心乐奉献的人道主义风尚在学生群体中形成。学院的无私奉献精神得到了国家卫生健康委和中国红十字总会的认可和肯定；被授予"2016—2017年度全国无偿献血促进奖单位奖"；2017年，获得遵义市红十字工作先进集体；2018年10月，学院学生参加遵义市高校无偿献血知识竞赛，获"遵义市高校无偿献血知识竞赛三等奖"；2017—2019年，连续三年获得"优秀献血单位"的称号。

"青春与爱同行"，关爱困境儿童。为关心困境儿童，送爱到家，学院每年都组织学生参加"三下乡"社会实践活动。通过"三下乡"活动，将关心困难儿童落到实处，将文化、科技、卫生方面的内容知识在农村普及，促进农村文化、科技、卫生的发展。通过组织学生参加暑期社会实践活动，丰富学生课余文化生活，增强学生理论运用于实际的能力；在扎实的社会实践服务中，让学生经受实践过程中的种种磨砺和困难，切身感受生活来之不易，增长才干和社会阅历。通过每年暑期的"三下乡"社会实践活动，增强了学生对"三农"问题的认识，提升了学生综合素质；同时，在活动中以学生为窗口，彰显学院的办学理念和办学定位，搭建了学院与社会的情感桥梁和纽带。目前学院"红马甲"志愿者已经走进遵义、凤岗、毕节、赤水等多个市（区），成了遵义职院一张有青春底色的名片。学院各教学系，结合专业实践，组织学生开展"三下乡"活动，让学生在实践中锻炼提升。例如，2019年6~7月，汽车工程学院学生开展了主题为"走出学校，服务农村，回馈社会"的"三下乡"活动，此次活动提升了学院的社会影响力和知名度，学生的综合素质得到提高，进而提升了学院整体教育水平，为当地经济发展建言献策，促进当地汽车、交通和法律文化知识的发展和普及。引导乡村小朋友树立远大理想，正确规划学习方向。建筑与艺术设计系开展以"青春下乡，童心飞扬"为主题的暑期"三下乡"活动，坚持以长才干、作贡献为原则，践行了学院"第二课堂"的理念，让学生在活动中了解社会、认知社会、传播文明、服务农村；提高学生的社会应变能力，增强社会责任感和历史使命感，提高了学生的理论修养和思想水平；履行青年大学生"奉献青春、奉献智慧"的时代诺言，为社会主义新农村的发展贡献了学院的一份力量。经济管理系学生前往遵义市红花岗区金鼎山镇莲池村开展暑期"三下乡"活动，学生对留守儿童集中进行课业辅导，帮助儿童养成良好的学习习惯、提高学习能力；精准扶贫，为特困家庭送上粮油米面等物资；发放法律常识宣传册，帮助其知法、守法；传播农业经济管理、市场营销、金融、记账等实用知识，帮助农民更好地做农产品销售，同时防范网络诈骗。此外，为了解当地粮食、畜牧等主要农产品的生产经营情况，为农业经济核算、服务农村产业、支持农村产业改革，学生在专业教师的指导下进行实地调查研究。机电与信息工程系"彩虹之蓝队"前往贵州省毕节市大方县兴隆乡菱角村开展主题为"贵州民间艺术传承保护调研——以菱角村蜡染为例"的暑期"三下乡"社会实践活动。此次暑期活动，让学生通过现场调研、拍摄微视频、照片等形式来记录活动过程，用丰富的声音、光彩、影像、照片等记录民族文化传承和民族技艺生产过程的原貌和发展过程，使更多人通过影像记录产生对民族文化传承和民族技艺学习的想法，让更多的人认识到民族文化和民族技艺的独特魅力，进而关注民族文化和民族技艺的传承和发展。本次活动不仅提升了大学生的艺术修养，还让大学生关注到了贵州民族文化与民族技艺的传承保护现状，为传统艺术的传承保护提供了新的思路，有利于贵州民族文化和民族技艺的继承与发扬，为贵州非物质文化遗产的保护贡献了学院的一份力量。现代农业系前往赤水市旺隆镇开展"智力扶贫，薪火相传"的"三下乡"社会实践活动，通过送农业技术下乡，对接地方种植、养殖产业，同时给学生一次在生产一线锻炼实践机会，培养学生社会适应能力，增强社会责任感。此次活动旨在践行学院"立足黔北，服务'三农'"的办学定位，唤起学生投身乡村振兴、回报家乡的担当意识。学生社团经常组织"凝聚青春力量，传承志愿服务精神"志愿者活动，走进播州区铁厂镇敬老院进行爱心敬老之旅，了解敬老院老人生活的同时给他们带去欢乐，彰显了新世纪大学生关心和爱护老人的责任和义务，用实际行动传递爱的接力棒。

　　2016 年，遵义职院获得遵义市"圆爱工程——关爱留守儿童困境儿童"系列优秀志愿服务组织奖；2017 年，获得全省大中专学生志愿者暑期"三下乡"社会实践活动优秀组织单位、贵州省"农情万家实践队"优秀团队奖，多名教师获全省大中专学生志愿者暑期"三下乡"社会实践活动先进个人。

　　社会实践长本领，微笑小屋暖人心。为展现学生的志愿服务风采，学院建立了志愿服务基地——微笑小屋。建立健全了志愿者值班制度，合理安排值班时间，最大限度地将志愿者服务精神落实到实际。学生志愿服务人数在逐年增加，同时也得到了社会各界的认可。2017 年遵义职院获遵义市优秀志愿服务组织、优秀志愿服务项目、优秀志愿服务站点、贵州省第十届运动会优秀志愿者、"飞扬青春"遵义市学生社团志愿服务项目展示大赛三等奖等荣誉称号。学院高度重视每年的西部计划志愿者招募，将西部计划招募派遣工作与应届毕业生就业工作共同推进，大力倡导遵职学子在西部地区建功立业，积极组织应届毕业生参与志愿服务西部计划，引导广大青年到祖国最需要的地方奉献青春、建功立业，通过社会实践锤炼学生意志。

　　拓展学习实践，瞄准健康教育。为及时发现问题、分析问题和解决问题，心理健康团队负责人带领小组成员开展讲座、参观活动、拓展学习等丰富多彩的心理健康公益活动。2019 年，学院心理健康教育团队教师为新生开展题为"身心健康育英才·绿色出彩放光彩"的新生心理健康教育入学公益宣讲，讲座以新生的适应性问题"新角色、新的适应"为切入点，以"环境的适应、人际的适应、学习的适应、经济的适应、心理的适应"五个角度向新生展开了深入分析，为新生开启三年的美好大学生活保驾护航、指引方向。心理健康课程教学中，定期组织学生到心理健康中心，以舒适轻松的方式参观体验团体活动室、情绪宣泄室、沙盘室、音乐放松室，使学生充分感受到心理健康这门课程的特色以及学院丰富的校园社团文化魅力。同时还利用校内外资源开展特色鲜明的拓展活动，如开展"按摩操""无敌风火轮""桃花朵朵开""开营破冰""超声速""不倒森林游戏""挑战六十秒"等活动竞赛，旨在提升团队凝聚力，培养学生坚韧不拔、合作共赢的精神，让学生感受"不达终点、胜负难辨"的游戏体会。学生在活动中积极探索游戏的奥秘，身心得到了发展，活动取得了预期效果。

心理健康教育不仅有利于治疗心理疾病、消除心理障碍、锻炼学生意志，而且有利于大学生良好品质的形成。在活动中教师引导学生科学认识自己，提升自我保护意识，发现自己的优势和长处，正确规划和设计未来，努力让自己成为一个积极向上、健康快乐、充满阳光的人。学院心理健康教育旨在普及知识、调适心情、健康人生，让每个生命在心理健康教育中熠熠生辉！

## 二、涵养文化底蕴　厚培精神沃土

"树高千尺，根深在沃土"，学生要想行稳致远就必须筑牢文化根基、厚培精神沃土。学院充分利用现有的基础设施，改善硬环境，提升软实力。学院建设校史馆、"彩虹文化"展览馆，对图书馆改造装修，打造全新图书馆，修建阅读走廊、营造食堂课桌氛围等，定期举办世界读书日阅读竞赛活动和一年一度文化艺术节以及经典诵读活动等。设施建设、活动开展旨在打造书香文化校园，润物细无声，引导学生多读书、读好书，营造良好的阅读氛围，丰富学生的文化生活，提升学生的人文素养。2017年6月，学院成立韶华读书协会，同年开展"礼敬中华优秀传统文化"读书活动；2018年举行"朗读者""牢记嘱托·感恩奋进"为主题的读书活动；2019年，成立"4·23爱国主义阅读小组"，举办了"弘扬社会主义核心价值观，做新时代有为青年"为主题的读书月阅读竞赛活动，举办"读经典·学新知·链接美好生活"为主题的世界读书日朗读比赛和"传承红色基因，讲好遵义故事"为主题的红军长征故事宣讲活动，开展"文化推盛宴·书香浓职院"为主题的"你选书·我买单"荐购活动；2020年，积极动员和号召全院师生参与"多彩贵州全民阅读马拉松快闪赛选手招募"活动，与"中国知网"贵州公司联合开展了第一届线上"知网杯"知识竞赛答题活动，开展"浸润书香·同步小康"主题阅读活动。此外，还升级打造了学院内部的"流动图书站"，积极服务学生阅读。坚持"转变服务观念、拓展服务平台、方便读者阅读"的理念，改造学生事务中心"阅报处"的阅读环境，增加阅读种类、定期更新书刊、专人负责管理等，升级改造学生宿舍的"流动图书站"。"流动图书站"的升级改造，在方便学生阅读的同时，也提升了图书档案馆的服务质量，让广大师生参与馆藏文献资源建设中，使图书馆藏书更贴近读者需求，提高了馆藏图书的可读性，丰富了广大师生的精神文化生活。图书馆硬件环境的改善及举办多次相关活动，多维度、多角度提升了学生的综合素质。

## 三、打造社团文化　尽显青春风采

高校学生社团是学生自愿组成，为实现会员的共同愿望，按照其章程开展活动的非营利性群众组织。学生社团形式多种多样，目的是活跃学校学习氛围，提高学生自治能力，丰富课余生活，进而交流思想、切磋技艺、互相启迪、增进友谊。开展丰富多彩的社团活动有益于学生的身心健康，锻炼学生的素质能力。大学生社团是校园文化建设的重要载体，也是高校第二课堂的组成部分。每年各社团以其思想性、艺术性、知识性、趣味性、多样性的社团生活吸引了广大学生积极参与。

为充分发挥社团在大学生中的引领作用，学院于2019年进行了社团改革。根据团中央的相关要求，学院对社团进行筛查和整合，清除活跃度为零的"僵尸"社团，按"红""蓝""绿"三大育人功能进行社团属性划分，组建17个社团、92个小组，最大程度地释放社团活力。建设具有遵义职院特色的"彩虹文化"系列微课。在学院党委指导下，以创优质校为契机，结合校园"彩虹文化"育人内涵，以学生活动为抓手，通过辅导员、班主任、社团指导老师的引领，通过多形式、多元化的学生活动，对学生开展理想信念、民族精神、集体荣誉感等教育，通过红色文化和传统文化进校园，共建校外教育实践基地，组织学生观看一系列教育影片、讲座，促进了学生自我素质的提高，全面提高了团员青年的政治觉悟和思想认识水平。

学院实行第二课堂成绩单制度，将第二课堂成绩单植入人才培养方案，将第二课堂成绩学分纳入毕业生毕业要求。学院与遵义会议纪念馆、四渡赤水纪念馆、遵义演义集团等单位签订共建教育基地合作协议，建设校外思政教育基地、法治教育基地、人文素质教育基地、乡村振兴教育基地等20余个，拓展了学生活动的空间场所，丰富了学生活动内涵。社团改革、第二课堂的有序开展，以服务广大青年学生成长、成才为宗旨，以提高青年学生综合素质为中心，力争把学生培养成为基础扎实、思维敏捷、富于创新的思想政治工作者和适应新时代发展要求的治国人才。

通过社团建设与改革，学院进一步完善学生社团管理办法、学生社团指导教师管理办法等系列配套文件，健全社团管理体制机制，提升了社团凝聚力、活动举办能力，丰富了学生课余生活，繁荣了校园文化，促进了青年学生德智体美劳全面发展。通过社团活动培育了一批"青马工程"大学生骨干，锻炼了一批特长能手，增强了青年学生的责任担当意识，学生积极参加志愿服务活动，在疫情防控期间，参与志愿服务2320余人，服务时长10 000小时以上；学院注重易班和第二课堂成绩单网络平台建设，抓住广大师生的兴趣点，建立部落总数量329个，参与活动1 136 694人/次，10余次在全国排名第一。近三年来，学院组织学生参加全省大学生文化活动月系列活动，荣获国家级、省级、市级奖项25项（国家级奖项4个、省级奖项3个、市级奖项18个）。

## 第四节　桃李芬芳　诚报春晖

建校以来，学校致力于高素质技术技能人才培养，为社会各行各业输送了大量的优秀人才，他们经过多年的实践和奋斗已成为社会各界的中坚力量，成为遵义职业技术学院办学实力的名片。2020年，学院成立"校友办"，开始整理和收集校友的求学和工作经历。从广大校友的采访记录中，我们既看到了一个个曾经艰辛求学的背影，也看到了苦尽甘来、收获满满的欣喜笑脸。广大校友用他们的刻苦努力的求学和艰苦奋斗的工作经历给在校的师弟师妹们上了生动形象的一课，校友们利用各种方式、通过各个渠道关心和支持学院的发展，校友的力量正成为遵义职院未来发展不可或缺的一部分。

## 一、跪乳之恩　反哺之义

鸦有反哺之义，羊知跪乳之恩。"感恩、回馈"成为遵义职院广大校友毕业后对母校情结最核心的词汇，每年不少校友都会带着真诚感恩的心，以不同的方式和渠道回馈母校、回馈社会的培育之恩。广大"榛子"用实际行动诠释了《诗经》中"投我以木桃，报之以琼瑶"的高尚情感！校友们以实际行动谱写了人生华章。

（一）罗光琼：燃烧自己，点亮他人

罗光琼，原遵义农业学校1983届毕业生，从21岁开始，长年奋战在农业技术推广一线，她运用农业技术帮助山区群众解决温饱，实现脱贫致富。20世纪80年代初期，从遵义农业学校毕业后她被分配到正安县工作，那时正安县低产田土占比高，农业科技运用程度极低，农村生产、生活环境十分艰苦。"有一次在和溪镇大坎村实施测土配方施肥项目，看到一农户田里的秧苗全部枯萎了，农民很绝望。"罗光琼回忆说，回到单位她连夜翻阅资料，终于查到了秧苗枯萎的原因。此后，越来越多的农户或打电话咨询，或到单位请教，请求罗光琼帮助解决栽培、施肥中遇到的种种难题。一张张笑脸、一声声谢谢，老百姓对农业生产技术的渴望，牵绊着罗光琼的心。一转眼就是37年，她已深深扎进了正安农村的广袤田野。如何在贫瘠的高寒山区实现增产增收，帮助乡亲们发展生产脱贫致富，是罗光琼日思夜想的问题。她的探索实验从走村入户开始，白天，深入田间地头，现场讲解、指导；夜晚，打着电筒、点着火把走村入户，与农民促膝谈心，传授农业技术。

风霜雨雪、寒来暑往，她蹲守田间地头观察、探索庄稼生长情况。"嘴上打起血泡，手上磨出老茧，脚上沾满泥水，累得腰伸不直，回到家说话也费劲。"罗光琼回忆说。但当看着老百姓期盼的眼光，就给了她无穷的力量。20 世纪 80 年代末到 20 世纪 90 年代中期，罗光琼和同事们推广"杂交良种应用""水稻两段育秧、半旱式栽培""玉米育苗带土移栽""高海拔地区玉米地膜覆盖"和"旱地分带轮作多熟制"等技术，极大地提高了正安山区农业发展水平，解决了人民群众温饱问题。

37 年来，罗光琼沉心俯身，用青春和心血致力于正安县农业技术的试验、示范、研究、推广，完成测土配方施肥课题和农田节水及相关科研课题 220 多项，收集有价值的科研数据 12.28 万个，开展农业科技讲座培训 30 多万人次。罗光琼先后获得国务院"全国民族团结进步模范个人"、科技部"星火科技县先进工作者"、贵州省"农业丰收奖"等 40 多项荣誉，并于 2019 荣获中共中央、国务院、中央军委颁发的"庆祝中华人民共和国成立 70 周年"纪念章。

（二）丁远怀：幼有所托，老有所依

贵州省白酒企业商会会长丁远怀，1982 年 7 月从原遵义财贸学校毕业后，被分配到原仁怀县茅坝区食品站从事财务工作。1984 年担任食品站副站长，着手将食品站小作坊酒厂扩建，创办仁怀县茅醇酒厂，从此开启了他的酿酒人生。"富而思源，富而思进"，丁远怀坚持服务社会、回报社会，为公司所在职工设立专项养老金，保证他们老有所依、老有所养；同时设立奖学金，鼓励职工子女努力学习，进入大学深造。此外，丁远怀与他的企业积极参与仁怀地方建设，向仁怀市政府捐赠 300 万元教育基金，并斥资修建了鲁班镇尚礼村希望小学。向大坝镇五岔村捐资 40 余万元，用于小学硬件提升和乡村公路修缮。2008 年，还以个人名义向汶川地震灾区捐赠 100 万元。

无论是知名校友罗光琼，还是典型代表丁远怀，校友们都用不同的方式回馈着母校和社会。疫情期间，大批校友纷纷向学院和社会捐款捐物，体现了大难面前的人间温情，更是彰显了职院人的责任和担当！

悠悠岁月，物换星移。六十余载春华秋实，几代人躬耕职教。学院一路走来，分合迁徙、筚路蓝缕，历经曲折坎坷，才迎来今天累累硕果，分外妖娆。遵义职院今天的成就，是职院人听党话、跟党走的结果。没有共产党就没有新中国；没有共产党，就没有遵义职院的今天。

2021年，在中国共产党百岁生日之际，遵义职院聚秩年校友，感党恩、谢党情、歌颂党的丰功伟绩，共同庆祝党的百年华诞。多年来，学院坚持建设一流学院的目标没有变，坚持人才培养、立德树人的初衷没有变，坚持教育创新的精神没有变，对校友成才报国的期待没有变。数载成才路，一生母校情，学院发展包含着广大师生的智慧和心血，浸润着每一位校友的爱和关心。君行天下，母校牵挂，校友毕业后，变得更加成熟、更有家国情怀，不负时代，不负韶华，对母校的拳拳之心没有变。

## 二、搭建桥梁 校友联谊

为满足来访校友、在校老师、在校学生、来访人员等不同人群的需求，从2021年起遵义职院将每年5月第二周的星期六（母亲节）确定为"校友返校日"，并将原图书馆改建为以记录保存历届校友相关资料的校友馆的综合性活动区域，由校友活动中心、统战之家、校友办、档案馆和学术研讨室、会议室组成。学校积极搭建桥梁，以此来联结学校与校友之间的情谊。

校友馆包括校友会展厅、名师展厅、学子展厅和年度校友展厅组成。校友会展厅梳理了学院历届校友会的资料，包括不同年代、不同地区的校友会情况，体现了学院对毕业校友的重视；名师展厅主要展示学院成立以来的优秀教师，以此表达学院对教师群体所做贡献的深深敬意，同时也为在校教师树立了榜样；学子展厅主要记录历届著名校友的事迹，如中国科学院院士刘丛强、金融专家冯光好、"庆祝中华人民共和国成立 70 周年"纪念章获得者罗光琼等，通过对他们优秀事迹的介绍，体现出遵义职业技术学院立德树人的优良传统；年度校友展厅主要分为年度十佳教师、年度十佳大学生、年度十佳技能之星、年度十佳毕业生等部分。通过对每学年优秀教师、学生的表彰，树立榜样，激励师生积极进取。

校友活动中心是校友休息、交流和娱乐的区域，根据学院校友的数量、平均返校人次进行具体安排，保证了校友活动中心的合理运用。

统战之家主要有组织架构、党派之家、民族之家、领导关怀、统战活动几个板块。通过为各民主党派、各少数民族代表提供专门的交流、活动区域，表现了学院对统战工作的重视和支持，学院立足统战工作的特点，在满足统一战线成员聚会、学习、交流等功能需求的基础上，打造统一战线成员的"温暖之家"，做到让统战工作有阵地。

档案馆保留遵义职院各类资料、文物，配合校史馆、校友馆和活动展馆的布展，提供相应展品，同时也对各类资料、文物等进行存档、保存，为学院搭建了自己的文化资料库。对于珍贵展品，档案馆同时进行复制留底，将复制品送展，保留原品。例如遵义职院成立时省领导参加成立仪式的照片，遵义财经学校 40 周年校庆全国知名诗人画家题写的几十幅字画等。通过这些方式，既保证了展品的展示效果，又保证了珍贵展品的安全、完整。

校友大道是在校园内移栽原老财校的水杉树形成的一个景观大道，大道两边摆放着校友捐赠雕塑。此外，遵义职院还将着力打造校友林，寓意"十年树木，百年树人"。

# 三、奋斗青春　出彩人生

回首一甲子，树育万千才。建校以来，红色土壤滋养的遵义职业技术学院牢记嘱托、感恩奋进，为国家和社会培养了以刘丛强院士为代表的成千上万名高素质技术技能人才，为经济社会发展作出了应有贡献。奋斗新时代、阔步新长征，遵义职院在红色塑魂、蓝色致用、绿色出彩的校园"彩虹文化"浸润中，为决战脱贫攻坚、助力乡村振兴、实施三大战略，致力培养大批有理想、爱"三农"、懂管理、善经营、能致富的高素质技术技能人才。学院开辟"校友撷英"专栏，从五万余遵职学子中采撷典型，以薪火相传，励志当代，提携后学。

（一）坚持不懈，院士领航

2017 年 9 月，中国科学院院士、国家自然科学基金委员会副主任刘丛强回到母校——遵义职业技术学院调研时，特意绕行到老校区，满怀深情地察看了老图书馆、旧教学楼，回顾青春岁月，感受历史变迁，在抚今追昔和寻找乡愁中，回顾自己在母校的求学经历。刘丛强院士边走边说："有机会一定经常回来看看！"

刘丛强院士是我国著名地球化学和表层地球系统科学家。1955 年 9 月生于遵义县（今播州区）骊龙乡（今属红花岗区）。曾任中国科学院地球化学研究所所长，兼任贵州省科协副主席和中国矿物岩石地球化学学会理事长（现为该学会荣誉理事长），曾任国家自然科学基金委副主任，现任天津大学地球系统科学学院和表层地球系统科学研究院院长。长期从事表层地球系统的生物地球化学过程及生态环境效应、微量元素和同位素地球化学基础理论和应用研究。被国际 SCI 收录论文 300 余篇、中文核心期刊论文 400 余篇。

1975 年 9 月，刘丛强以优异成绩考入遵义农业学校，学习植物栽培专业。"到农校读书之前在当时的茅坡中学代课，到农校读书后，除了上课，喜欢帮老师们干点有关宣传的活，也常常到图书馆去帮助整理图书，什么活都干，也有勤工俭学。"刘丛强说。因为当时实行的是"社来社去"政策，农校毕业后回到泥螺坝（骊龙乡）老家。在农校时，刘丛强的班主任曾对他说："丛强，你很聪明，数理化成绩那么好，只要坚持学习，一定会有美好的那一天。"机会总是留给有准备的人。1977 年，一直不懈努力的刘丛强迎来了"恢复高考"的机会，他以高分考入南京大学。"拿到大学入学通知书那天是我一生中最高兴的一天，我有了更远大的梦想"，刘丛强说道。

"从小就在艰苦环境中生活，自然就不知道苦难为何物，做什么都是快快乐乐的。"刘丛强说，"因为母亲是地道的农民，每天都要下地干活挣工分，家里的活就要孩子们自己做。所以，从读书开始，年复一年都是一清早就背上书包进学校，放学就背柴放牛打猪草。"

"在南京大学毕业考硕时，发现物理化学试题太难了，差点放弃考试。还好，我认真答题，冷静、沉着、慢慢思考，直到打铃了我才交卷。最后分数出来，我不但及格，而且还是当时报考地化所 20 多位研究生中唯一全部及格的考生。"刘丛强回忆说，后来到日本读博，直至成为地化所第六、七、八任所长及中国科学院院士、中国自然基金委员会副主任。用他的话说："无论生活工作中遇到任何困难，不气馁、不放弃，努力应对，任何事情只要坚持做到最后，就会有好结果，这成了我一生做事的准则。"

1982 年从南京大学地球科学系毕业获学士学位；1984 年在中国科学院地球化学研究所获硕士学位，1991 年在日本东京大学化学系获博士学位。1986—1996 年，先后在日本理化学研究所、东京大学和日本国立电气通信大学做访问学者，攻读博士学位，任基础科学特别研究员和副教授，于 1996 年获中国科学院首批百人计划资助并回国工作。

刘丛强是贵州省第一批省管专家、国家百千万人才工程专家、国家杰出青年科学基金获得者、中国科学院百人计划入选者、国家 973 计划项目首席科学家。2011 年当选为中国科学院院士，2015 年当选国际地球化学学会会士，2017 年当选爱丁堡皇家学会外籍院士，是贵州省第十届和第十一届人大代表、中国共产党贵州省第十一次代表大会代表、中国共产党第十八次全国代表大会代表和第十三届全国政协委员。

刘丛强从大学开始，一直是读书—研究—再读书—再研究，这条"科学线"一坚持就是 40 年，记录着刘丛强的求学和科研人生。他说："'地学'是研究我们人类赖以生存的星球的科学，这条研究之路线我会一直走下去。"

光阴荏苒风华在，情系母校溢满怀。三十多年过去了，如今硕果累累、功成名就的刘丛强，从未忘记母校——遵义职院。自 2017 年 9 月返回母校，他一直惦记着母校的建设和发展，2020 年 6 月，当母校邀请他回校作报告时，刘丛强院士欣然应邀。

如今，刘丛强院士艰苦奋斗的人生经历和感恩母校的浓厚情结像光一样激励着一批又一批的遵职学子不断前行。

### （二）脚踏实地，勇攀高峰

王芳，女，汉族，1986 年 6 月出生于贵州遵义，是遵义职院人文系 2006 级旅游大专 061 班学生。

回忆起大学时光，新生军训、学生会竞选、班干部竞选、协会活动、篮球比赛……一路走来，懵懵懂懂、冒冒失失，王芳认为幸好有老师们的悉心指导，学姐学长、同班同学、同室姐妹的指引帮助，才能让她的大学生活画上完美句号。

大学三年是王芳最美好的青春年华，因为不畏惧，不辜负，也没有遗憾。大学生活给了她很多启示，所经历的人或事在改变着这颗憧憬未来的心，使王芳不断完善自我，逐渐走向成熟。"予人玫瑰，手有余香，平时肯帮人，急时有人帮。"这是王芳一路成长的人生信条，她认为没有老师的悉心指导、同学的互帮互助，也没有她今天的收获。

在丰富多彩的大学生活中，为了扩大知识面和培养自己的业余爱好，王芳积极参加校内外的实践活动，通过努力，她成功竞选为院学生会体育部部长、人文系学生会体育部部长。在学生会任职期间，她虚心求学、吃苦耐劳，工作兢兢业业；重视团队合作精神，积极完成上级交给的任务，组织和开展有意义的活动。从活动中不仅提升了自己的组织能力和领导能力，还提升了思想觉悟。

毕业后，曾有一段时间王芳也在人生的十字路口迷茫徘徊，那段时间不知道自己应该干什么，犹豫过后她选择了在贵州广播电视大学进修本科（行政管理专业），修本科的同时在亲戚酒店打工；2008 年 8 月—2009 年 12 月，到贵州财经学院商务接待中心担任收银员，与同事团结和睦，相处融洽，有了踏入社会除家人同学以外的第一个朋友圈；2010 年 2 月，她又去乌江镇坪塘村委负责党建及远程教育工作；参加了第十次全国人口大普查，对工作积极认真负责，能很好地完成领导安排的任务；因工作优秀，在职期间曾入选坪塘村委党支部副书记候选人。

2011 年 3 月，王芳与丈夫共同创办了遵义艺龙广告设计中心工作室。从未涉及和从事自主创业的她，对这个行业很陌生，找不到自己的定位，看着丈夫与员工日夜加班，自己却无能为力，甚至有些多余，于是便发奋自学，开始学习平面设计。经过半年的努力，她已经能独立完成简单的平面设计图纸。随着客户量的增加，生意越来越好，她便开始慢慢制订工作室管理制度、财务制度等，与丈夫分工明确，公司逐步走上正轨；2013 年创办"贵州艺术人居装饰工程有限公司"。7 年的时间，她与丈夫一起打造出了播州区最大的一家自购房产实体装饰企业，千平方米实体展厅，成为区内最具实力的装饰商家。

她与丈夫沈先生携手走过来的日子里，有低谷、有成功。在家庭、婚姻、工作中，她找到了那个最"合适"的自己。

在人生旅途中，会经历许多人生的十字路口，要脚踏实地做好自己的工作、走好人生之路，因为我们每走一步都会有所感悟，会明白"人生之路唯奋斗"的道理！

（三）励志当代，创业先锋

王彬，男，汉族，1996 年 3 月出生，中共党员，是贵州九鼎阳农业发展有限公司、贵州九鼎阳种养殖农民专业合作社法人代表。

2015 年 9 月考入遵义职院动物医学专业学习。自进校以来，凭着自己对专业的钻研及热爱，始终以兢兢业业的态度、乐于奉献的作风履行一个大学生的职责，担任学生干部期间，被评为优秀团干、社干，获得国家励志奖学金 5000 元。2016 年 3 月，在家人的支持下，他牵头创办了遵义县隆兴顺农业发展有限公司，后变更为贵州九鼎阳农业发展有限公司，注册资金 1000 万元，主要从事养殖业。创业之初，养殖肉羊 150 余只。2018 年 2 月，投资 500 万元创办了贵州九鼎阳种养殖农民专业合作社，合作社注册资金 200 万元，合作社就业员工 21 人，其中建档立卡贫困人口 6 人。合作社占地 32 亩，建彩钢砖混标准化圈舍 3000 平方米；配套建设 200 立方米沼气池、600 立方米蓄水池、800 平方米办公用房，修建公路 300 米。目前存栏山羊 2000 余只，能繁母羊 1200 只。合作社辐射带动周边 118 户农户从事山羊养殖，其中建档立卡贫困户 35 户。

通过近几年的发展，王彬用所学知识并围绕公司的核心项目和发展规划，充分进行市场调研，在遵义职业技术学院组建技术团队，做了大量卓有成效的工作，在公司员工中有很高的威信，为公司发展作出了杰出贡献，在当地起到了促创业带就业打造产业的示范作用。

为了更好地做好本职工作，王彬通过学习有关资料，开阔了思路，拓宽了眼界，准确把握公司发展的方向，更加明确了公司的定位及发展的蓝图。通过政治理论的学习和对现实问题的思考，进一步增强了他的责任感和使命感，同时也为指导各项工作奠定了坚实的基础。

紧紧围绕公司制定的利益联结机制和发展目标，他坚持"有收无收在于防，收多收少在于养"的原则，对各部门工作进行了卓有成效的指导和治理，促进了部门工作的顺利有效开展。企业创办 3 年多来，表现出了良好的经营业绩、成长性和创新能力，营业总收入累计 1000 余万元。他通过努力，获得了营养师证、动物疫病防治员证、SYB 创业证等，2018 年被评为遵义市大学生创业典型。公司已取得动物防疫条件合格证、环保证，并申报专利 7

件；获得贵州省科技型企业备案证书、无公害产品产地认证、无公害产品证书；获得"遵义市第十四批市级农业产业化经营龙头企业"，注册商标2个，公司域名2个；被遵义市农业农村局畜牧业支部树立为"党建创新示范点"；与遵义职业技术学院达成校企合作，为该校学生提供实习场所并逐步申报校企合作项目。自2016年以来，200余名学生提供实习岗位，还带动100余名学生创业就业；与遵义市众创空间达成合作协议，为企业、合作社提供培训，孵化产品。

采取"党建+龙头公司+合作社+农户（贫困户）"的发展模式，与贫困户形成良好的利益联结机制。他创办的合作社实行五统一："统一圈舍，统一品种，统一防疫，统一技术，统一销售"，保证农户的收益；本着自愿原则，贫困户可到公司领养母羊，等羔羊出生出栏后再付母羊成本，若母羊产一只羔羊属于农户；产两只羔羊，农户与公司各得一只羔羊；产三只羔羊及三只羔羊以上，两只及以上羔羊属于农户，一只羔羊属于公司，从而实现"信用养羊"。母山羊1只每年平均产3只羔羊，第一年每只平均45千克重，农户每年获利4500元；第二年每只平均45千克重，农户可获利13 500元；第三年每只平均45千克重，农户可获利40 500元。公司已带动118户农户发展养羊（其中35户为贫困户），全部由公司提供技术服务，执行统一的饲养标准，配套成熟技术和防疫制度，按标准修建圈舍，生产的商品羊由公司按每千克高于当时市场价1元的价格进行回购；集中育肥，降低养殖户饲养生态山羊所带来的疫病风险和市场风险，养羊基地从未发生过重大动物疫病。建立专业化生产，引领周边乃至全区黔北山羊产业的发展。全年雇用贫困户家庭劳动力，喂羊、除羊粪、耕地、种草。通过生态黔北山羊产业的发展，不仅引领当地种植业（秸秆、牧草）、加工业、餐饮业的发展，还带动运输业和商贸服务行业的发展，为农民脱贫致富，起到了一定的示范带动作用。

按照公司投资计划，他拓展了融资渠道，积极推动农信社贷款，顺利获得了农信社贷款支持。建立档案管理制度，明晰任务清单，规范管理。加强对新进人员的技能培训，做到新老人员的业务培训无缝对接。积极做好技术创新的综合管理工作，提高企业创效能力，保持忠诚、勤恳、朴实的本色。王彬有较强的创新创业意识，具有一定的市场开拓、经营管理和组织指挥能力。在他的带领下，公司各项事业不仅得到全面发展，同时带动了农民脱贫致富和农村农业发展，得到农民、学校、上级领导、当地政府的一致认可和好评。

# 第五章  尊师爱生  博学善教

遵职教师传承遵义文化之优良传统，扎根职业教育、潜心教书育人，痴心一片终不悔，只为桃李竞相开，展现了革命老区教育工作者的风采，展示了职教人担当作为、无私奉献和勇于创新创造的精神，培育了尊道爱生、博学善教的教师文化。

## 第一节  筚路蓝缕  铸造师魂

1935 年，红军长征途中一次影响深远的会议，让世人都知道了这个有红色圣地称号的城市——遵义。在这片红色的热土上，山有故事，河有传奇，无论是书写转折的红色小楼，还是千峰万仞的雄关险隘；无论是马灯照亮的山间小路，还是写下得意之笔的湍湍河流，都熊熊燃烧着不灭的红色火种，矗立着一座座信仰丰碑。这些宝贵的红色文化，不仅是历史积淀，更蕴藏着巨大的能量，奋斗在这座"红色之城"的一代代英雄儿女们，在不同的长征路上书写了灿烂的篇章。

### 一、扎根沃土  艰苦创业

回溯办学的 60 多年，原遵义农业学校、遵义财贸学校、遵义农业机械化学校、遵义商业技工学校和遵义市农业机械研究所历经多次"迁、转、撤、并、停"，一路走来，"遵职人"碧血丹心，矢志不渝，沧桑与凯歌同奏，风雨与硕果同行。这是革命老区职业院校的特质，虽历经坎坷而初心不改，这是老区教育工作者的忠诚与奋进。其中有着许多可歌可泣的感人故事，如遵义农业学校1966年第三次校址搬迁至遵义县新蒲时，由省农业厅出面与贵州省蚕科所协商让出一部分土地给遵义农业学校办学，在省、地未投资的情况下，学校利用水泥厂给的10万元搬迁费，组织师生停课建校。学校领导号召大家学习大庆油田精神，自力更生、艰苦奋斗、勤俭建校，全校师生被分成运输队、石工组、木工组、泥工组、土砖组及砌砖组等。经过半年多的努力，修建了干打垒住房约2000平方米，作为师生宿舍、礼堂和食堂（这些干打垒住房经受了时间的考验，一直使用到20世纪80年代末期）。在一部分师生参加修建住房的同时，另一部分师生编为农业组进行农业生产劳动。除利用校内基地耕种外，还向邻居蚕科所借用离学校几公里外的灯草坪的桑园地种玉米、花生等作物共40多亩。在建校劳动中，全校师生吃苦耐劳、尽心尽力、加班加点，没有谁因参加这样繁重的体力劳动向学校伸手要一分钱，唯一感到欣慰的是自己所在的集体能得到一面流动红旗，或个人受到表扬。当时的财贸学校，条件很差，学校总共只有四间破旧的教室摆在两块农田里，附近农民常赶着牛羊在狭小的操场放牧，就连厕所都是与附近农民共用一间土墙茅草屋。

当时商业技工学校建校初没有校舍，租借遵义市长征饭店一间大会议室作教室和办公室。后来和地区饮食服务公司协商，达成协议，将一栋四层楼的房子卖给学校做校舍。在1985年初建设校运动场时，由于资金紧缺，学校本着节约的原则，因地制宜，动员全校师生员工挖土、平地，进行义务劳动。在一年的时间内，教学楼、球场、厨房、厕所全部建成使用。脚踏实地，艰苦创业，通过建校劳动，师生同吃、同住、同劳动，不但践行了职教精神，还增强了师生感情。

## 二、甘于奉献　倾情职教

在60多年的办学历程中，来自全国各地的一代代"遵职人"（领导团队、教师、职工），与学校同甘苦，砥砺奋进，在软硬件建设十分艰苦的情况下，默默奉献，毫无怨言。他们一干就是一辈子，共同谱写了"信念坚定、团结拼搏、改革创新、勇担使命"的遵职精神！

商业技工学校建立之初，只有6名教师，其中3名从遵义师范专科学校毕业，2名毕业于省商业学校，1名毕业于地区财校。1982年从贵州大学分配来李丽华、陈克宁，从外校调来王孝平、刘彩霞等人，但专业课教师缺乏，教师素质有待提高。为了培养专业课教师，提高教师队伍素质，从1981年9月至1983年，学校先后派出6名教师到省外院校进修商品养护、仓储管理等教程。1983年建立了教师业务档案，学校党支部认真落实党的知识分子政策，在教师中发展党员，调动了教师的积极性。1986年9月，从贵州大学历史系分配来了陈万兵（女），从遵义师范专科学校政教科分来高峰，从教育学院调来王延章，同年选派1名教师到山西财经学院深造，教师队伍逐渐得到扩大。然而，在校学生人数也逐年增加。1983年在校学生100人，教师10人；1987年在校学生200多人，教师14人，师资力量明显薄弱。当年学校采取向外聘请教师的办法，聘请教师20人。虽然本校教师的工作量都超量，但大家都任劳任怨，负重前行，还有2名教师主动入党。

1958年春，遵义农业学校开展勤工俭学和半工半读活动。当年，学校南瓜、笋瓜、番茄丰收，除师生使用，还送到市场出售。1960年，国家处于困难时期，学校为了安排好师生生活，组织师生生产自救，发展副食品生产，大搞"瓜菜代"，种植胡萝卜，自己制糖，中秋节用甜菜糖烤月饼，供应全校师生。

除此之外，遵义职院各个前身单位成立之初，就服务地方大局，在职业技术技能教学、多学科人才培养和农业机械研究与推广等方面取得了辉煌的业绩，对推动遵义乃至全省经济社会的发展作出了应有的贡献。

1987 年，遵义农业学校教研室教师承担了贵州农学院主持的小麦垂直生态研究和水稻生态研究两个课题的协作研究工作，同时还承担了贵州农业科学院主持的高粱引种筛选试验和省农业厅科教处安排的水稻、玉米、小麦、油菜栽培试验等研究工作。

农学教研室和蚕桑教研室的专业教师，承担了贵州省农牧中专学校农学、蚕桑两个专业基本技能考核标准的起草工作。

各位专业教师参加遵义地区在新蒲区进行"五突破"试点的指导工作。农学、蚕桑、植保、农经 4 个专业毕业班学生分赴 8 个县进行毕业实习，推广农业实用技术，开展病虫害调查。

1988 年，学校扎实推进凤冈蚕桑教学基地建设，被农业部授予"校外三结合基地建设先进单位"称号。

…………

党的十八大以来，学校瞄准经济社会跨越发展和区域经济转型升级，弘扬"劳动光荣、技能宝贵、创造伟大"时代风尚和"授就业之能 育创业之才"办学理念，坚持"校校联合、校政结合、校企合作、产教融合、工学结合、知行合一"的培养模式，确定"立足黔北、服务城乡、强农兴工、助推'三宜'"的办学定位，形成了以区域教育服务中心和实训基地为依托，以师资、课程、服务流程、网络学习服务等标准化为载体的服务体系，多次获得市级以上嘉奖和表彰。

在产业服务及社会服务方面，遵义职院有着悠久的传统。扶贫工作每个时期名目和表述不一，但"遵职人"一直参与其中，除了常规的技术指导之外，早在 1993 年，学院即派出了卢玉芳、经有林、黄仁权 3 名同志前往仁怀长岗镇参加遵义地委"帮乡扶贫队"驻镇工作，开展"两段育秧"技术、畜牧兽医技术指导等服务，其中卢玉芳同志获得遵义地委"帮乡扶贫"先进个人称号。

2011—2015 年，按照遵义市委开展"四帮四促"及上级党建扶贫相关要求，遵义职院分期分批派出 8 名中层干部到党建扶贫挂帮点务川县茅天镇开展帮扶活动，与群众同吃同住同劳动，联系协调项目，解决问题。其中时任动物科学系党总支书记的王家品同志，在遵义县毛石镇开展党建扶贫工作；成教处原处长董毅同志参加2012年省党建扶贫务川县工作队，担任扶贫队副队长；学生处副处长任伯松参加2012年省党建扶贫务川县工作队，驻茅天镇开展党建扶贫工作；2013年，学工部张杰同志在仁怀市茅台镇岩滩村担任驻村干部；2014年，保卫处卢劲松在仁怀市茅台镇中华村担任驻村干部；2014年，现代农业系经有林在务川县石朝乡京竹村担任驻村干部；2015年，学工部张引在仁怀市喜头镇共和村担任驻村干部；2015年，现代农业系的唐国辉在仁怀市火马镇硐上村担任驻村干部。

2016年以来，遵义职院针对定点帮扶的正安县小雅镇桐子坪村和凤冈县进化镇黄荆村（2019年调整为中心村）先后派出3名第一书记、2名驻村干部，支持帮扶资金400余万元，从财力、物力、人力、智力上支持脱贫攻坚。以高度自觉的使命感和义不容辞的责任感，交出了迈向小康的遵职答卷。

2016—2019年，现代农业系唐国辉在凤冈县进化镇黄荆村和中心村驻村担任驻村干部（2020年至今为王勇）；2016年，现代农业系经有林在正安县小雅镇桐子坪村担任第一书记；2017年，经济管理系姚远东在正安县小雅镇桐子坪村担任第一书记；2018年至2020年，宣传部王永生在正安县小雅镇桐子坪村担任第一书记。以"党建＋N"推动精准扶贫，三年来得到人民网、光明网、"学习强国"平台、《贵州日报》和市县各类媒体报道100余次，反响良好，先后获得遵义市"五一劳动奖章"和贵州省"脱贫攻坚优秀村第一书记"称号。

学院党委坚决扛起打赢脱贫攻坚和新冠疫情防控"两大战役"重任，强化"两抓六硬"措施，先后投入近600万元助力仁怀、务川、凤冈、正安等相关乡镇脱贫，广泛开展大手牵小手结对帮扶活动，建设校农结合超市，围绕贵州12大特色产业开展专业建设和技能培训，承办了全省27个产业链人才培养大会。学院党委和挂帮的正安县桐子坪村党总支同时荣获"全省脱贫攻坚先进党组织"称号，学院党委在全省定点扶贫考核中获"好"等次，并获"全国职业院校精准扶贫协作联盟脱贫攻坚先进集体"称号。"党建+N"扶贫经验入选清华大学首届乡村振兴论坛典型案例。遵职人甘于奉献，倾情职教，赢得了社会的广泛赞誉！

# 三、爱岗敬业　博学善教

遵职教师坚守职业教育初心，甘于奉献，倾情职教，始终以实际行动践行"担当作为、敬业奉献、勇于创新"的遵职精神，践行"尊道爱生、博学善教"的教风。师魂就是教师的灵魂，师魂是教师综合素质的体现，是教师的人格风范。"经师易得，人师难求。"为人师者，方可以德育德、以才培才、以学促学、以趣激趣、以情动情、以性养性、以意练意、以行导行。在遵义这块红色热土上，在遵义职院这片红色校园里，遵职人艰苦创业、倾情职教，铸造了特有的师魂和故事。

## （一）倾心育桃李　真情扶"三农"

邱宁宏，女，1972年4月生，汉族，中共党员，北京林业大学访问学者。现为遵义职院现代农业系教授，入选贵州省"千"层次创新型人才、省科技厅专家库入库专家、省评标专家、省职教名师、省科技特派员、遵义市"15851人才精英工程"第二层次人才，受聘为贵州省辣椒发酵制品工程技术研究中心学术委员会委员、遵义市土壤污染防治工作专家、遵义市辣椒产业技术研究院专家委员会成员、遵义市职业能力建设专家库专家、红花岗区科技局专家库成员。从事职业教育教学26年来，在教育教学改革、高技能人才培养、科研及社会服务等方面发挥了较大作用，获得各种表彰（奖励）55项，其中国家级6项、省级11项、市级12项、校级26项。

### 1. 教书育人　勿忘初心

作为一名党员教师，邱宁宏始终坚持把"甘做教育者、终事教育业"的个人梦想融入中国梦，按照习近平总书记提出的"四有"好老师标准严格要求自己，用社会主义核心价值观引领学生。先后担任 5 届班主任，做学生的良师益友，引导学生热爱专业，热爱农业。关心、关爱、关注学生，帮助他们解决学习、生活、情感等方面的困难和困惑，为学生营造快乐学习、健康成长的集体氛围。从新生报到的那一刻直到毕业前，她坚持用相机全程记录下了每一位同学在学习、工作、生活等方方面面的成长历程，同学们都亲切地称她为"邱妈妈"。她用心制作的《青春纪念册》是送给每一位同学的最珍贵的毕业礼物，它不是一张普通的光盘，它是爱的记录，是温暖的传递。她相信，有了这份正能量，在今后的日子里，同学们会飞得更高更远。一路走来，有辛勤和汗水，有喜悦和收获。她所带的班级班风正、学风浓，多次荣获"先进班集体"和"先进团支部"等荣誉称号，培养了 2 名贵州省优秀大学毕业生，3 次获得学校优秀班主任表彰、6 次获得优秀教师表彰；先后获学校最受学生欢迎教师、优秀共产党员、创优标兵、最佳科研社会服务工作者、遵义市五一巾帼标兵、遵义市道德模范、贵州省职教名师、贵州省五一劳动奖章、全国五一劳动奖章、全国人大代表等荣誉称号。

### 2. 潜心教学　德技双馨

邱宁宏长期工作在教育、教学、教练执训工作第一线，爱岗敬业、治学严谨。在教书育人过程中，对每位学生一视同仁、因材施教，时刻关注学生的成长，扎根职业教育教学一线，努力培养懂农业、爱农村、爱农民的高素质技术技能人才。她主要承担植物保护等专业课程的教学工作，历年教学测评均为优秀。她积极参加各种教学比赛，2015 年参赛作品《果树病害的识别与防治》，获贵州省职业院校信息化教学大赛信息化教学设计比赛二等奖、全国职业院校信息化教学大赛信息化教学设计比赛二等奖；2019 年参赛作品《农业昆虫重要类群及其识别》，获贵州省职业院校技能大赛教学能力比赛高职专业课程一组比赛三等奖；2020 年参赛作品《蔬菜病虫害识别与防治》，获贵州省职业院校技能大赛教学能力比赛高职专业课程一组比赛二等奖、全国职业院校技能大赛教学能力比赛高职专业课程一组比赛三等奖。微课作品《昆虫生活史标本的制作与保存》，获 2015 年贵州省高职高专微课大赛二等奖。多次获学校教学能力比赛、说课比赛、"五说"教学比赛之说课堂比赛第一名。指导学生参加 2019 年、2020 年贵州省职业技能大赛水果行业职业技能竞赛，获果树病虫害识别、防治及农药配制赛项一等奖 1 项、三等奖 2 项，她本人获优秀指导教师荣誉称号；指导学生参加 2019 年遵义市大中专院校学生社团志愿服务项目获三等奖，她本人获优秀指导教师荣誉称号。邱宁宏善于将先进的职教思想和理念运用到教学实践中，课程改革成效显著。主持完成贵州省高职精品课程"植物保护"，发表教研论文 3 篇，2 篇教研论文获全国职业教育优秀论文三等奖。主持"植物保护"课程改革，并通过学校首批课改课程验收，取得学校应用型教学能力测评员资格。参与完成的教研课题"学生成绩综合形成性考核评定办法"，获全国农业职业教育教学优秀成果三等奖。主持建设贵州省高等职业教育人才培养质量提升工程项目"作物生产技术专业教学团队（2016—2019 年）"，并以优秀通过项目验收；主持建设 2020 年贵州省职业教育兴黔富民行动计划项目"植物保护省级精品开放课程"，合理利用信息技术改造传统教学，提高教学质量和效率，注重学生职业能力、创新精神和综合素质的培养，为贵州省培养了一大批"下得去、留得住、用得上"的农业生产一线实用型中、高级技能人才，所承担课程获线上教学优秀课程评选一等奖。邱宁宏在教学工作中注重发挥示范引领作用，为新教师主讲《如何成为一名优秀教师》《如何上好一堂课》，与教师们分享《微课脚本制作经验》《精品课程建设评审事项》。在她的示范带动和指导下，学校青年教师刘芬、江秋菊、刘玉倩等成长迅速，刘芬还获得贵州省优秀教师荣誉称号。

### 3. 学研结合　知行合一

邱宁宏中专和大学所学专业是植物保护，在工作中注重知行合一，先后承担省、市科研项目 11 项，以第一作者发表学术论文 26 篇，其中 12 篇发表于中文核心期刊上。由她主持完成的贵州省科教青年英才培养工程项目——"遵义市主城区园林植物病虫害种类调查与防治"，对接生产、服务地方，采集鉴定出遵义市主城区园林植物害虫 313 种，园林植物病害 300 种，编写了《遵义市主城区园林植物病虫害名录》，编辑完成《遵义市主城区园林植物病虫害图片库》，结合本地园林植保实践，编制了 4 种重要病虫害的防治技术规程。分别为市林业局园林专业技术人员及红花岗区园林处、汇川区园林处养管科工作人员开展技术培训，共培训 5 期 272 人次；为贵州景春园林股份有限公司开展技术培训，共培训 2 期 140 人次。在红花岗区森林病虫害检疫防治站实施的"林业有害生物普查"项目中担任技术指导，帮助鉴定林业病虫害标本 92 种，指导制作病虫害标本 200 余件；帮助遵义凤凰山国家森林公园鉴定昆虫标本 80 种。多次为遵义市植物园、新蒲新区园林处现场诊断园林病虫害。结合科研项目，邱宁宏组织成立了遵义职院植物保护专业社团。指导社团成员采集、制作植物病虫害标本，在中国—东盟职业教育成果展、贵州省职业院校技术技能成果展、遵义市职业教育工作会议、遵义市第四届职工技能大赛开幕式上展出。植保社团获学院 2017 年、2019 年优秀社团荣誉称号；指导茶叶 D171 学生阳艳琴制作的《蝴蝶标本》，获学校首届学生优秀实训作品评比一等奖；指导 D171 学生肖雯等制作的标本作品入选学校 2020 年优秀毕业作品。

### 4. 发挥专长　服务"三农"

2004 年至今，邱宁宏积极参与贵州省"阳光工程"农村青年创业培训、市基层农技人员培训、市青年农场主培训、市村党组织书记培训、市"少生快富"工程培训、务川县农民工茶叶加工员培训、凤冈县新型职业农民培训、红花岗区新型职业农民培训、汇川区农技人员培训等工作，主讲植物病虫害防治技术，培训内容紧贴当地农业产业发展，确保培训人员听得懂、学得会、用得上、效果好、收获大。尤其是在务川县的农民工技能培训中，连续50多天吃住在农村、培训在农村，与当地农民建立了深厚的感情和密切的联系。累计完成各类培训80余期次，5000余人次。在农业科技人员知识更新、农民技术培训、农民创业培训方面取得了一定成绩，为遵义市"四在农家"和实施乡村振兴战略方面作出了应有的贡献。邱宁宏发挥专业特长，被遴选为2020年贵州省科技特派员，服务道真县河口镇农业产业。她充分发挥农村政策宣传员、技术培训辅导员、基地建设示范员、实用技术推广员的作用，深入田间地头，向广大农民群众宣传和推广各项惠农政策和农业科学技术知识，不断提高当地农民应用新知识、新技术的能力。她多次到遵义市蔬菜、果树、茶树、烟草等种植基地开展植保技术培训和指导，深入农业生产一线，指导农户进行病虫害防治，解决生产实际问题。搭建病虫防治咨询平台，通过电话、QQ、微信、植保门诊咨询答疑。先后参加了遵义市委统战部"同心同行"活动，在桐梓县马鬃乡开展农技咨询服务；参加九三学社遵义市委帮扶汇川区小微企业活动，对汇川区高坪镇小微企业遵义绿苑食品有限公司开展实地调研和义务咨询。参加民盟遵义市委赴仁怀市长岗镇堰头村"访民生送农技"精准扶贫系列活动，重点围绕魔芋栽培管理技术、魔芋病虫害防治、白菜品种选用、白菜病虫害防治、平菇栽培管理技术等为种植农户进行产业扶贫培训、产业扶贫调研等。凤冈县太极葡萄园农场主白坤有果树种植基地100余亩，邱宁宏为其诊断葡萄、桃树病虫害，提出防治建议，帮助他脱贫增收。

### 5. 感恩奋进　回馈社会

参加工作26年来，邱宁宏一直坚守在自己所钟爱的教学和植保事业中，潜心钻研、践行梦想。她深知荣誉来之不易，更要加倍珍惜，把荣誉化作动力，用实际行动感恩社会、回馈社会。2017—2019年，她连续三年参加遵义市总工会组织的送温暖城镇特困职工"劳模大走访"活动，为困难群众送去党和政府的关怀和问候。在遵义市庆祝新中国成立 70 周年劳模座谈会上作《弘扬劳模精神　争做"时代楷模"》的主题发言。受邀参加贵州省教育工委"劳模上讲堂"活动，进机关、进校园宣讲《劳模精神的时代内涵》，传递正能量，弘扬好风尚。分别为贵州省教育厅干部职工、遵义医科大学、湄潭县中等职业学校、绥阳县中等职业学校全体教师及贵州省公路开发有限责任公司遵义营运管理中心员工分享自己的执教经历和感悟。为学校业余团校学生授课，讲授《榜样的力量》，共完成 2 期 500 余人次。2020 年 3 月 12 日，所带班级种植 03 的大专毕业生陈夏军等为学院捐赠防疫物资 84 消毒液 500 公斤，学院官网报道《立德树人　同心抗疫》新闻。

作为一名职业院校教师，邱宁宏同志秉承"立修身之德，授就业之能，育创业之才"的办学理念，在职教路上，为培养高素质技术技能型人才、服务"三农"，继续努力，辛勤耕耘，默默奉献，再创佳绩。

## （二）倾心为教学　匠心育英才

徐丽春，女，现为遵义职院机电与信息工程系教授。怀着对教育事业的敬畏与热爱，从 1995 年大学毕业起，她就开始从事职业教育工作，一直在职业教育应用型人才培养的道路上默默奉献。

### 1. 教改创新　成绩斐然

除了身为一名教师特有的书卷气，徐丽春身上还蕴涵着一股工匠气息。20 多年的职业生涯让徐丽春在专业课的教学上积累了丰富的经验。她敢于请缨，带领机电一体化教学团队建设省级"机电控制与 PLC 应用技术"精品课程，十年磨一剑，相继通过院级及省级精品课程验收，2019 年又申报了国家级精品在线开放课程，一经平台投放，在线访问量短时间就达 40 余万人次。十年课程建设结出丰硕的教学科研成果，促进了机电一体化人才培养模式改革。团队把成果写成教学论文、拍成教学视频、提炼教学模式、推广教学经验，促进了教师职业能力的提升和学生茁壮成长。该课程还推广应用到其他兄弟院校，带动了校际课程教学改革，起到了示范和辐射的作用。徐丽春说："职业教育就要培养工匠精神，作为教师不能单纯是'教书匠'，还要努力成为一名'教学家'，要独具匠心、追求卓越。"科研的路上只争朝夕，她通过创新职业技术人才培养模式，逐步形成了"教学出课题、科研做文章、成果进课堂"的教学科研良性互动模式。近年来，她主持了 2 个院级、3 个省级科研项目，申报 3 项专利，其中，省级高智能脉冲监控电镀电源的研发及应用项目与贵州航天精工制造有限公司合作，建立了产学研基地，实现了科研成果的转化。与徐丽春一同进校，如今在一个部门工作的李清江教授谈到她申报的精品课程建设项目"机电控制与 PLC 应用技术"，不禁竖起了大拇指："这个项目凝聚了徐老师大量的心血，真可谓十年磨一剑，对整个课程的建设起到了引领作用。"在其他教师眼中，徐丽春对工作非常认真，在提交省级课题"高智能脉冲电镀电源"验收资料时，她前后修改了不下 5 遍，直至她认为再也没有办法提高的时候才提交了。她潜心科研，先后承担省、市级教科研项目 7 项，发表学术等论文近 20 篇，并实现科研成果转化。

2016 年，经过层层选拔，徐丽春担任机电一体化专业学科负责人，在岗位上参与制定了一系列教学相关文件，规范该学科的教学管理，促进了教学工作，同时，形成了一系列的教学改革成果，她说这些成果都是全体教学人员共同智慧的结晶。在 2017 年和 2018 年专业课评比中，机电一体化专业课相继取得了第二名和第一名的好成绩。徐丽春还十分关注国家出台的发展职业教育政策。《国家职业教育改革实施方案》出台以来，她十分赞同校企合作、引产入教职教发展新模式，敢于打破传统的注入式教学模式。教学安排中，强调教学过程与生产过程、课程内容与职业标准精准对接。由于她敬业乐业、勇于担当、积极创新的精神和扎实的业绩赢得了学生和同事的尊重。徐丽春认为，要成为一个"师者"，自身就要做一个永葆生机的学习者。为此，她除了每日坚持读书学习，还非常珍惜每次外出培训的机会，提升自身教育教学能力，学习专业课新的教学理念和新技术，并在专业建设和课程改革中灵活应用。

### 2. 陪伴成长　共同相望

"随风潜入夜，润物细无声"是徐老师执教育人的真实写照。她从教以来，做了 21 年的班主任，长久的坚持，源于她的爱心和耐心。每一次做实训准备工作时，她都尽力为学生营造一个温馨安全的实训环境。实验教学中她不仅要向学生进行演示，还要对学生的操作进行指导，特别注重学生的操作安全。初次走进职院的学生，在面对电类专业实验课时多少都会有些心理压力，每每遇到这样的情况，徐老师便会耐心帮助学生纾解心理上的压力，让学生走进实验室，或观摩或动手操作。不单教会学生知识，还要培养学生的学习能力与探究能力，这一直贯穿在徐丽春的教学过程中。在她的课堂上，她经常把讲台交给学生，让学生自讲自评，并尊重学生的看法。有的班级学生水平参差不齐，她就在课堂上准备"好几套方案"，让水平较好的学生带动基础较薄弱的学生，对水平一般的学生进行因势利导，便于学生接受，达到学以致用的目的。在她看来，职业教育的培养模式并不过分强调专业理论的研究，团队协作能力、表达能力、逻辑思维能力和创新技能比赛同样重要，她十分注重学生动手能力的培养，把实践操作技能的提高作为高职生就业的新优势。为增强学生的动手能力与创新思维，她尝试采用任务驱动项目教学新方式，还经常带着学生到工厂企业参观学习，让学生感受真实的工作环境，激发学生学习的兴趣和动力，为此，她还指导学生完成了"组合机床滑台控制线路""节日彩灯控制器"等课题，深受大家的好评。最难忘的不光是课堂，更是在做班主任的那些日子里。每每回想起，徐丽春嘴角便闪现出更多的欢悦。"更好地解决学生的所急所需才是真正关心学生"，在她看来，学生的急需也许是解决学生对职业生涯的迷茫，也许是帮助学生通过勤工俭学来完成学业，也许是一次班会上的恳谈，也许是寝室里的一次次慰问等。在她心里，走进学生内心，真正与学生沟通，急学生之所急，想学生之所想，这些比自己完成一个课题还要快乐。徐老师的热心也被很多学生看在眼里、记在心里，他们以自己的方式感谢徐老师，或者是一张精美的小卡片，或者是几颗糖，或者是感谢的眼神，而这些对徐老师来说都异常满足。"一次次的实训带给我们的不只是操作上的提升，也是生活态度上的提升。徐老师一丝不苟的治学态度，风趣幽默的操作指导，都深深地影响着我们。感谢您的陪伴，很幸运能在职院遇见您。"学生的卡片徐丽春一直留着，暖暖的字里行间洋溢着同学们对她的敬佩和感激。对徐丽春来说，学生的每一句感谢和每一次成长都是对她工作的最大肯定，都会让她感到从事职教工作的意义。在她看来，教师的工作，就像是牵着孩子们的手，把第一步走稳、走好，以利于她们未来走得更远、跑得更快、飞得更高。

### 3. 韶华未既　筑梦前行

坚定的信仰和对学生的热爱，支持徐丽春数十年如一日在工作岗位上传授技能、无私奉献。她寒来暑往、初心不改、持之以恒地陪伴了一届届机信学子的成长和成才。"一个人遇到好老师是人生的幸运，徐老师的课堂幽默风趣，令人百听不厌，徐老师是我的班主任，她待我们每个学生就像兄弟姐妹一般，在学院为我们营造着家的感觉，她是我们的良师益友，是我们的指路人，遇到徐老师是我们的幸运。"现在已经走上工作岗位的 09 届机电 D091 班学生邹光福这样评价徐老师。确实，将师德放在第一位的徐丽春，早已将关爱学生、教书育人等教师职业道德规范的核心内容内化于心，外化于行。古语云：为业师易，为人师难。在师者"传道、授业、解惑"的三大职责里，排首位的就是"传道"，而最难实现的，也是"传道"。"传道"，用今天的话说，就是育人。对于具体过程，徐丽春以登山作比，整个教育的过程就是强调让学生参与到经历的过程中，通过在知识领域登山，体验从"一叶障目"到"洞若观火"的过程。也就是要让学生扎实基础，攀登知识的高山；开阔思路，攀登思维能力的高山；感受严谨、规范的学术态度，攀登情感的高山；最终培养能力，陶冶情操，提升人格。育人传道结出硕果。她相继荣获 2017 年国家"万人计划"教学名师候选人、全国第五届黄炎培"杰出教师奖"、省"职教名师"、省"优秀教师"，遵义市"师德标兵"、遵义市"五一巾帼标兵"。2014 年入选遵义市"15851 人才精英工程"第二层次人才、2015 年入评省高层次人才，2018 年入选遵义市市管专家。

## 第二节　报璞归真　薪火相传

### 一、改革创新　春风化雨

遵义职院一路走来，在不断发展创新的同时，坚持教育教学改革，着力培养博学善教的师资队伍。

早在 20 世纪 80 年代，遵义农业学校在行政管理改革的同时，同步进行教育改革，贯彻温江会议精神，探索多种形式办学，为农、牧、蚕部门培养实用人才。为教育部门代培牧医师资 21 人（1 年制），改革了传统的农学专业，巩固了蚕桑专业，创办了农经专业，大幅度调整了专业结构，同时改善了教学管理，建立健全了教学档案，加强了学生学籍管理，实行人助金和奖学金制度。在学生管理上，开展"四有"教育，寓教于智、寓教于体、寓教于美、寓教于乐。同时先后建立了各种学生文化体育团体，如《无名草》文学社、书法协会、摄影协会、围棋协会、武术协会等。注意把好学生"入学关""毕业关"。建立了"读书会""党章自学小组"，在学生中发展新党员 6 名，为 20 世纪五六十年代毕业的 278 名学生补发了毕业证书，先后为 64 人平反昭雪，学校被遵义地委评为"落实知识分子政策先进单位"。为拓宽培养人才的专业面，调整了招生对象及学制，对统一招生部分，招收初中毕业生，从拓宽培养人才的专业面出发，对各专业都增加了选修课，农学专业开设了"经济动物饲养""果蔬栽培""多种经营"等课程；蚕桑专业开设了"烤烟栽培""多种经营"等课程。为了加强实践教学，蚕桑专业在凤冈县建立了教学基地，农学专业从一年级开始从事农事活动、开展科学试验；一些公共课、基础课也走出了教室，走向了社会，联系社会实践，开阔了学生视野。语文教研组编写了《优秀作文选》，农学教研组教师吴宏樑、蓝端钰、田坤元等编写了《作物栽培》，专业基础课教师王庆余编写了《贵州土壤》，植保教研组教师杨其一、周光惠、王家品等编写了《作物病虫害防治》等乡土教材。学校重视劳动教育，首次将劳动教育正式列入德、智、体、美、劳全面发展的教育内容。在思想政治工作方面，注重系统理论学习与形势方针政策教育的结合，思想工作与教学活动、课外活动、党团活动和实际工作的结合，收到了较好的效果。

在发展中，鼓励和支持专业教师开展科研工作提高专业业务水平，抽出专业教师参加遵义地区在新蒲区开展"五突破"试点的指导工作。农学、蚕桑、植保、农经4个专业毕业班学生分赴8个县进行毕业实习，推广农业实用技术，开展病虫害调查。农经专业师生通过调查研究，编制《赤水县农村经济发展战略探讨》论文集，收集论文14篇近20万字。制订了农学、植保、农经、蚕桑等专业4年制教学计划，修订了农学3年制（不包分配）教学计划。

教学质量管理改革继续推进教考分离，学校的教学质量管理改革受到了省农业厅科教处的充分肯定。1995年7月，上级安排学校在六盘水会议上（全省农牧中专学校教学改革研讨会）作典型经验发言。这一年，学校加大了对基础课程教学改革的力度，进行教师"挂牌教学"的有效探索。对语文、数学、化学三门课程，分别由政语外教研室和数理化教研室讨论统一授课计划，各课程教师按照授课计划进度分别轮流到各学生班级授课一个轮回，让各班级学生认识各课程的全体教师，之后由学生选择自己心目中喜欢的教师，最后按照学生对教师的选择重新安排教学班级，学生少的安排小教室，学生多的安排大教室或阶梯教室上课。教师工作量的计算，按照学生数量的多少进行测算。此项改革在实施过程中受到了学生的一致欢迎和好评。

2001年7月5—8日，在贵阳金翠湖山庄封闭式召开了"遵义财贸学校第四次教育教学改革研讨会"，又称"金翠湖会议"，启动了第四次改革。学校校级领导 4 人、中层干部 19 人参加了会议，省教育厅蔡志君副厅长、职成处袁黔华处长、胡晓副处长、杨静老师到会，并作了指导性讲话。7 月 5 日晚，周荣海校长作了题为《提高认识、统一思想，坚定不移地进行素质教育模式的改革》的动员报告，报告对学校改革进行了回顾总结，并从改革的重要性和必要性、新的教育模式构想等方面作了阐述和动员，深刻分析了中职教育目前面临的严峻形势，并提出了构建中、高职教育模式的七个原则：一是关于培养目标定位原则；二是在课程设置上坚持理论与实践并重的原则；三是在实训环节中注重基础实训，兼顾专业实训的原则；四是在学籍管理上，坚持一本文凭多本证书制的原则；五是坚持启发教育、自我学习为主，灌溉教育为辅的原则；六是在管理模式上坚持以学生为中心的原则；七是坚持管理和监督并重的原则。会议决定在全校推广应用普通话，全校教职工均要参加普通话定级。7 月 6 日上午，与会同志结合教育厅领导的讲话精神，围绕周校长的报告进行了认真的讨论。讨论一致认为，学校原有的教育教学模式，已经越来越不适应经济社会的发展，教学改革势在必行，周校长报告中的七项原则是学校这次进行改革的纲领性文件。

进入新时期，面对内涵不足的短板，学院坚持改革为基，创新为要，内涵质量建设实现提质增效。学校以亮剑精神负重进入贵州省优质校建设单位，逆袭进入全省第一方阵。获批省高职人才培养质量提升"十大工程" 9 个大项，25 个单项，其中 24 个项目全部验收通过。获批省级技能大师工作室 1 个，"兴黔富民"行动计划第一批 6 个项目全部获批立项。初步构建"2+N"专业群体系，建成省级重点专业群 3 个、省级和校级骨干专业 9 个，立项省级特色骨干专业（群） 3 个，建成 5 门省级、29 门校级精品课程。学校积极探索推进现代学徒制、中高贯通人才培养模式改革试点等。探索实施了项目化课程、分层分类教学、学分银行、副学士学位等工作。

近年来，学校深耕教育教学改革。2020 年以来，聚焦"专业建设年""课程建设与改革年""科研与社会服务年"建设主题,制度化、常态化开展"五说""五课"等特色品牌活动,瞄准职业教育现代化,助力教学高质量发展。制定《师德师风建设实施方案》等制度,持续提升教师政治站位与职业综合素质。出台《绩效考核管理办法》等制度,不断完善"双师型"队伍激励与考评机制。健全《"双师型"教师认定与管理办法(试行)》等制度,探索"双师型"队伍分层分类培养与卓越发展。聚焦"三教"改革,出台"三教"改革实施意见,进一步把改革落到课堂、落在教学、落到实处。

## 二、立德树人 潜心问道

在教书育人的同时,坚持潜心问道,致力科研创新。以农机研究所为例,研究所成立以来,开展农业机械科研、农业机械引进试验推广等活动。建所以来,完成农业机械、机电科研项目46项,其中26项获得省、市科技成果奖。获得4项国家实用新型专利,获得"全国星火计划装备展销会"银质奖1项。大部分科研成果已转化为生产力,为推进遵义市农业机械化发展作出了积极贡献。

近年来,组织各级各类科研助农项目申报,目前已获批1项省级职业教育科研项目,4个省社科联理论创新课题。安排了科研创新团队建设方案,并启动院级科研团队申报工作。已与遵义市科技局正式签订科技合作协议,设立"市院联合资金",助推学院科研工作。目前"市院联合资金"科技项目申报已经启动。组织9名教师参加省级科技特派员服务,冯飚、章敏、张树才、邓位喜、鲍娟、李光全、杨玉能、王兴群、肖贵榜等教师奔赴桐梓、正安、道真、习水等地,面向中小微企业和种养大户开展科技培训、科技服务,深入生产一线开展技术指导。

教师与企业合作为企业申请科技创新券,开展技术服务和技术研发。组织教师申报并获得立项开展的创新券项目有:肖贵榜老师有4个项目,鲍娟、何雪芹各有2个项目,王兴群、杨玉能各有1个项目,邱宁宏、冯飚、章敏、陈良万等各有 1 个项目，全院累计获批 14 个创新券项目，合同总金额 1200 余万元，为企业争取科技创新资金 180 余万元。每年教师开展青年农场主培训 2 期，每期 65 人次；教师受邀对外开展服务和培训，服务 30 余家企业，开展培训、服务及咨询 800 余人次；组织郑宇、王兴群、杨玉能、马志华、郎曙光、邱宁宏等教师赴湄潭、凤冈、余庆、仁怀、赤水、习水等地中等职业学校、中小微企业和基层农户开展职业教育服务乡村振兴调研，写成调研报告呈遵义市教育局参考。

"十三五"期间，学院科研能力得到极大提升。结项省级课题 60 项，市级课题 31 项，校级科研项目 61 项。建成黔北麻羊协同创新中心、贵州省家庭教育科研基地和市级人才团队 2 支，校级科研团队 11 个。教师发表科研论文 293 篇，其中，核心期刊 21 篇，论文总数较"十二五"增长 47%。

## 三、青蓝工程　弦歌不绝

师资队伍建设是学校发展的核心，要有梯次建设，有"青出于蓝而胜于蓝"的目标和气象，"师徒结对帮扶，教师反思交流，骨干教师培训"等常规活动，是教师专业成长的后盾。为了帮助和促进学院新进教师的专业成长，尽快提高新进教师教学水平，打造强有力的教学团队，提高教学质量，推进学院整体教学水平上台阶，为创建省级优质学校做好人才培养与储备工作，学院对新进教师开展"青蓝工程"培养。

青蓝工程主要对教龄不足三年的新进教师，根据大学（研究生）阶段所学专业，及系（院、部）拟安排他们承担的主要课程，选择"有理想信念、有道德情操、有扎实学识、有仁爱之心"的"四有"好老师及有较强专业实践教学能力、动手能力的"双师型"教师和企业能工巧匠作为新进教师的指导教师。要求在思想上严格要求自己，帮助新进教师树立正确的职业观，了解高职教师的职业责任和特点，爱岗敬业，积极探索职业教育规律，努力成为一名职教好教师；在生活上主动关心、了解新进教师的所思所想，倾听他们的意见和要求，帮助他们解决生活中遇到的实际困难；在业务上悉心指导，培养新进教师的教学能力，提高自身教学水平，开展科研活动，鼓励和帮助新进教师积极参加各种学习和各级各类教学竞赛，并请班主任、学生社团活动指导教师等进行必要的帮助和指导。

在内容上，青蓝工程坚持立德树人、"三全育人"，落实"三因"理念，贯彻"六要""八个相统一"要求，推动思政课程与课程思政改革创新。深化思政工作"三走进三提升"活动和思政课"三融合三链接"改革。开展校领导、中层干部带头上"五课"活动。推动思政改革"一下三有"品牌建设和"彩虹辅导员工作室"品牌建设。提高思政课教师教学水平，挖掘各类课程承载的思政教育元素，推进各类课程与思政教育紧密结合、同向同行。统筹推进活动育人、实践育人、文化育人等十大育人体系建设，培育和传承劳模精神、劳动精神、工匠精神。结合勤工俭学、实习实训、社会实践等推进劳动教育。推进特色德育体系、精品德育资源、优秀德育案例、德育示范课建设。

在仪式上，为弘扬中华优秀传统文化，让尊师重道蔚然成风，成为新时代教育新风尚，每年教师节学院还举行富有传统文化特色的"青蓝工程"拜师仪式。师徒双方着古装，行古礼，弟子献拜师帖、行拜师礼、敬拜师茶，师徒一起朗诵《师说》，富有文化感的仪式演绎了薪火相传、弦歌不绝的中华师道。仪式上，全体新老师宣读《遵义职业技术学院教师誓词》，表达对教育理想的炽热追求和对选择教师职业的无怨无悔。

## 四、践行师德匠师的典范

### 一身清白，人师榜样——卢华伟

人生不惑四十秋，莫道中年万事休。

耿耿丹心投教育，拳拳赤子报神州。

清心治本遵古训，勤勉谦恭厚道求。

天道有情明心志，大江东去显风流。

——卢华伟四十岁生日抒怀

卢华伟，遵义职院原党委副书记、纪委书记。1966年初中毕业，属于"老三届"，1968年上山下乡当了知青，到了桐梓县一个30年后才通公路的地方。吃苦、勤奋、忍隐、刚毅、包容、坚守，这是卢华伟在物质生活贫困的乡野收获的精神财富，成为他日后在三尺讲台上传道授业、教书育人、提携后进的动力源泉。

1974年，遵义农业学校面向遵义地区农村继续招收上山下乡知识青年，为数以万计的知识青年"开了一扇窗"，卢华伟报考了遵义农业学校的畜牧兽医专业。卢华伟世家中医，少时《汤头歌诀》就背得溜熟，偶尔还为那些疑难杂症来点"偏方单方"，这也是他日后成为专业骨干的基础。1976年，由于成绩优异，卢华伟毕业留校，由学生变先生，三尺讲台，传道、授业、解惑，平凡而真实，讲台一站就是35年。

据老同事回忆，印象中他总是一件质地较好的涤卡中山装，连风纪扣都很规范，戴着一副那时还很时髦的变色眼镜，干练，正气，课上得很好。

1984年以后，随着干部队伍建设"革命化、年轻化、知识化、专业化"，遵义农业学校领导班子由原来的工农干部为主改为以专业老师、教学骨干为主，校领导班子一色的20世纪五六十年代毕业的大学生。卢华伟从普通老师中脱颖而出，成为刚刚设立的学生科科长。

实干，是他的执着与坚守。当学生科长时，搬桌椅，架烟管，糊炉芯，他干得不亦乐乎。学生科长、总务科长、教务科长他都干过，大清早就起床去开广播，与水电工一起安水管，亲自搬运教材，直到后来他当了农业学校副校长，最后农业学校和财贸学校两家合并，他当了党委副书记、纪委书记，还是那么地执着与坚守。

卢华伟在当学生科长以前当过几届班主任，因爱而严。每天学生上课，他都会不定时地在教室窗外瞄一眼，检查学生到堂上课情况。有些学生想在上课时偷偷看小说杂志的，都得提防窗外变色眼镜会随时出现。学生们都怕他，没有哪个学校的学生不怕学生科长的，学生科长和学生的关系有如猫和老鼠的关系。但能做到学生又怕又爱的，就是一种艺术了。卢华伟就做到了，他管理学生张弛有度，恩威并举，拿捏得很到位。该宽容时可以宽容，该严格时就要严格。有个学生患了骨髓炎，卢华伟体恤学生，发挥他人医兽医"通吃"的优势，又是煲汤又是敷药，真正做到又教育又养育；有个学生好学，想把老师的讲课录下来，卢华伟就把家里的录音机借给学生，那时家里有录音机比现在家里有车还要稀奇，还要精贵；还有一个学生太皮，好打架，被留校察看一年后，又打架，大家都认为应该开除，卢华伟觉得都是孩子，读书不易，推一把可能毁了一个学生，拉一把则可救了一个学生。多年以后，当年差一点被开除的学生已经是某县的县长了。

卢华伟专业过硬。他既没有上过本科，也没有高级职称，但多年在牧医专业为各届学生讲授的家畜解剖生理学、家畜外科及产科病学、兽医临床诊断学、中兽医学等专业基础课和专业课程都受到师生好评。还在《中国兽医杂志》《中国兽医医药杂志》《贵州畜牧兽医》等国家级、省级专业期刊发表专业论文十余篇。参与编写贵州中专校级教材《兽医卫生检验》，参与编写全国高等院校"十二五"规划教材《动物解剖与组织胚胎学》。在遵义业界也是小有名气，是学院畜牧兽医专业的"卢一刀"。1978年去贵州农学院"充电"时，就协助教师指导本科生的解剖实习。现在，学院实验室的牛羊骨骼标本，就是卢华伟的作品。卢华伟不管上课还是当领导，都敬业忘我，有一年因长期劳累造成视网膜脱落，学校及时把他"空投"上海，保住了那双眼睛，被戏称为"搭丝灯泡"。

卢华伟教书教到极致，当官当得清白是有目共睹的。于私真诚敦厚，于公正直坦荡。或许不是所有人都说他好，但很少有人说他差。2005年他的孩子参加学院的教师招考。二选一，结果没有考上。学院自己的子弟、纪委书记的小孩没有考上，不少人觉得不可思议。其实，在卢华伟家，很正常。卢华伟很传统，满肚子的儒家文化，还偶尔写点旧体诗。他希望自己的孩子有真才实学，通过自己的努力过得更有尊严。后来他的孩子考进学院，现在已经是副教授、教学骨干了。

卢华伟常说，感谢党的多年培养信任，感谢大家多年合作支持，让人感受到什么是信仰和信念。现在卢华伟是遵义职院关工委副主任，隔三岔五地还应邀到学院现代农业系为青年教师做示范教学，演示一下"卢丁解牛"。

他带出来的徒弟很多，在他带领下逐步成长，目前组建了现代山地生态畜牧技术专业群，在生猪、黔北麻羊、中华蜜蜂等产业链发展中继续引进人才和师资，建设了学院附属动物医院、中华蜜蜂研究中心、黔北麻羊协同创新中心等集科研实习实训于一体的农业科技平台。通过各平台，每年为全市提供农业畜禽疾病、产品检测等方面的技术指导、检验。

卢华伟和他的同事传承相继，把论文写在大地，让科研结出硕果。在脱贫攻坚主战场、在山地农业的田间地头，助力脱贫攻坚，起航小康新生活。

# 第三节　守正创新　不懈追求

## 一、实施人才强校战略

学校将"人才强校"提升为推动学校发展的战略任务，加强人才工作顶层设计，充实各类师资队伍，建设一支明师德、乐教学、懂行业、能科研、精技能（技术）、通市场、敢创新的教师队伍。实施"铸魂、头雁、强师、基地引领"计划和"创新机制"，"双师型"教师占专业课教师比例达95%。推动教师评价机制创新发展，克服"五唯"顽瘴痼疾，深化教师职称评聘改革。推进技能大师（工匠非遗传承人）、劳模、思政教师等工作室建设。完善师德师风建设长效机制。落实教师聘期内下企业锻炼要求，支持教师在职提升学历和取得其他技能技术等级资格。"双师型"教师比例达 60%。

师资队伍规模扩大。2014 年，组织落实进人计划和科干竞争上岗，引进了博士 2 名，填补了学院没有博士的空白，考核聘用了 3 名研究生，公开招考了 18 名本科生从事教育教学或辅导员工作，临聘了 40 余名校外兼职教师召开了中青年教师个人成长规划启动会，初步完成了中青年教师的个人成长规划的制定。2016 年，学院采用"外引内培"方式加大师资队伍建设力度。参加了全省第四次人才博览会，通过现场组织专家评审，招录研究生 18 名。通过委托遵义市人力资源服务代理中心招聘派遣制人员 43 名，充实到教师、辅导员队伍中，在一定程度上缓解了学校发展所面临的师资匮乏问题。学院积极组织优秀青年教师参加各种教学赛事。2016 年上半年，学院分别派出 4 位教师参加"遵义市 2016 年中职德育课、计算机类专业教师信息化教学说课大赛"和"贵州省第三届青年教师教学竞赛"，都取得较好成绩。安排了 25 名中层管理干部赴国家教育行政学院培训学习并与全国五所高职院校进行了沟通交流。2015 年至今，通过人才引进、市直招录、公开遴选等途径招录在编教师 170 余名。自 2018 年以来，通过新增编制，先后四次面向全国招录高学历、高层次人才，引进教师 98 名，其中博士研究生 2 人，硕士研究生有 96 人。

师资队伍结构改善。目前学校专任教师 426 人，教师占教职工总数的 90% 以上。专任教师中具有硕士研究生学历及以上的教师 153 名，占教师总数的 36%；40 岁以下年轻教师达 324 人，占教师总数的 63%。校内专任教师形成了 12 名教授、67 名副教授为专业带头人的良好梯队。教师学历、职称、年龄结构不断优化。荣获"全国五一劳动奖章"1 人、"黄炎培职业教育杰出教师"1 人、国家"万人计划"教学名师候选人 1 人、省市劳模 5 人、职教名师 5 人、优秀教学团队 3 个、技能大师工作室 1 个、千层次创新型人才 2 人、遵义市"15851"第二层次人才 4 人。

聘任知名校友刘丛强院士为名誉校长，上海科学技术职业学院院长、全国职教专家董大奎等为发展顾问，柔性引进二级教授陈集双、陈功锡等大批专家学者和行业技能大师。

## 二、多元并举提升素质

教师业务水平的提高是学院发展办学质量和水平的根本保障。为了尽快适应学院发展的需要，学院狠抓师资队伍建设，加大教师的培养培训力度，委托知名高校培训本院教师，借以提高教师业务水平和办学质量。加大青年教师、新进人员下企业顶岗锻炼和基层挂职锻炼的力度，修订出台了教师下企业实践锻炼的文件，对对象、时间及相关要求做了进一步的明确，40 余名教师下企业实践锻炼；制定优惠政策，促进青年教师学历提升和个别富余专业人员的转岗培训；努力加大学科带头、骨干教师、"双师素质教师"培训力度和认定工作；建立兼职教师信息库，加强兼职教师队伍建设和管理的力度。经过一系列努力，"双师型"教师团队逐步形成，企业兼职教师资源丰富，荣获国家级、省级表彰教师再创新高。

师资培训工作加强。近年来，学院先后派出 200 余人次参加党建和思想政治教育培训，选派 30 人次参加心理健康教育培训，有 4 人次参加了国外相关专业和管理方面的进修学习，2 人次参加国内外访学活动，累计培训 2700 余人次参加了省外各种专业培训和教务教学培训研修学习。同时，要求中青年骨干教师每年不少于 2 个月深入行业一线进行实践培训锻炼。

实施青蓝工程，发挥骨干教师传帮带作用。为帮助和促进学院新进教师的专业成长，尽快提高学院新进教师教学水平，打造强有力的教学团队，提高教学质量，推进学院整体教学水平上台阶，学院制定了《遵义职业技术学院新进教师培养"青蓝工程"方案》，并于 2018 年教师节举行了拜师仪式，结对师徒47 对。2019 年 1 月，组织 2018 年新进教师赴西南大学参加教育教学理论提升班；2019 年 3 月，对"青蓝工程"实施情况进行监督和考核。2019 年教师节新老教师结对 22 对。

开展"十佳"教师评选工作，启动师德师风全面考核。2019 年，借助第 35 个教师节，制定了《遵义职业技术学院"十佳"教师评选办法》，同时下发《遵义职业技术学院师德师风活动月》启动通知，全面将师德师风纳入教师各项考核中，并形成长效机制。同时，以主题教育为抓手，按照遵义市教育局下发的《关于进一步加强师德师风建设纯洁教职工队伍的通知》（遵教师〔2019〕10 号）文件要求，对全校在编教师及临聘、派遣制人员进行了无违法犯罪记录摸排工作，进一步净化了教师队伍，强化了师德师风建设。

接下来，学院将持续深化教育教学改革，全面提高人才培养质量。建立健全专业（群）动态调整机制，建设适应需求、特色鲜明、效益显著的专业（群）。鼓励和支持教师将科研与教学有机结合，把科研论文写在黔北大地上。积极创造条件试办本科专业。鼓励学生积极参加技能大赛、创新创业大赛，提升学生综合素质。鼓励学生通过自考、专升本等方式提升学历，通过"1+X"证书拓展就业创业本领。

## 三、孜孜不倦追求卓越

坚持立德树人，教书育人，扎根遵义办大学。学校第二届党代会明确按照"1234567"的目标任务和推进措施，即坚持"一个"统揽，实现"两个"目标，深化"三双"引领，打造"四红"工程，实施"五校"战略，遵循"六字"方针，推进"七个"建成。坚持新发展理念，加快深化改革步伐，聚焦贵州省委十二届八次全会提出的"一二三四"总体思路，以及遵义第十四个五年规划和二〇三五远景目标，深化工学结合、产教融合、校企合作力度。围绕遵义农业八大产业，做特做兴现代生态农业专业群，对接种养加销产业链提升核心竞争力，助力乡村振兴发展。围绕现代物流和现代金融产业链，助推"遵货出山"，做强会计专业和做亮数字营销专业群，提升"财、商、贸"服务产业能力，助力"一地一市"建设。围绕长征国家文化公园建设，发挥红色文化资源优势，做优旅游管理专业，服务全域旅游；做靓学前教育专业（群），助力幼教事业发展。围绕大数据电子信息产业和"新基建"，做新做智人工智能技术应用专业群，打造"5G+集存储"服务链，助力信息技术和智能制造发展。围绕绿色创新智能共享的发展理念，深化产教融合。做专新能源汽车技术专业群，做活汽车后市场服务，助力汽车产业高质量发展。围绕新型城镇化与乡村振兴战略，融入城镇化提档升级和智慧建造，做精做美建筑工程技术专业群。

面向未来，遵职教师继续扎根遵义这片红色沃土，坚守精神家园、坚守人格底线，发扬优良校风、教风，自觉践行社会主义核心价值观，做好引路人，当好"大先生"，以实际行动诠释改革创新、服务社会的责任担当，让"师道"光芒薪火相传，不断书写遵道爱生、博学善教这篇新文章。

# 第六章　开放融通　服务社会

遵义职院坚持抓党建，引领学校发展；坚持依法治校，加强完善制度建设，不断提升治理能力水平；坚持开门办学，不断加强对外交流合作；坚持不懈用好优势教育资源服务社会，为积极推动地方发展作出应有贡献。

## 第一节　党建引领　依法治校

坚持把党的领导贯穿学校办学治校全过程，坚持抓党建引领学校发展，加强党对学校工作的全面领导，依法推进以章程为核心的现代大学制度建设，全面依法治校，促进高质量发展。

### 一、坚持党建引领

党的十八大以来，习近平总书记对抓好高校党建工作作出一系列重要论述，从根本上回答了"培养什么样的人、怎样培养人、为谁培养人""办什么样的教育、怎样办教育"等重大问题，为学校党管治校提供了根本遵循。

加强党的领导是做好教育工作的根本保证。遵义职院坚持党对高校的全面领导，加强和改进高校党的建设始终贯穿高校办学治校全过程。党委牢牢把握党对高校的领导权，把方向、管大局、作决策、保落实，把党管高校落实到思想、政治、组织和高校改革发展的各个方面，以抓党建引领学校发展，落实立德树人根本任务。牢固树立抓好党建是最大政绩的理念，以提升组织力为重点，健全学校基层党组织体系，健全二级单位党总支、党支部基层组织，夯实党建基层基础，充分发挥基层党组织的战斗堡垒作用和党员先锋模范作用。突出政治功能，把深化全面从严治党落实到各级党的组织，强化二级单位党总支的主责主业意识，以及全面从严治党各项举措，形成一级抓一级、层层抓落实的工作格局。

党委坚持"围绕中心抓党建，抓好党建促发展"的工作理念，将促进中心工作作为党建工作的出发点和落脚点，坚持和完善党委领导下的校长负责制，不断改革和完善办学体制机制；深化学校内部改革，加强师资队伍建设，抓好师德师风和校风学风建设；贯彻落实"三重一大"制度和领导班子议事规则，在决策中注意发挥基层党组织、教职代会、学术带头人的监督作用；严格执行党风廉政建设责任制，定期召开民主生活会，促进学院出台的各项决策更加民主、科学、公开。

## 二、全面依法治校

依法推进以大学章程为核心的现代大学制度建设，是贯彻落实党和国家依法治国基本方针的具体体现。全面推进依法治校是促进高职院校科学发展的基石，也是高职院校高质量发展的题中之义。依法治校文化建设作为校园文化的重要组成部分，影响着大学生的成长，影响着高校的未来发展。国学大师钱穆先生曾经说过："一切问题，由文化产生。一切问题，由文化解决。"因此，高校教育管理活动中，应注重文化育人，以更好地贯彻执行依法治校方略。

党的十五大提出了"依法治国，建设社会主义法治国家"的基本任务，这是我党、我国历史上第一次把依法治国作为治国方针和现代化建设的目标而提出。党的十六大指出，发展社会主义民主、建设社会主义政治文明，是全面建成小康社会的重要目标。依法治国是党领导人民治理国家的基本方略。党的十八届五中全会更是对全面推进依法治国、建设中国特色社会主义法治体系和建设社会主义法治国家进行了重大战略部署。依法治校、法治育人是推进依法治国的重要举措，同时也是教育事业发展不可或缺的重要内容。随着依法治国方略的不断发展和完善，教育法律法规体系的逐步完善，教育发展与改革进程的不断加快，依法治校、法治育人已经成为我国各级学校管理的必然选择。

　　建立以《章程》为统领的规章制度，推进学校治理能力现代化。高职院校的规章制度是学校依法办学、科学管理的基础，因此加强高职院校以《章程》为统领的规章制度建设是建立和完善现代大学制度的必然要求。《教育部财政部关于实施中国特色高水平高职学校和专业建设计划的意见》（教职成〔2019〕5号）将"提升学校治理水平"列为十大任务之一，并指出要推进职业院校治理能力现代化。高职院校治理能力和水平的提升，需要学校以《章程》为统领，逐步完善内部治理结构和治理机制。加强高职院校规章制度建设是完善内部治理结构和治理机制的制度保障，是促进管理方式转型、加强管理精细化的重要手段，有助于不断提升治理能力和治理水平。《依法治教实施纲要（2016—2020年）》指出：要深入推进各级各类学校依法治校，要积极推进现代学校制度建设。高职院校规章制度是结合院校自身实际，对国家法律法规和各种行政规章的具体细化和贯彻落实。通过建章立制对学校抽象管理行为的制度化，落实依法治校的理念；通过规章制度对学校具体管理行为的规范化，贯彻依法治校理念。完善的规章制度是学校依法办学、依法治校的重要保证，是学校发展的重要法治保障，加强高职院校规章制度建设是依法治校的重要基础与具体体现。

　　严格落实党委领导下的校长负责制。细化职责职权，明确党委、行政责任田。完善议事制度，确保各项决策有章可依；健全沟通机制，消除协调运行中的中梗阻；强化监督机制，构筑从严治校防火墙。

# 三、强化法治安全

## （一）构筑法治安全教育网

不断加强校外的法律互动交流。充分利用校外法律资源，如以法律见长的其他高校、法律事务部门等，开展互动交流，借助对方的长处来帮助学校依法治校文化的普及教育活动。

积极开展禁毒宣传教育活动，邀请遵义市强制隔离戒毒所警务人员录制禁毒宣传教育片《青少年禁毒》，并上传学院教学网，结合新型冠状病毒感染防控工作，组织全院师生下载观看。邀请遵义市公安局新蒲分局、新蒲派出所警务人员到学院开展"如何预防网络电信诈骗"专题讲座；联合新蒲公安局大学城警务站开展新生专场法治安全及反诈骗宣传教育活动，提高师生的防范诈骗犯罪意识。邀请本市知名律师举办"《中华人民共和国民法典》与高校生权益保障"专题讲座，通过生动的案例剖析监护人责任、民事权利、遗产遗嘱继承、"校园贷""网购商品"等大学生关注的热点问题；开展"增强宪法意识，树立和维护宪法权威"主题宪法宣传活动，形成尊宪、学宪、守宪、维宪、用宪的浓厚氛围。向新生邮寄《大学新生安全宣传手册》，前移防范宣传，为平安入校保驾护航。将《思想道德修养与法律基础》等课程纳入学生必修公共课，利用国旗下讲话、班会时间、校园网络、黑板报、横幅等多种途径和形式加强对学生进行安全教育，增强学生的自防自救能力。重视疫情防控工作，对学院及周边进行一次大规模安全隐患排查，加强校门出入管理，确保师生身体健康和校园安全稳定。

## （二）"七五普法"成效好

积极提升教师的自我法律素养。教师是大学生的良师益友，法律教育师资力量的强弱影响着学生法律素养的高低。提升全院师生法律素养，首先要完善管理制度。在"七五普法"活动中，学院建立健全了普法工作领导小组，实行"谁主管，谁普法；谁执法，谁普法"的普法责任制。完善了普法工作计划，制定《遵义职业技术学院"七五"普法规划》，并依照此文件，每年制定《遵义职业技术学院普法工作要点》作为当年普法工作指导性文件。制定了《党委中心组学习制度》《学校干部教师学法用法制度》、政治业务学习方案等制度，实现法治学习的常态化。制定《遵义职业技术学院安全保卫制度汇编》和《遵义职业技术学院应急预案》等安全管理制度 36 条，加强校园治安管理。独创"一月一课+"安全教育模式，即在重要时间节点、敏感时期每月至少组织一次大型普法宣传活动。同时坚持校务、政务公开。2015—2019 年学院先后获得省教育厅"安全文明校园""学校安全稳定综治工作先进单位""安全稳定工作先进单位"等荣誉。同时学院教职工先后 5 人次获得教育系统安全稳定综合治理工作先进个人、学校安全教育管理综治工作先进个人等称号。

制定《遵义职业技术学院火灾安全事故处置预案》，建立健全应急机制，维护校园安全稳定。对学院所有公共区域消防器材进行统计并标明身份，对每一个灭火器、应急灯、疏散标志、消防栓等进行编码贴牌，编码上注明了器材类型、器材位置、器材序号等，总共编码贴牌 2000 余个。同时建立台账，利于器材的隐患排查。确保火灾发生时使用便利和器材损坏过期的及时更换。联合新蒲消防大队开展"秋季学期防灾减灾疏散逃生暨灭火演练"活动，在全国消防日组织全校师生参加消防安全教育专题讲座。增强师生员工消防安全意识，提高师生员工在发生险情时的应急疏散、逃生和自救能力。

（三）法治扶贫有效果

制订《遵义职业技术学院 2020 年法治扶贫工作方案》，并组建了法治扶贫宣传员队伍，将法治扶贫工作纳入学院年度工作考核，细化量化了考核办法。学院干部职工多次前往帮扶对象正安县小雅镇桐子坪村、凤冈县进化镇中心村集中开展系列活动，有力地推动了脱贫攻坚工作深入开展和民主法治示范村创建。围绕村民生活中遇到的老人赡养、物权、合同、继承等日常法律的基本知识，并结合典型案例，向村民普及了相关法律知识，提高村民依法维权的能力和法律素质。并按照"谁执法谁普法"原则，坚持把法治宣传教育、法治育人贯穿脱贫帮扶各个环节，积极宣传相关法律法规，着力解决法律知识匮乏和法律意识淡薄的问题。引导村民在任何时候都要依法办事，以理性、合法的形式表达利益诉求，营造法治氛围。同时也对村民与正安县雅薯粉条加工厂的员工开展防灾减灾疏散逃生暨灭火演练，提高村民与加工厂员工消防安全意识，增强自救和自护能力，促进正安县雅薯粉条加工厂安全生产持续稳定。

## 四、建立健全制度体系

从 2004 年起，学院步入建设发展时期。回顾遵义职业技术学院制度建设历程，各项制度的完善是伴随学院发展过程的几个关键节点推动的。

（一）建院初期规章制度，探索高职办学新模式（2002—2008 年）

新晋的高职，原有规章制度不适应学院发展，需要重新制定，并不断优化。

为了规范办学行为，学院制订了《遵义职业技术学院章程》，对学院性质、办学指导思想、办学原则等给予明确规定。制定了《遵义职业技术学院教学工作规程》，对教师教学工作、新进教师上岗、行政人员转教师岗位等均作出了明确规定。为了规范学生管理和班主任管理，分别制订了《遵义职业技术学院学生管理规定》《遵义职业技术学院学生手册》《遵义职业技术学院班主任工作手册》。组织人事处、团委、总务后勤处等处室根据自身工作范围和对象，制定了相关管理制度。

学院根据教育部《高等学校实验室工作规程》的精神及《贵州省高等学校两基实验室评估指标体系》的要求，在教务处设置三级机构"实验实训中心"，负责全院实验实训教学工作的管理。实验实训中心根据教育部《高等学校实验室工作规程》和《贵州省高等学校基础实验室评估指标体系》的要求，制定了《遵义职业技术学院实验室工作规程》等系列制度，经学院讨论定稿后印发各教学系（部）执行。

2008 年 11 月，全国高职高专"人才培养工作"评估专家组莅临学院。专家组历时 3 天半对学院人才工作进行全面评估，全面检查了学院人才培养工作档案材料，实地考察了教学实训基地工作，在全院干部师生员工中进行了深度访谈，完成了对学院的全面评估，最后专家组一致同意通过学院人才培养工作评估。至此，学院经过 6 年的努力，完成了合格学院的建设。

### （二）第二阶段：建立 ISO9001 质量管理体系（2011—2016 年）

2008 年高职办学人才培养水平评估合格标志着这一时期的制度建设初步适应学院高职办学要求。同时，办学水平评估为学院规章制度的大规模修订、推动学院进一步发展提供了契机。随着学院发展，学院的院情随之发生变化，生源情况、师资结构和素质要求的变化，引起管理变化，导致新的矛盾出现，需要制度修订适应新的校情变化。

"以评促建，以评促改，评建结合，重在建设。"整改评估暴露的问题，进一步加强了学院建设和人才培养工作的管理改革力度。2009 年，学院与中大华远公司签订了 ISO9001 质量管理认证协议，随即着手 ISO9001 质量管理文件的准备，学院各部门对实施管理的规章制度按照 ISO9001 质量管理要求进行了修订。2012 年，为了扎实推进学院内部质量保证体系诊断与改进工作，进一步优化内部管理体制和应急机制，根据 ISO9001 质量管理体系建设要求，开展内部管理制度梳理和规范建设工作。第 2 轮制度完善明确要求，坚持合法合规，结合新时代、新形势、新任务、新要求，以上位法和《遵义职业技术学院章程》为准绳，体现法制统一和以人为本的原则。坚持谁主管谁负责、谁制定谁清理的原则，各部门各司其职，对所有制度进行梳理和修订，按照保留适应的、废止过时的、修订残缺的、制定空白的要求，及时做好规章制度的存、废改革工作。坚持问题导向，力求务实管用。根据 ISO9001 质量管理体系培训专家的意见，结合各部门职责内容和范围，全面规范与完善学院的规章制度体系。完善的主要内容各部门根据专家的建议查缺补漏，制定、修订、废除和新建与学院正式文件公布的规章制度，意见、方案、规定等具有规定性和约束力的其他规范性文件也一并清理。

# 五、健全民主管理

## （一）强化章程统领　完善学院权力运行机制

章程，作为学院的内部"宪法"，是学院明确权力边界、形成权力运行机制和内控监督机制的重要依据。学院强化章程统领，完善权力运行机制，形成内部权力制衡。一是依据学校章程，党委会与院长办公会议事规则和议事范围、学术委员会章程、教代会、学代会工作规程得到规范，形成党委权力、行政权力、学术权力、的权力清单，有效防止权力交叉不清或权力无边界运行，优化权力运行机制。二是构建科学民主决策机制，通过规范决策程序与"三重一大"事项的议事规则，明确决策程序，重大项目的集体决策机制；建立党政班子沟通协商机制，落实党委领导下的校长负责制，明确党委集体领导，加强班子间沟通与协商，协调政治权力与行政权力的运行；健全学术权力保障机制，明确学术委员会的地位，扩大学术委员会中专业教师和无党政职务教授的比例，健全以学术委员会为核心的学术管理体系与组织架构，确保学术权力的有效运行；完善师生权益保障机制，引导师生积极参与学校治理，实现民主监督。三是落实权力执行监督机制，形成学校内部权力运行控制机制，加强对权力运行的监督，加大对学院权力的关键环节的监控，做好权力运行的风险防控工作，提高权力运行机制监督权的落实。四是建立党务公开、校务公开、学术事务公开、政策决策信息公开制度，增强权力执行的公正性、公开性，维持内部权力的公信力。以此形成决策、执行和监督三权既相互制约又相互协调的学院内部权力运行机制。

"三重一大"都经集体研究，发挥教职工代表大会作用，各民主党派对学院建设发展建言献策，党委充分发扬民主，支持民主党派开展活动，发挥各层级、各方面代表人士的建议作用，开展民主研究，实行民主决策。

## （二）推进章程实施 健全校、院（系）两级管理机制

推进章程实施，让权力向基层二级院系倾斜，实现高职治理重心下移，形成权力内部相互制约和协调的权力运行机制。一是建立和健全校、院（系）两级管理制度。强化院（系）的教学中心地位，充分赋予其在专业建设、师资队伍建设、人才培养、内部分配等方面的自主权。二是清晰界定校、院（系）的职责范围和作用领域，调整学院与二级学院及职能部门之间的责、权、利关系，更好地促进学科的整合和发展，有效地提高教育教学质量和办学效益。三是健全院（系）党总支会议制度和党政联席会议制度，明确总支书记和主任（院长）的职责和院（系）建设与发展中的重大问题的议事规则和程序，促进党总支会议与党政联席会各有侧重，从不同的方面负责思想政治、师德师风及学风建设、廉政建设、专业建设、人才培养、安全稳定等工作，形成学校统筹协调、院（系）管理为主、服务体系较为完善的院、系两级管理模式。四是健全二级院（系、部）目标管理机制，通过对学院发展规划和年度目标的分解，确定教学院（系）年度工作目标，形成学院总目标和教学院（系）子目标相辅相成的目标链的基础，实施教学院（系）自主完成目标，学校管理层面进行考核的过程。在院系二级管理模式中实施目标管理，通过目标制定、目标完成、目标考核来实现学院总体发展目标的要求，使管理过程重心下移，赋予教学院（系）更多的自主权，发挥教学院（系）的主动性，实现管理与用人的有机结合，责、权、利的有机统一，保证学院的总目标得以有序实现。教学院（系）实施目标管理，使教学院（系）管理工作目标更明确、重点更突出、责任更清楚、奖惩更分明、管理更科学，有利于促进规模、结构、质量、效益的协调发展，也有利于建立健全校、院（系）二级治理体制，促进学校治理重心的下

移，为促进校、院（系）两级管理有效运行夯实基础。实施目标管理，既实现党委对全局工作的统领，在学院层面只抓目标制定和目标考核两个重要环节，对目标实施过程中的具体事务不再过多地进行行政干预；又针对教学院（系）工作目标任务，给教学院（系）充分的自主权，在自己的职责范围内，按照各自的实际情况制订切实可行的工作步骤，把管理重心下移到各教学院（系），充分发挥教学院（系）的工作积极性、主动性、创造性，以保证重点工作目标的顺利实现。

（三）贯彻落实章程要求　构建社会参与机制

依照章程要求，构建社会参与机制。一是建立学院理事会，优化理事会组织，制订理事会章程，明确职责和职权。二是构建理事会参与学院治理的体制机制，为理事会管理依照法律、章程行使审议、监督权力，发挥咨询等作用提供保障。三是建立理事会成员与学院协商联系制度，充分发挥理事会在专业建设、产教融合、校企合作等方面的指导作用。四是成立校友会，充分发挥校友资源，加强校友会组织的规范化运作，不断提高校友会参与学校治理的效率和效能；完善校友捐赠机制，构建起协商一致的环境和校友积极参与行动的集体构架，为学校发展助力。五是构建产教融合、校企合作联动机制，根据章程制定行业、企业参与学院办学的相关制度，为行业、企业参与学院治理提供政策依据，充分发挥行业、企业参与学院办学的优势，调动学院内部推进产教融合、校企合作的积极性，形成校企合作育人的良好氛围。

（四）推进民主管理

推进民主管理是完善现代大学制度建设的重要内容，要求实行多元参与、服务为主的管理方式。大学章程所规定的大学内部法治要求实现依法治校与民主参与的统一，完善学校内部治理结构，高校要建立管理者与参与者的平等关系，根据实际明确师生参与范围，设定参与程序途径。学校有民盟、民建、九三学社等民主党派，师生各自在自己的岗位上教学互动，教学相长，为学院建设发展奉献自我力量。

# 第二节　开放融通　汇聚力量

随着新经济时代的到来，"全球化"成为各个领域的重要话题，教育也不例外，《国家中长期教育改革和发展规划纲要》中多次出现"开放办学"的相关论述。在新形势、新格局下，一方面，高校已经成为一个与外部世界互相融合、合作共进的开放型组织，推进开放办学已经成为新时期高校发展的应然之举。高职院校作为现代大学的重要组成部分，与时俱进，走开放办学之路已是必然选择。近年来，《国务院办公厅关于深化产教融合的若干意见》《职业学校校企合作促进办法》对校企融合提出更高、更具体的要求。另一方面，"一带一路"倡议为我国职业教育开展国际交流与合作提供了更为广阔的发展空间，教育部印发的《推进共建"一带一路"教育行动》等系列文件，进一步促进了高职院校国际化办学的发展。2020年，学院成功立项贵州省"兴黔富民"高质量院校建设，校企合作、国际化办学成为提升学院办学水平和高质量发展的一项重要指标。因此，我们必须充分认识到开放办学的价值与意义，深刻理解开放办学的科学内涵，树立开放办学的理念，切实把握开放办学的实践取向，从而更好地推进开放办学工作，促进学院内涵发展，提升办学质量。

## 一、开放办学的价值与内涵

### （一）开放办学的价值

党中央、国务院历来高度重视教育的对外开放。2020年6月，《教育部等八部门关于加快和扩大新时代教育对外开放的意见》中指出，"坚持内外统筹、提质增效、主动引领、有序开放"，为新时代教育对外开放进行了重点部署。加快和扩大新时代教育对外开放，是教育发展的需要，是国家建设的需要，更是新时代发展的需要。全国教育大会为新时代教育对外开放擘画了宏伟蓝图，作出了顶层设计。开放办学不仅是时代赋予高等教育的使命，也是高等教育发展的基本趋势和规律，更是高等院校内涵建设的必然选择。

一方面，就职业教育而言，职业教育有着与普通本科教育不同的发展规律和特点，是"职业"和"教育"的结合，更强调和突出实践性、职业性、开放性和区域性，在办学模式上，更加注重校企合作、工学结合，强调在做中学、学中做，因此，更加需要开放办学，大力推进校企融合、校企合作。另一方面，随着经济全球化，各国教育更加开放，国与国之间的交流更加频繁。尤其是"一带一路"倡议的提出，加强中国与共建国家互学互鉴、合作共赢，要求进一步推动职业教育国际交流与合作，因此必须要加大职业教育的对外开放。

近年来，国家出台一系列政策文件，《国务院关于大力发展职业教育的决定》《高等职业教育创新发展行动计划》《国家职业教育改革实施方案》和《关于实施中国特色高水平高职学校和专业建设计划的意见》等文件，都以不同文件的形式对职业教育的"开放办学"提出了相关要求。因此，开放办学是职业教育本身的发展规律和必然选择，也是提升学院内涵发展的内在要求和必由之路。

目前，学院已成功立项省级"双高"院校建设项目，正朝着国家级"双高"院校的目标迈进，而校企合作、国际化办学也一直是制约学院发展的一块短板，我们更加需要借此契机，通过开放办学、合作育人来凝练办学特色，提升办学质量，拓展办学环境，实现跨越式发展。

（二）开放办学的内涵

开放办学是一个不断发展的概念，关于开放办学到底是什么？学界对其内涵有着不同的理解。教育部原部长袁贵仁强调，开放式办学就是"牢固确立教育要面向现代化、面向世界、面向未来的思想。拓宽办学思路，改变人才培养模式，实行对内对外全方位的开放，克服关门办学的弊端"。华中科技大学校长李培根院士认为，开放办学内涵可以概括为"为社会服务，解决教育如何面向社会、如何适应社会需求的问题"。武汉大学副校长李清泉指出："开放式办学也就是多元办学、多样化办学，是国家拓宽办学思路的具体体现，是社会组织和个体介入高等教育举办的民主化途径。"

不同学者从各个视角对开放办学内涵进行解读，虽表述不一，但其本质和核心是一致的，即高校办学不能囿于校内，必须开门办学，推进国内联合和国际合作。就学院而言，开放办学实质就是聚校政行企，深化产教融合，校企合作，促进国内联合；走出国门，扩大国际交流，走出一条开放式办学之路，从而有效提升学校的综合办学实力和人才培养质量。

## 二、树立开放办学的观念

对于开放办学的理解，不能仅仅停留在价值与内涵的理解上，更重要的是要把握开放办学所蕴含的核心要素，树立开放办学的理念，完善开放办学的运营机制体制，打造开放办学的平台。

### （一）树立开放办学的理念

开放办学，核心在"开放"，是一种心态、视野和品格。心态决定命运，视野决定高度。如果缺乏思想的解放与创新，就无法开拓开放办学的新局面，就会在被动中错失发展机遇，在狭隘中丧失发展资源。树立开放办学的理念，从某种意义上说就是观念的革新。对一线教师来说，应当认识到开放办学是职业教育不可逆转的趋势，因此在人才培养模式上，要主动转变观念，更新教学手段、教学方法，更新教学内容，注重校企合作、工学结合；要进一步树立国际视野，放眼看世界，提升跨文化交际能力，增强工作的责任感、使命感和紧迫感，积极支持和主动参与开放办学工作；对学校来说，观念的革新，应当是从根本上把握开放办学对各项工作的内在要求，把全新的理念贯穿于人才培养、科学研究、队伍建设、管理改革等各项工作当中；应当充分认识到开放办学是学校加强内涵建设、提高办学水平、增强办学实力的战略选择和重要举措，从而不断创造条件与机遇，不断推动开放办学工作由被动向主动、由借鉴向创新的转变，促使开放办学工作真正取得实效。

（二）完善开放办学的机制

开放办学本质上是学院的一种发展战略，而制度创新是推进开放办学工作的重要保障。因此，学院必须认真研读国家及地方政策，完善运营机制，做好顶层设计，找准自身办学定位和特色，探索开放办学的机制体制，加大改革力度，推进师资队伍建设、人才培养模式改革，进一步扩大教育开放，加强校企合作，推动国际化交流等。

在办学过程中，要坚持校企合作，与企业合作办学、合作育人、合作就业、合作发展；要坚持校际交流，它山之石可以攻玉，通过交流吸纳他校的优秀经验，求同存异，形成学院独特的办学风格；要坚持国际交流合作，引进先进的职教理念、人才培养模式和课程，吸纳优秀师资，交流留学生，做到引进、吸收、消化、改进、创新，形成具有学院特色的职教模式。

（三）打造开放办学平台

平台，就是政策、制度、机制得以实施的载体。对于遵义职院来说，一方面，就是要进一步利用学校科研、技术、人才培养等优势，拓展校企合作的广度和深度，围绕企业技术技能人才需求，设置专业，调整专业标准和人才标准，使专业与区域发展需求相匹配。深入企业调研，确定企业人才培养规格，引进企业相关岗位技术标准，设置课程、选取教学内容。联合企业共建实习实训基地、培训中心，开展多层次的职业教育和培训；另一方面，要不断开拓渠道，丰富国际合作与交流的形式，加强师生国（境）外互访互学，既要引进来，也要走出去，引进优质教育教学资源，开展境外合作办学，输出相关教学标准和职业标准，建设"鲁班工坊"，打造"留学中国""中文＋技能"项目，提升学院教育开放水平。

# 三、开放办学的探索与实践

服务国家"一带一路"倡议，坚持"引进来"和"走出去"并重，积极拓展国（境）外交流渠道和合作平台，整合学院优势资源，推动师生互访和交流，寻求专业和课程的共建合作。

## （一）"走出去"，参与国际交流合作

### 1. 迟来的破冰之旅

遵义职院对外交流合作起步晚，基础薄弱。2015 年因上海对口帮扶项目开启了赴新加坡南洋理工大学进行对外交流的破冰之旅。2015 年 9 月 18 日，副院长祝萍一行 10 人赴新加坡进行为期半个月的考察学习。代表团争取一切可能机会与南洋理工大学（下简称南大）、南洋理工学院（下简称南院）的专家教授们交流、探讨。专家教授们以国际化的视野就学校办学理念、办学定位、顶层设计、专业教学资源开发、课程建设、教学工厂、校企合作等进行了认真探讨、分析和讲解，这为学院的国际化办学开启了新征程。

### 2. 探索路径，扩大交流规模

为打开对外交流合作的新局面，遵义职院努力探索，多方寻求交流渠道和平台，从 2016—2019 年 4 年间，共派 12 个公务交流团 70 人次赴美国、德国、法国、澳大利亚、新西兰、泰国、葡萄牙、新加坡等国家交流学习，其中两名

教师通过国家留学基金委的项目平台参加了海外培训项目，借助"走出去"平台学习职业教育先进办学经验，并组织出团人员进行总结汇报，就学习的成果和心得体会进行深入探讨，进而推进遵义职院的教学改革。

2016年9月，校党委书记李凌一行5人对泰国瑞嘉普大学、博仁大学和坦亚布里皇家理工大学进行了访问交流，并与三所大学签署了合作备忘录，就教育互访与交流、师资互助与共享教育、教学资源共享及学生互换与交流等多个方面进行合作。此次出访打破了学院境外合作办学零的突破，让学院的对外交流踏上了一个新的台阶，为学院间的教学合作和学生互访搭建了平台。随后与韩国草堂大学，我国台湾地区育达科技大学、南华大学等院校签署合作协议，充分搭建合作渠道，积极根据学院发展要求，探索合作的契机。

借助省教育厅千人海外留学项目平台和合作院校，遵义职院于2016—2019年共派出7个学生团组60余人，分别赴泰国瑞嘉普大学、加拿大堪培拉大学，以及我国台湾育达科技大学进行短期和中期的交流学习和文化互鉴活动，学生返校后进行交流汇报，为在校学生做经验分享，讲解赴外交流中的所见、所学和所感，尤其是去加拿大的三位同学，从去到一个未知的国度，自己生涩的语言在课程上无所适从，到最后渐渐跟上节奏，敢于和同学交流。同时就出行的注意事项及在外的学习生活提出宝贵的建议，这对他们来说交流不仅是学业上的所得，更是精神和内在素质上的一种提升。

学校多方拓展国际交流，成为遵义市首家与国外院校建立文化交流中心的职业院校，积极引入泰国博仁大学共建"中泰文化交流中心"，使师生在国内就能享受到国外良好的教学资源，助推学院教育教学发展。为解决英语语言已严重制约着学院师生出国交流的问题，学校组织申报并成为教育部"美中志愿者项目执行学校"，是遵义市首家"美中志愿者项目执行单位"职业院校。

（二）"引进来"，吸引来华留学生

来华留学是我国教育事业的重要组成部分，遵义职院现正处于"双高"学校的建设中，做好做强来华留学工作，为提升遵义职院的国际影响力、增进中外人民的相互了解和友谊、帮助发展中国家培养其社会经济发展所需人才，发挥着积极的作用。

### 1. 力争留学生招收资格

为服务国家"一带一路"倡议和学院"走出去""引进来"发展思路，遵义职院根据省教育厅"招收留学生资格院校"的要求，一一对照清单，整理申请材料，制订管理制度，配套宿舍设施，历时 3 个月成功完成留学生招收资格申请材料，于 2017 年 5 月正式向省教育厅申报"招收留学生资格院校"申请。经过申报答辩和现场审核，于 2018 年 2 月获批留学生招收资格。2018 年招生 19 人，分别来自老挝、蒙古国、乌干达和科特迪瓦；2019 年共招收留学生 50 人，分别来自津巴布韦、老挝、乌干达、尼日利亚、科特迪瓦、塞拉利昂、印度尼西亚、刚果、孟加拉国、塔吉克斯坦等 15 个国家。学院努力拓宽招生渠道和生源国，优化生源结构，丰富学院国际化氛围，同时严格执行生源标准审核，从源头严控留学生生源质量。

### 2. 坚持教学质量为先

坚持来华留学以质量发展为先的理念，严审国际汉语教师的资质，鼓励教师考取国际汉语教师资格证书；坚持小班和分层教学，丰富中华传统文化课堂和组织以赛促学活动。

在文化课方面，充分发挥学院的实训条件，开设如插花、制茶、泡茶、音乐鉴赏等文化体验课。通过理论＋实践的课程让留学生学习了中国传统文化的核心理念、内涵，并感受到中华优秀传统文化的博大精深，同时增进了对中华优秀传统文化的认知和了解。结合当地特色资源，组织留学生赴遵义会议地址、铜仁梵净山亚木沟景区及玉屏县中国油茶之乡——茶花泉和侗乡风情园开展实地游览研学活动，让留学生亲身体验中国的历史和文化。通过这些活动，加深了国际学生对贵州乃至中国的了解，也进一步激发了留学生学习汉语的热情。读万卷书，行万里路，同学们纷纷表示，一定要学好汉语，去看中国更多更美的风景。

在以赛促学方面，组织留学生听写大赛和演讲大赛等院级活动，通过留学生汉字听写大赛，留学生了解汉字从甲骨文走来，历经金文、篆书、隶书、楷书等，不仅是中国人语言交流的符号，更携带着中华文明的优秀基因，蕴藏着深厚丰富的文化意蕴。在汉字比赛中进一步探究了汉字奥秘，加深留学生对汉字的兴趣，增进中国学生和留学生的交流与互动。同时积极组织教师和学生参加第二届中华"诵读中国"经典诵读大赛，作品《关雎》成功入选国赛；组织参加中国—东盟教育交流周"汉语桥""诗琳通公主杯"在华留学生线上演讲比赛和2020中国—东盟教育交流周"风雨同担携手抗疫——难忘的2020"中文征文大赛，演讲视频《关山万千冲，相与克时艰》获得国赛一等奖，3名留学生的征文获全国优秀奖。通过教学、活动和比赛来激励学生的汉语学习热情，并积极为留学生的生活学习提供多样化服务，营造多元文化和谐相处的校园国际化环境。

### 3. 注重制度与人文并重的管理理念

认真学习有关留学生的相关管理制度，制定学院相关制度，按照相关规章制度严把招生关、生活管理和教学管理等各个环节，以晓之以理、动之以情的方式来落实管理，为留学生提供安全、舒适的学习和生活环境。通过组织留学生文化节日活动、汉语竞赛、体育竞技和户外研学等多种形式的活动增进教师与留学生的感情，了解留学生所在国的文化背景和生活习惯，每周到留学生宿舍关注他们的日常生活情况，随时关注留学生的情绪和学习状况，及时与留学生谈心谈话，构建畅通互信的沟通渠道。同时进一步推动来华留学生与中国学生的管理和服务趋同化。既要对中外学生一视同仁，也要看到风俗文化等差异，帮助来华留学生了解中国国情，尽快融入学校和社会。

### （三）对照标杆找不足

学校国际化办学起步晚、基础弱，为避免走弯路，主动积极对接省内铜仁职业技术学院，省外青岛职业技术学院、上海科技职业技术学院等院校，汲取高职院校国际化办学的成功经验，并比照分析遵义职院目前国际化办学的不足：一是国际化办学缺乏发展规划。各院（系）对于学院国际化办学的认识不足，没有主动拓展国际化交流与合作的认识，对国际化的认识仍停留在公务接待层面，没有结合院（系）专业特色就国际化合作进行深入剖析和合作探索。二是国际化水准偏低。①缺乏国际化人才培养的教学团队，遵义职院"引进来"的力度不足，目前还没有外籍教师或专家，教师海外培训的途径也很单一。②与境外高校专本科学分互认模式未启动，遵义职院目前的学生学分互认仅限于中短期交流学习，但就"3+1"或"2+2"的教育合作模式还未探索出来。③中外合作办学和海外项目的工作还未开展，国际化办学内涵有待提升。④学院留学生规模不够，生源结构不合理，国际化文化氛围不浓，相应的管理、服务、激励体制还有待完善。

## 四、聚校政行企合力办学

为贯彻落实《国务院关于印发国家职业教育改革实施方案的通知》、国务院办公厅《关于深化产教融合的若干意见》、教育部等六部委《职业学校校企合作促进办法》《贵州省教育厅关于印发〈贵州省职业教育兴黔富民行动计划建设项目实施方案（2020—2022年）〉的通知》（黔教发〔2019〕150号）文件精神，学院探索出政府主导、行业指导、企业参与的办学机制，制定促进校企合作办学规定，推进校企合作制度化。不断提高学院适应市场的竞争力，促进政、校、企合作，打造贵州职业教育品牌。为推进国家技能型人才培养，更好地为我国走新型工业化道路服务，更好地服务我市"一枢纽两中心三基地"建设，扩大就业创业、推进经济转型升级及重点产业、区域支柱产业发展，提供技术技能人才支撑，助推遵义经济社会发展，为遵义全面建成小康社会、乡村振兴、建成黔川渝结合部中心城市作出应有贡献。坚持"走出去"开阔眼界，解放思想，通过走访了解其他院校，找准校企合作定位，坚定校企合作的决心，取得了良好的效果。对照校企合作任务目标，与企业之间多接触、多交流，高起点谋划、密切磋商，校企合作有新的突破，开创深度校企合作新局面。

"双元"育人，"校中厂"打通就业"最后一公里"。学院主动到属地目标合作企业对接洽谈，了解企业需求，磋商合作内容，签订合作协议，以项目为抓手，推进产教融合、校企合作。坚持校企"互利共赢"的融合交流模式，在人才培养、技能培训、文化融合等方面共同筹划、共同参与、共同交流，制订人才培养方案、编写活页教材，共同培养合格人才。一是与京东、浪潮、贵州卓豪、四川德康、华贵酒业、合生创展装饰工程有限公司、湄潭国家农业科技园区管委会等124家单位建立校企实习实训基地、教师下企业锻炼基地。坚持资源共享、人才共育、优势互补、互惠共赢的原则，形成学校与企业共同发展的校企命运共同体。二是2018年汽车工程学院汽车检测与维修专业与贵州名城汽车公司联合作为省级现代学徒制试点单位建设，有学员35人，该试点实现了校企联合培养、双主体育人的中国特色现代学徒制。现代农业系畜牧专业与贵州卓豪开展订单班培养，企业已接收89名毕业生，其中8人已成为该公司的技能尖兵和核心管理层。三是学院与贵州恒安工程试验检测有限公司、贵州名成汽车科技服务有限公司建立了"校中厂"。现在"校中厂"占地面积约8000平方米，投入机器设备近2000余万元。不过学院的"校中厂"建设与学院的学生规模不相匹配，在学院三期规划中，将建设富有遵义职业技术学院特色的"校中厂"大楼，探索新型的"校中厂"模式。

　　跨界资源整合，以项目为抓手，推动校企合作。以兴黔富民行动计划建设项目为抓手，推进黔匠工坊、产教融合基地建设。2020年园艺技术专业黔匠工坊、数智商科高水平产教融合基地，2021年动物医学专业黔匠工坊获得省级立项。学院同地方政府、行业主管部门、企业、省内外高校及科研院所牵头建立了"贵州省黔北麻羊协同创新中心"。有效整合动物疫病检测平台和农产品质量检测平台、遵义市肉牛工程技术研究中心、遵义市中华蜜蜂工程技术研究中心等资源，组建现代山地生态畜牧产业研究院（简称"一院、二平台、三中心"），项目总投入经费2410万元，建成了贵州省一流的地方畜禽遗传资源应用研究平台，打造一支山地特色畜牧业创新团队。创建一批集教学、科研、培训、技能竞赛和社会服务为一体的高水平专业化产教融合实训基地和校企合作共建的工坊，在教学改革、机制创新、科学管理及生产实训等方面形成示范辐射作用，深化了产教融合、校企合作人才培养改革，为国家重点产业和贵州支柱产业发展培育了高素质技术技能型人才，引领新时代职业教育实现高质量发展。

　　组建"遵义职业教育联合会"。从政府、行业、企业至职业院校，各层次需要深化对"政行企校"合作的认识，"政行企校"合作不仅是形式上的合作，而是构建由政府部门牵头，行业协会、企业与职业院校广泛参与的"政行企校"互利共赢的职教联盟，探索由"政行企校"共同组建职教联盟的宗旨、组建原则、联盟功能、联盟组成、成员职责、联盟管理、保障机制。学院牵头联合20家企业，21家职业院校，1家本科院校，4家行业协会，2家科研机构和政府相关职能部门组建"遵义职业教育联合会"。建立了以政府为主导，职业教育院校为主体，企业和行业为依托的多层次、立体化办学体系，不断提高职业院校适应市场的竞争力，促进政、校、企合作。2020年12月获得"贵州省示范性职教集团建设"称号。2021年集团开设四个专委会，召开第一届理事会和注册成立了公司。主要成员由代表性企业相关专业人士组成，成员定期或不定期到行业协会、企业、职业院校等地调查，了解当地经济社会发展对人才的需求，为职业院校开设专业进行具体指导，实现职业院校专业开设与当地产业发展相对接，培养当地产业发展急需人才。了解当地经济社会发展对学生学习的课程需求，使学生学习的课程能更好地为当地行业服务，指导学生掌握行业标准和进行资格认证，实现职业院校学历教育与当地行业标准和职业资格认证相对接，培养当地职业岗位急需人才。通过企业全程参与职业院校教学，实现职业院校教学过程与企业生产过程相对接，培养当地企业生产急需的人才。目前主要有两种办学模式，一种是比较先进的企业"现代学徒制"，另一种是比较成熟的在校"订单"式。这两种办学模式都能充分整合企校教育资源，校企双方都会充分利用现有的一切有利条件，投入相应的人力、财力、物力，提供相应的教育教学设施、设备，更好地培养企业需要的人才。

产教融合，共建优秀教学团队。每年100多名教师利用寒暑假到企业参与生产实践，提高教师的实践动手能力，为教学服务。与一线工人、技术人员交流学习，同时了解各工种职业岗位的专业技能相关知识要求、职业素养、工作职责、工作任务、工作要求、工作标准，工作过程、企业文化、产品开发、生产组织管理过程，以及现场6S管理标准和要求，为下一步学院基于工作过程的课程体系开发与实施奠定了良好的基础。同时聘请企业技术骨干承担教学任务，形成了专兼结构合理的"双师型"优秀教学团队。

# 第三节　服务地方　彰显特色

## 一、黔北人才培养摇篮

2001年8月，遵义职院正式组建，学院为全日制普通高等职业专科学校，省、市共建，以市为主。实行毕业证和职业技术资格证并重的原则，通过考核、等级考试，颁发机械加工、计算机、电工、无线电家用电器维修、制图、数控工艺、驾驶、农业技工等多工种中、高等职业技术资格证书和国家级培训证书，为学生就业提供便利条件。建有农业家村部现代农业技术培训基地、贵州省阳光工程农民创业培训基地、贵州省高技能人才公共实训基地等 50 多个校外顶岗实习实训基地，拥有遵义市机动车维修从业人员培训中心、遵义市 SYB 创业培训定点、国家农业特有工种职业技能鉴定站（247 站）、贵州省第 99 家国家职业技能鉴定所、全国计算机等级考试第 23 考点、全国英语应用能力考点、遵义市会计从业资格无纸化考点等与社会需求相适应的技能培训鉴定服务机构，是贵州省旅游职业教育集团、贵州省计算机与网络职业教育集团、贵州省电子应用技术职业教育集团、贵州省农业工程职业教育集团成员单位。

学院先后承担了遵义野生蔬菜资源调查、中草药替代抗生素效果实验、山地型独轮微耕机研制、烤烟起垄机研制等 11 个研究项目，并已通过有关部门和专家验收。近年来，师生在各类期刊上发表重要科研学术论文多篇；开展和组织参加多项职业技能大赛，获汽车二级维修项目三等奖（学校）、全省职业技能大赛企业网搭建及应用项目一等奖（学生）、第二届全国农业高等职业院校"上海种业杯"职业技能大赛犬胃底修复手术项目二等奖等国家、省、市级各类奖项 160 余项。

学院建院 15 年暨办学 60 多年来，为社会培养了近 5 万名综合性实用型专业技术人才，其中有国家科学技术领军人物，农业科技专家，各级领导干部，企业精英，创业英才，校友们在各条战线上创造出了骄人的业绩。如今，遵义职院已实现历史跨越，发展成为一所适应遵义经济社会发展、服务贵州、面向全国的综合性实用型高等职业院校。


## 二、新型职业农民培训基地

目前中国农业正面临全新的变革，尤其是中国现代农业高速发展的今天，出现了农业发展的新模式、新业态。作为农业企业，必须具有洞察行业发展规律的意识，认清自身优势和不足，谋势而动，才能在未来的发展中抢占先机。

由此"新型职业农民"一词应运而生。新型职业农民，是以农业为职业，具有相应的专业技能，收入主要来自农业生产经营并达到相当水平的现代农业从业者，可分为生产经营型、专业技能型和社会服务型三种类型。新型职业农民概念的提出，意味着"农民"是一种自由选择的职业，而不再是一种被赋予的身份。从经济角度来说，它有利于劳动力资源在更大范围内的优化配置，有利于农业、农村的可持续发展和城乡融合，尤其是在当前人口红利萎缩、劳动力资源供给持续下降的情况下，更是意义重大；从政治和社会角度来说，它更加尊重人的个性和选择，更能激发群众的积极性和创造性，更符合"创新、协调、绿色、开放、共享"的新发展理念。

根据《农业农村部办公厅关于做好 2018 年新型职业农民培育工作的通知》（农办科〔2018〕17 号）和《省农委关于印发〈贵州省 2018 年新型职业农民培育工作实施方案〉的通知》（黔农发〔2018〕90 号）要求，结合贵州省实际，省农委、省教育厅、团省委研究制定了《贵州省 2018 年新型职业农民农业职业经理人培育计划实施方案》和《贵州省 2018 年现代青年农场主培养计划实施方案》等文件。学院党委高度重视，为认真贯彻落实现代青年农场主培训任务，立即成立了以院长为组长的遵义职院现代青年农场主培训工作领导小组，下设办公室，由继续教育学院负责青年农场主培训工作。每个班配备教学班主任与行政管理班主任，教学班主任主要负责授课教师的协调、课程的安排，行政管理班主任主要负责住宿、餐饮等后勤管理。另外配备值班教师，每天为授课教师与农场主学员服务，争取让农场主学员有一个舒适的学习环境和氛围。从而保证了遵义市、毕节市两地现代青年农场主培训任务能保质保量顺利完成。

遵义职院在深刻理解现代农业发展规律的基础上，结合贵州省情及遵义、毕节市农业发展特点，在两市已有农业产业优势的基础上，注重培养学员将农业技术技能、经营与管理、创新与发展相结合，开设"企业团队建设与素质拓展""农业法律法规知识""企业人力资源""品牌建立与运营""企业公共礼仪""农产品电子商务运营与管理""生态猪的饲养管理""茶树栽培技术""茶树病虫害防治""生态草食家畜饲养管理技术""农产品质量安全""现代农业发展动态""畜禽常见疾病诊治""果树病虫害防治""特色禽类生产""辣椒栽培技术""蔬菜病虫害防治""池塘养鱼及鱼病防治""遵义中蜂饲养管理技术""茶叶产业政策与经营"等适应现代农业发展的相关课程。

学院现代青年农场主培训周期为三年，第一、第二年为集中学习，第三年为后续跟踪服务。在课程设置上，既重视农业技术技能，又注重经营与管理。每期培训共 15 天，120 个学时。培训班分为种植班和养殖班，前 4 天为合班课程，主要侧重于经营管理方面的内容。例如，"品牌建立与运营"课程是专门针对国内外知名品牌的建立与发展而设置的，其目的是使农场主全面了解怎样包装和打造自己的农产品，促进产品的附加值得到提升，最终使得自己独有的品牌在市场竞争中逐步获得更高利润；另外，为提高农场主个人道德修养及综合素质，学院还开设了"企业公共礼仪"课程。除此以外，学院着力解决农场主在种植和养殖方面遇到的实际问题，聘请了行业内有名的企业家，解答农场主在实际生产中遇到的困难和疑惑。如茶叶病虫害的病理分析、猪病的防治等相关案例进行深入交流与解析，便于农场主达到学有所获、学有所用之目的。

学院还重视青年农场主学员之间的交流与合作，在课余时间组织召开交流座谈会。让每位青年农场主介绍自己经营的项目或产品，畅谈对农业发展的感想和体会。通过座谈会，促进大家建立更紧密的联系与合作，达到相互借鉴、相互互补、强强联合、合作共赢的目的。

学院为办好青年农场主培训，依托现代农业系厚重的学术积累与师资力量，结合遵义地区辣椒、茶叶等特色产业展开培训。现代农业系是由原农学系和原动科系组建而成，其大部分专业前身为遵义农业学校老牌专业，目前是全国青少年农业科普示范基地、农业农村部现代农业技术培训基地。办学方向明确，师资力量雄厚，硬件设施齐备。现有专兼职教师 55 人，其中教授 4 人、副高职称 18 人、省级名师 2 人、硕士研究生 10 人、博士 6 人。所在系部教师积极开展省、市、院级课题研究，成功申报了贵州省高等职业教育人才培养质量提升工程项目 11 项；指导学生参加国家、省、市级技能大赛，获国家级二等奖等优异成绩；积极开展校企合作、社会服务工作，为地方经济发展提供了人才保障。

聘请辣椒栽培专家付登茂、茶叶栽培专家邱宁宏分别讲授辣椒栽培技术和茶叶的病虫害防治，聘请冯飔副教授讲授果树病虫害防治、刘芬副教授讲授蔬菜病虫害防治等课程。除此以外，学院还邀请遵义市农业农村局出面邀请一些资历及经验丰富的省、市专家，为农场主解读最新的农业产业政策和农业技术推广经验，拓展他们在农业发展中的思维和视野，力争让各位学员在农业发展方面有新的见解和突破。

规范培训过程，注重培训质量。为了做好培训工作，遵义职院继续教育学院与现代农业系多次召开工作研讨会，对培训工作进行周密部署，并按照严格规范的培训工作标准，明确各环节的工作内容与要求，确保培训计划和相关工作均落到实处。首先，教材选用严格审定，所选教材都具有一定的针对性、实用性、合理性、科学性及可操作性；其次，学院还成立了课程设置专家小组，不仅对每门公共理论课程及实操技能编写讲义，还亲自为学员授课讲解；最后，建立了相对完善的管理监督机制。一方面，在学员报到时，填写学员登记表，了解学员经营的产业类型及规模，建立培训对象资料库，认真分析培训对象创业情况，针对培训情况做到精准培训；另一方面，安排专人对培训工作进行全程跟踪管理和监督，每天课程结束后均有意见反馈表，统计出培训中出现的问题或意见，学院根据反馈意见及时调整相关事宜，确保各项培训工作环节顺利完成。

借鉴企业经验，增强综合能力。遵义职院与遵义市农科院、遵义市卓豪种业有限公司、遵义市农委果蔬站、贵州台万猪业、遵义黔图牧业有限公司、遵义嘉好饲料公司、山珍宝食品有限公司、余庆县吐司食品有限公司、贵州省仁怀市茅台镇酱香河酒业有限公司等签订了长期的校企合作协议。现代青年农场主培训尤其重视培养学员的综合能力，专门组织学员到遵义市农科院、枫香镇九丰农业基地、习水县德康牧业有限公司、贵阳蓬莱仙境等著名农企进行参观学习。每一期根据培训对象选择参观不同的农业基地，一是怎样扩大农业产品规模，就选择到苟江勇乐果蔬合作社进行交流学习；二是如何立足乡村区域、发展特色产品，到湄潭霉豆腐厂参观学习；三是遇到困难，迎难而上，选择参观团泽梦润公司（鹌鹑养殖场）；四是扩大养殖规模或发展新兴产业，选择参观稻田养娃鱼基地、林下养鸡、养羊基地、花茂果树基地、贵阳蓬莱仙境等著名企业。通过到不同基地考察，促进青年农场主将课堂理论知识与实践相结合，让他们对自己在农业发展道路上更加充满信心，并自愿立足农村、农业为地区的"三农"发展做出新的成绩和新的突破。

学院为积极做好农场主后续跟踪服务，要求授课教师与农场主建立线上线下交流平台。学员若在农业发展中遇到了各种问题，均可以直接问询相关教师，教师便在第一时间提出解决措施和方法。对于在线解决不了的问题，授课教师实地进行指导和处理，促使整个培训有始有终，落到实处，成效显著。

明确培育职责，狠抓培训实效。农业农村部将现代青年农场主列为重点支持对象，相关行业项目、人才激励政策向其倾斜。在遵义市农业委员会的统一组织领导下，落实了培训的专项经费，增加交通补助标准。遵义市农业委员会与学院积极对接，重点做好需求调研、建立培训对象库、培训学员选派、培训过程管理、教育培训支持、职业农民认定、后续跟踪服务等基础性、长期性工作。学院作为培训机构在遵义市农业委员会的指导下，具体落实培训计划方案、培训课程设置、培训教材选用、培训教师聘请、培训及创业孵化组织实施等各项工作，并将各项工作落到实处。

通过培训，农场主学员普遍反映收获很大，不论是经营管理还是农业技术都获得了很大的提高。大家一致认为，通过学习，不但了解了最新的农业产业政策，还知晓了很多惠民政策。例如，有些学员在培训当中了解到怎样申请家庭农场；另外，通过培训，学员们掌握了农业新技术和新方法，如毕节的一位学员，主要经营鱼塘，通过学习培训掌握了泥鳅养殖技术和方法，经过一年多的经营，已经取得了经济效益。除此以外，从事种植的很多农场主也深有体会，例如，一位在金沙从事猕猴桃种植的农场主，通过实地考察学习种植李子的技术，返乡后扩大了经营范围，收益年年攀升。这样的例子举不胜举，多数农场主通过培训后，立足自己的产业，将所学知识融会贯通及合理运用，最终取得意想不到的收益和成效。

尽管学院一直竭尽全力把每次青年农场主培训工作做到最好，但依然存在很多不足，在以后的青年农场主培训中，应该严格考勤管理制度，凡是平常考勤不达标的学员，最终取消考试资格或相关优惠政策。在培训过程中，由于每个学员是由当地农牧局选拔上来，选拔时没有充分考虑学员的个人意愿，导致学员的报到率不高，甚至有些学员因为个人原因并不想参加培训，造成了名额浪费，应该最大限度地激发学员的主观能动性，让学员主动来参加学习。通过与省农业农村厅、遵义市农业农村局等部门对接，了解了最新的农业产业政策，争取将青年农场主培训与产业政策对接，提高学员的积极性，让学员通过培训不仅能获得知识上的提高，也能得到相关产业政策支持和帮助。学习沿海先进地区的农场主培训经验，聘请省外知名专家来学院进行指导，举办农场主相关的座谈会，集思广益，制订更贴近实际、对农场主有益的课程，积极对接省内、省外成功农业发展基地，拓宽实地考察的范围。

## 三、科技下乡促产业

随着我国经济发展水平的不断提高，我国农业和农村经济进入了一个新的历史阶段，对我国农业科技推广体系提出了新的要求。习近平总书记在党的十九大报告中明确指出："乡村振兴战略是新时期做好'三农'工作的根本遵循和行动指南。"实施乡村振兴战略，要以"美丽乡村"作为发展主题，实现农业强、农村美、农民富的根本目标。实施乡村振兴战略，产业兴旺是根本。随着农业供给侧结构性改革不断推进，产业对人才的需求比任何时候都更加迫切。职业教育是现代国民教育体系的重要组成部分，在实施科教兴国和人才强国战略中具有重要地位。学院结合现代农业系教师资源及遵义市各地区农业乡村发展情况，从 2018 年开始实施科技特派员制度，坚持派送科技人员下乡服务"三农"，把农村科技特派员工作作为农业农村科技工作的重中之重，努力发挥职业教育在乡土人才培训、促进农民就业创业、服务农业农村发展中的作用。

（一）科技下乡相关工作主要举措

学院是遵义市农业科技创新和服务"三农"的主力军，为充分发挥农业科技资源和人才优势，学院科研处组织以现代农业系为主的教师及服务团队主动整合全院资源，在组织领导、完善机制、精准选派、精准对接、项目推动、媒体宣传等各方面做好农村科技特派员工作，为推动脱贫攻坚和乡村振兴提供强有力的科技支撑。

**1.领导高度重视，全力保障科技下乡工作开展**

学院党政领导班子高度重视科技下乡工作，加强科技下乡工作顶层设计，形成部门协同、上下联动的组织体系和长效机制。同时，为加强服务"三农"的能力，充分调动广大科技人员把论文写在大地上的积极性和主动性，根据《省科技厅关于下达 2020 年度科技特派员名单的通知》（黔科通〔2020〕2 号）、《市科技局关于做好 2020 年度科技特派员和科技扶贫示范基地工作的通知》等文件，引导和规范农村科技特派员开展科技服务工作，切实把农村科技特派员工作作为加强科技工作的重要抓手抓好落实。学院不断完善农村科技特派员工作机制：一是加强成果奖励，优先支持符合条件的农村科技特派员承担各类创新推广类项目；二是激励成果转化，完善成果转化收益分配办法，保障农村科技特派员合法收益，鼓励农村科技特派员通过许可、转让、技术入股等方式开展科技成果转化；三是完善考核评价，开展科技公益服务的农村科技特派员在原单位工资福利、岗位、编制不变，其工作业绩纳入原单位工作考核；将基层工作经历作为职称评聘、职务晋升的必要条件，对工作业绩突出的农村科技特派员，按有关规定予以表彰并在评优、晋级和职称评聘中优先考虑。

**2. 以需求为导向，发挥团队效应，精准对接全产业链需求**

根据现代农业发展和实施乡村振兴战略需求，学院创新探索，突破机制体制的障碍，与地方政府共建工作平台，形成"共建平台、下沉人才、协同创新、全链服务"的院地合作模式，通过地方分院、促进中心、工作站的体系化、网络化建设，形成了以科技创新为源头，地方分院为支点，科技特派员为纽带，农业企业为载体，现代农业产业园、"一村一品，一镇一业"和扶贫村为抓手的院地协同的新型农业科技推广服务体系。通过覆盖全市的科技推广服务体系，科技人员长期深入农业生产一线调研，准确掌握地方农业产业发展的技术需求，结合市科技和农业主管部门发布的技术需求，以此为导向遴选出一大批掌握生产适用技术、热爱农业技术推广、善于表达的专家加入特派员工作队伍，为特派员开展科技帮扶工作提供了核心的人才支撑保障。同时，面对现代农业发展三产融合的新业态，数字经济浪潮不断涌向农业产业化。在乡村振兴发展战略机遇期，学院根据遵义特色现代农业发展的科技需求，提出科技支撑全产业链发展的模式，在市内组建科技创新团队、专业技术服务团队，形成以"科技特派团"的形式带技术、带项目帮助解决生产实际难题，促进农业三产融合发展，为推动新时期精准脱贫、城乡协调发展和遵义特色现代农业发展提供科技、人才、平台支撑。

### 3. 以项目为纽带，开展科技服务，提升科技下乡服务水平

学院组织农村科技特派员积极承担农业农村部的重大农业科技推广项目，在习水县良村镇、温水镇、桃林镇，道真县三桥镇、隆兴镇，汇川区芝麻镇等地派出科技特派员，实施"点对点、一对一、一站式"服务，在为地方注入农业科技力量，提升基层农技推广机构技术水平，切实解决困扰地方产业发展的瓶颈问题，带动科技服务工作等方面取得明显成效。在工作创新方面，一是创新服务载体，提高服务效率。农村科技特派员利用远程网络视频、微信群、QQ 等现代信息技术手段，实时在线为农民提供生产技术指导。打造"远程教育""专家讲堂""网络视频""手机服务"等"N 网合一"的综合农业科技培训与传播推广平台，定时定量编制输送农业科技声像课件，通过农村基层党员干部远程教育平台、互联网在线点播、电视点播等渠道提供给基层干部群众和农业科技人员学习。二是发挥平台优势，提升服务能力。建立农村科技特派员工作交流平台，开展经验交流和应急救援，提升服务水平。及时在平台上发布并组织有关农村科技特派员有针对性地做好技术指导工作，开展技术指导服务，最大限度地帮助农民减少损失。

### （二）科技下乡工作成效

学院开展科技下乡工作，助推产业经济发展，做到了办实事、得实效，通过送科技上门，育智与扶志相结合，以智助产，以智致富，扶志兴业，强志攻坚。

### 1. 科技下乡工作管理体系化

学院大力支持服务"三农"，科研处、各教学院（系）教研室负责服务"三农"工作，形成体系化的管理格局，强化了服务"三农"工作的组织性与协调性，形成部门协同、上下联动的组织体系和长效机制，使农村科技特派员工作从单兵作战上升到体系化的综合协同工作模式，提升了工作效能。

学院坚持以服务地方产业发展和经济社会发展为己任，利用资源优势，不断拓展服务渠道，丰富服务方式，精准服务内容。主动融入"乡村振兴战略"行动计划，瞄准遵义"现代山地特色高效农业"产业结构调整战略，调整专业结构，"做强财经类专业、做特农业类专业、做实工程类专业、做活服务类专业"，形成了优势突出、特色鲜明的专业结构体系，主动对接遵义辣椒、花椒、竹产品、黔北麻羊、中华蜜蜂等特色产业，投入资金800余万元，建设200平方米植物组培实验室、1000平方米的种子资源库、300平方米的食品保鲜研究实验室，形成研究与种植、加工的全产业链结合。依托农业农村部现代农业技术培训基地、国家247号农业特有工种职业技能鉴定站等开展各类培训和技能鉴定。近3年，各类培训40 000余人次、技能鉴定6000余人次。

### 2. 建立了一支高素质的农村科技特派员队伍

自2018年以来，围绕脱贫攻坚与乡村振兴要求，学院与地方联动，共同打造出一支"政府信得过、企业用得上、农民离不开"的科技特派员队伍，通过多种形式推动农村科技特派员下乡服务地方，形成了科技人员经常下乡的良好局面，从根源上壮大基层农业科技工作力量。一是派出农村科技特派员常驻地方。派出多名农村科技特派员带项目、带资金、带技术常驻地方，借助院地合作平台联结全院科技人员全力服务地方和产业，成为地方农业科技工作的领头羊。二是组织农村科技特派员专家服务团下乡。聚焦辣椒、茶叶、水稻、果树、蔬菜、畜牧等遵义地方特色优势产业，选派行业学科领军人物为领队，多学科协同配合的农村科技特派员专家作为成员。实现配备一批专家、服务一片产业的目标。三是组织农村科技特派员上门服务。组织农村科技特派员带技术、带项目、带团队形成"科技特派团"深入生产一线，帮助解决产业实际难题。通过结对帮扶、示范指导、集中培训等途径，促进贫困村产业实现高产值，服务全省脱贫攻坚大局。

### 3. 职教扶贫，开辟高职院校帮扶新模式

助力脱贫攻坚战略，共推乡村振兴发展。充分发挥高职院校教育资源优势，通过"产业引领""驻村帮扶""职业培训"等方式，投入资金600余万元，帮扶两个县的4个村摆脱了贫困。围绕"1+N"党建帮扶目标，推行"支部活动宣传＋校地帮扶合作社＋农户"模式，取得较好成效，得到社会关注。通过"大手牵小手"结对帮扶等，多方面关怀"建档立卡"贫困学生，严格实施国家资助政策，兑现资助资金533.3万元，努力实现"职教一人、脱贫一家"的目标。学院响应党中央坚决打赢脱贫攻坚战的号召，深入推进"不忘初心、牢记使命"主题教育，积极推进检视问题中群众提出的扶贫要有延续性的问题整改落实，进一步推进学院对帮扶村的帮扶工作。

### 4. 促进了乡村产业经济快速发展

科技下乡深入农业生产、农村和企业一线，以多种形式开展技术服务，充分发挥科技支撑作用，针对地方农业产业发展瓶颈问题开展科研攻关，解决了一批产业发展关键技术问题，促进了产品升级和自主创新能力提升。科技特派员、专业技术服务团队、科技服务团队等通过实施科技支撑和智力支持行动，强化科技创新引领，引导技术、成果、人才等创新资源向"三农"倾斜，为乡村振兴提供创新驱动力。在服务的习水县良村镇、三岔河镇，固定帮助习水县兴创农业开发有限公司、贵州老锄头红稗食品科技有限公司分别发展香芋南瓜、红稗产业，有针对性地开展技术指导，协助申请省科技支撑计划项目1项，县科技计划项目1项。对道真县华树药业有限责任公司开展浙贝母、金银花等中药材栽培管理及病虫防治工作；指导方山村村民诊断烟草病害、辣椒病害，分析发病原因，指导农民田间使用农药方法；指导辣椒示范基地病虫害绿色防控工作；指导食用菌生产；指导秋季蔬菜播种育苗及田间管理工作。通过现场服务，解决种植技术难题。指导汇川区芝麻镇"遵义油凤蔬菜种植专业合作社"，针对辣椒规范化栽植、合理施肥、加强中耕、

垄土、除草、辣椒病虫害绿色防控等一系列措施，形成辣椒规范种植技术的广泛推广。在葡萄、苹果修剪、施肥及病虫害防治方面也开展了技术培训和咨询。

**5. 培养了一批懂农业、爱农村、爱农民的"三农"工作队伍**

通过"请进来、走出去"加大对基层农业科技人员和新型职业农民的培训力度，带动和培育本土人才。通过专家工作站平台、新型农民培训与直播平台、农科大学堂 App 线上互动等方式，组织农村科技特派员培训地方科技人员、职业农民、种养能手、乡村工匠等，培育了一批稳定扎根当地、能解决实际问题、会推广先进技术的本土专家，为产业振兴提供人才支撑。如在动物病害防控方面，黔北麻羊是习水县的支柱特色产业，能给企业和农户带来较好的收益，针对养殖贫困户，重点帮扶解决养殖技术和疾病防治。四季祥和黔北麻羊养殖合作社存栏量 400 头，经过疾病诊断和治疗，提高了该场羊的存活率。荣楷农业发展有限公司养殖的生猪存在产死胎问题，经过多次的技术指导，大大提高了仔猪的存活率。技术培训（线上、现场）130 人，邀请种植、果树专家到桃林镇进行技术指导，固定帮扶四季祥和黔北麻羊养殖合作社，示范推广 1 项新技术。在汇川区科技局及芝麻镇党政领导的指导和支持下及芝麻镇农技服务中心的大力配合下，学院积极为该镇提供辣椒等经济作物科学种植服务；在区科技局领导的指导下，学院与镇、坝区等建立了联系，深入现场服务农民 92 天，提供服务指导 46 次，开展辣椒、葡萄等种植技术咨询 68 次，解决辣椒、葡萄栽植及病虫害防治具体技术问题 7 个，组织技术培训 166 人次；在区科技局带领下，到各镇调研 5 次，并作为团员为全区提供咨询服务，加入"钉钉"科特派工作交流群，有效促进了当地农民的科技素质不断提升，促进了当地农民增收致富，培养农户苏大油成为致富带头人。

科技下乡源于基层农村工作机制创新，是科技创新驱动乡村振兴的重要实践。在党和国家的大力推动下，科技下乡逐渐成为我国实现脱贫攻坚、促进乡村振兴的有力支撑。学院作为助推遵义农业科技创新和服务"三农"的主力军，坚持以农业农村需求为导向，着重在组织领导、完善机制、精准选派、精准对接、项目推动、媒体宣传等方面做好农村科技特派员工作，为脱贫攻坚和乡村振兴提供了强有力的科技支撑作用。不断巩固推广"院地合作"模式，加强科技下乡的财政支持力度，加强服务"三农"技能培训，提升农村科技特派员自身素质，加强农业农村适用技术集成创新等对策建议，为下一步构建高职院校农业科技推广新模式奠定基础。

## 第四节　脱贫攻坚　使命担当

"民亦劳止，汔可小康。惠此中国，以绥四方。"这是我国第一部诗歌总集《诗经·大雅》中的内容。两千多年前，我们的先民就在劳作中渴求美好的小康梦。历经两千多年的沧桑巨变，勤劳朴实的中华民族虽不辞辛劳，却始终没有实现整体脱贫。

党的十八大提出了全面建成小康社会的目标，让世界上最大的发展中国家——中国摆脱贫困，是一项前无古人的壮举。党中央把脱贫攻坚摆在治国理政的突出位置，把脱贫攻坚作为全面建成小康社会的底线任务，组织开展了声势浩大的脱贫攻坚人民战争。贵州是脱贫攻坚的主战场，要彻底撕掉千百年来的绝对贫困的标签，夺取脱贫攻坚战的全面胜利，就要付出更大的努力。学院作为红色革命老区一所涵盖农、商、理、工、文多学科的公办全日制综合性普通高等职业院校，牢记习近平总书记"传承红色基因、讲好遵义故事"的殷切嘱托，秉承"笃学践行、崇德尚能"的校训，以"立足黔北，服务城乡，强农兴工，助推'三宜'"为办学定位，大力弘扬团结奋进、拼搏创新、苦干实干、后发赶超的新时代贵州精神，努力践行"职教一人，就业一个，脱贫一家"的职教使命，助推学生实现出彩人生，以贫困不除、愧对历史，群众不富、寝食难安，小康不达、誓不罢休的政治责任感和历史使命感，坚决打赢脱贫攻坚的硬仗。

## 一、职业教育与经济社会发展水平息息相关

目前，遵义正在加快推进西部内陆开放新高地及黔川渝结合部中心城市建设（即"一地一市"），需要大量服务"三农"领域及财经、商贸、现代旅游、智能制造等方面的高素质技术技能人才。学校 90% 以上的学生来自遵义，90% 的毕业生在遵义就业创业，是地方经济社会发展所需的高素质技术技能人才的主要培养地和输送地。学校主动对接遵义"一地一市"发展战略，紧跟地方产业结构调整步伐，努力打造遵义乡村振兴战略高技术技能人才培养"新摇篮"，为企业行业输送紧缺型、实用型人才，成为遵义离不开、行业都认可的优质高职院校。学院坚持以党建引领为总抓手，聚焦专业、智力、科技、人才四大优势，自 2013 年起，先后派出 8 名驻村干部和第一书记（其中中高级职称技术人员 4 名，青年干部 4 名）分赴仁怀、务川、凤岗、正安等 4 县（市）7 镇（乡）8 村开展驻村帮扶工作；支持协调资金、项目、物资近 600 万元，通过建设阵地、夯实基础、技术培训、发展产业等方式全力帮扶地方脱贫，创造出了贵州职业教育精准扶贫的"遵职模式"。帮扶工作得到了省、市高度认可和社会一致好评，为贵州彻底解决延续千百年来的绝对贫困问题贡献了"遵职智慧"，提供了"遵职方案"，发出了"彩虹之光"。

## 二、发挥优质资源，聚力脱贫攻坚

全面建成小康社会，是我们党向人民、向历史作出的庄严承诺，承载着中华民族孜孜以求的美好梦想。贵州是脱贫攻坚的主战场，为彻底撕掉千百年来的绝对贫困标签，奋力夺取脱贫攻坚战的全面胜利，职业教育责无旁贷。

（一）扶贫经费年年增，项目效果暖人心

2011 年以来，学校拨付的各类扶贫资金 412 余万元。由学校出面从市、县交通局、有关企业等渠道协调的各类资金约 130 万元。十年来拨付和协调资金近 600 万元。

2011—2020 年，主要帮扶项目有：

2011 年，动物科学系党总支书记王家品同志联系学院出资 10 万元，联合扶贫队其他单位共筹资 50 万元，开展黔北民居改造工程。

2012 年，成教处原处长董毅同志落实了茅天镇党建脱贫帮扶经费 10 万元，茅天镇镇村党政干部赴华西村学习经费 4 万元。

2013 年，学生处副处长任伯松为鱼泉村街道解决路灯 10 盏，绿化街道香樟树 500 株，建成法治宣传栏 1 个，协助村委会落实烤烟种植 1344 亩，完成任务 13 万公斤；捐赠电脑 3 台，捐赠打谷机 5 台；协调资金 10 万元为群众修建道路和桥梁。学工部张杰同志协调沙场企业对池竹塘组公路建设出资 80 万元；推进沙土湾组公路硬化加宽建设资金 360 万元；推进青杠林组 70 余户 360 余人饮用水工程 15 万元；协调省自然资源厅第一、第二测绘院 23 万元，其中 6 万元用于岩滩村党建工作建设、17 万元用于池竹塘饮用水工程；协调政府解决了青杠林组沿公路 20 余户 100 余人垃圾清运问题。

2014 年，现代农业系经有林在务川县石朝乡京竹村担任驻村干部，向学院申请 10 万元用于办公及场地建设；协调市交通局 30 万元修路 1.1 千米并硬化；联系企业捐赠 20 万元给乡里统筹使用。保卫处卢劲松在仁怀市茅台镇中华村担任驻村干部，深入基层了解情况，帮助群众解决具体问题和困难。

2015 年，学工部张引在仁怀市喜头镇共和村担任驻村干部，一度兼任火石岗乡党建帮扶小组队员，协调资金 20 万元修毛路 4.2 千米。现代农业系唐国辉在仁怀市火马镇硐上村担任驻村干部，协调仁怀交通局出资 20 万元用于开挖毛路 2 条共 8 千米；协调资金 2 万元用于办公经费；联系资金 6000 元用于贫困户计生补贴。

2016—2019 年，现代农业系唐国辉在凤冈县进化镇黄荆村和中心村担任驻村干部。2016 年协调资金 5 万元，支持黄荆村村民村委会大楼整修；捐资 5 万元，用于两户无房户修建住房；2017 年协调资金 20 万元，用于黄荆村东风组法制广场修建，以及改善人居环境；另筹资 10 万元，用于补充进化镇人民政府扶贫资金不足；2018 年筹资 35 万元，用于黄荆村东风组党支部的阵地建设，筹资 2 万元，用于进化镇人民政府精准扶贫补短板；2019 年帮扶进化镇各学校小学各项文具、图书、教辅用品等，折合资金共计 10 万元；筹资 30 万元，用于中心村大陆甲农业观光示范园区污水处理厂建设；派遣学院 9 名学生到进化镇所属学校支教；筹资 8 万元，帮助解决进化镇所属的几所学校师资不足的问题。

2016 年，现代农业系经有林在正安县小雅镇桐子坪村担任第一书记，筹集资金 20 万元修建办公大楼；协调市交通局资金 10 万元，开挖毛路 1.3 千米；完成畜牧养殖和农作物等各项培训 5 期 300 人次；出资购买药品 7000 余元，出诊 500 余次，治愈畜禽上千头，直接挽回经济损失 3 万元以上。

2017 年，经济管理系姚远东在正安县小雅镇桐子坪村担任第一书记，筹集资金 35 万元，其中 22 万元用于办公大楼还贷，8 万元用于开挖毛路 2 条共 1.5 公里；办公室经费 2 万，为改善办公条件采购的洗衣机、风扇及各种慰问活动折合资金 3 万元。

2018—2020 年，宣传部王永生在正安县小雅镇桐子坪村担任第一书记。2018 年，筹集项目资金 55 万元，建设产业仓库 1 座 8.83 万元，开挖毛路 4 条 4 公里 28.5 万元，人饮工程 1.56 万元，加固滑坡 2.46 万元，装宣传栏铁皮字 4 万元，另有补短和工作经费 10 万元。2019 年，筹集资金 60 万元，用于红薯加工设备 31.46 万元，开挖毛路 2 条 1.2 公里 7.6 万元，水利维修 2.4 万元，安装刀旗和帮扶牌 3.9 万元，补短经费 10 万元，工作经费 5 万元。另外，协调捐赠价值 50 万元的挖掘机 2 台（一台落户桐子坪），支持正安职校 50 万元。2020 年，购买口罩 1480 元，采购复合肥 5 吨、黑地膜 100 条共 27 000 元，修建宣传文化墙和花池 22 000 元，打造 2 个分支部阵地建设 15 000 元（装修及购买电脑 2 台，采购桌凳 2 套），宣传经费、45 盏路灯及工作经费等 174 739 元，共支出 24 万元。

2020 年至今，现代农业系王勇在凤冈县进化镇中心村担任驻村干部，为发展中心村坝区经济，筹资 42 万元，其中学院出资 30 万，贵州省北斗山监狱 10 万元，自筹 2 万元，修建 1920 平方米四连栋大棚一座。另外，鄢远行、王宁萱、黄燃分别在正安县小雅镇桐子坪村和土坪镇群江村驻村，刘静在中心村驻村。

（二）扶贫济困助学子，圆梦大学建家乡

爱心无止境，助学见真情，伸出援助之手，以拳拳爱心为那些贫困学子撑起一片晴朗的天空，帮助困难大学新生插上理想的翅膀，为在贫困线上跋涉的学子送去阳光和希望，学院开展了"大手拉小手"活动，同时严格贯彻落实党和国家的资助政策和学院的帮扶措施，帮助广大家庭经济困难的学生顺利完成学业，保证贫困学生不因贫失学、因贫辍学。贫困学子在得到别人资助和关怀的同时，懂得感恩，懂得回报，懂得爱与被爱。

2015—2020 年，学院中职免生学费 23151 人次，共计金额 2315.1 万元；

2015—2020 年，中职助学金发放 8253 人次，金额 1817.925 万元；

2015—2020 年，高职国家助学金发放 17976 人次，金额 4226.68 万元；

2015—2020 年，精准扶贫学生 9484 人次，资金 4196.47 万元；

2018—2019 年，设立勤工助学岗位 202 个，金额 232.48 万元。

（三）志愿服务有特色，"三下乡"活动有温度

学院建立志愿服务基地"微笑小屋"，建有志愿者值班制度及值班时间，最大限度地将志愿者服务精神落实到实际。志愿者人数 5 年间达到 2000 余人，参与省级、市级、院级志愿服务工作近 150 场，志愿服务人数近 2500 人。在

贵州省第十届运动会上，有 21 名志愿者获得遵义市承办贵州省第十届运动会优秀志愿者称号。在学院组织的"雷锋活动月"系列活动中，开展打扫校园卫生、去敬老院慰问老人、雷锋知识宣讲活动等。

"三下乡"社会实践活动暨圆爱工程是学院的品牌活动，有近 180 人参与"三下乡"活动，并获得遵义市 2016 年"圆爱工程——关爱留守儿童困境儿童"系列优秀志愿服务组织称号。2017—2019 年获得全省大中专学生志愿者暑期"三下乡"社会实践活动优秀组织单位称号。2019 年以"青春心向党·建功新时代"为主题开展了"三下乡"社会实践和精准脱贫志愿服务活动，教育引领广大青年努力成为担当民族复兴大任的时代新人，切实感受中华人民共和国成立 70 周年，纪念五四运动 100 周年及改革开放 40 年以来国家各项事业取得的新成就、新面貌，在生动实践中受教育、长才干，以青春建功的实际行动为全面建成小康社会贡献青春力量，以优异成绩喜迎中华人民共和国成立 70 周年。2022 年、2023 年连续多年获得省级"三下乡"社会实践优秀团队。

（四）助力脱贫攻坚，校农结合显成效

采取"高校食堂＋扶贫基地（扶贫企业／合作社）＋订单"产业扶贫模式，开展精准扶贫。学院食堂先后与余庆县花山村、正安县桐子坪村签订了农产品供销协议，积极探索订单式采购模式。同时还协调本省其他贫困地区的农产品进入校农超市销售，由签约合作社承接的学生食堂蔬菜配送业务常态化开展，合作社特色农产品在校农超市上架销售。

据不完全统计，仅 2020 年学院食堂采购农产品共计 748 378 千克，其中采购本省对口帮扶地区农产品 704 088 千克，占比 94.1%；金额 6 206 141 元，占比 90.3%。同时，通过校农结合机制，为建档立卡的贫困学生家庭自产农产品销售提供平台，已成功帮助部分贫困学生家庭销售土豆等自产农产品 2000 余斤，共计金额 3000 余元。

### （五）扶贫模式新变化，智力扶贫是根本

习近平总书记指出，新形势下，扶贫要注意由"输血式"向"造血式"转变，靠过去单一的、短期的、救济式的送钱送物，难以从根本上解决问题，要加强扶贫同扶志、扶智相结合，激发贫困群众的积极性和主动性，激励和引导他们靠自己的努力改变命运。学院结合自身资源特色，仅 2020 年针对遵义地区周边贫困乡镇需求，开展了 11 期农业技能扶贫、7 期青年农场主等培训活动，覆盖 3000 余人，为助力贵州脱贫攻坚、助推贵州乡村振兴作出了积极贡献。

通过培训，学员无论是网络创业方面的知识还是农业技术技能，都获得了很大的提高和进步，促进学员们了解到了最新的农业产业政策，知晓了很多惠民政策。例如，参加湄潭县网络创业培训的学员，在培训当中了解到如何将自己所做的传统手工艺产品放到网店上销售，获得更好的经济效益；又如，参加正安县红薯种植加工及畜牧养殖培训的学员了解到如何能更好地种植红薯，利用红薯的附加产业进行生态养殖种植，实现经济效益最大化；再如，参加虾子镇辣椒种植加工及畜牧养殖培训的学员学会了辣椒的科学种植方法，为来年辣椒的增产增值打下了基础。这样的例子举不胜举，学员均表示，通过培训重新认识到脱贫攻坚的重要意义和农业发展的重要性，掌握了很多科学方法和实践技能，并会将所学到的知识运用到实际的农业发展中，为自己早日脱贫和奔小康，以及促进当地的农业发展打下坚实基础。

## 三、党建引领绘出新画卷

人民群众对美好生活的向往就是我们的奋斗目标。学院党委始终将脱贫攻坚作为一项重大的政治任务和最大的民生工程来抓，以苦干实干、真抓实干的气魄，围绕抓好扶贫促党建、抓好党建促扶贫的理念，坚决夺取新时代职教扶贫新胜利。

（一）挑起担子齐心干

学院成立以党委书记、院长任双组长，党政班子成员任副组长，部门、院（系）主要负责人为成员的脱贫攻坚领导小组，构建起党政领导、班子成员、部门领导、扶贫干部四级联动机制。学院党委行政将脱贫攻坚纳入党政重要议事日程，同安排、同部署、同调度、同考核、同问责，形成党政齐抓共管、部门协调联动、责任层层落实、压力逐级传递的脱贫攻坚帮扶工作新格局。

（二）走进村子精细看

脱贫攻坚贵在精准、重在精准，成败之举在于精准。为摸清帮扶点具体实情后，做到因地制宜、精准施策，学院党政主要领导及班子成员先后率队赴仁怀、务川、凤冈、正安等帮扶点实地调研脱贫攻坚工作50余次、调度研究脱贫攻坚工作35次、召开脱贫攻坚工作大会15次。在调研基础上制定《遵义职业技术学院脱贫攻坚实施方案》，并根据脱贫工作帮扶情况进行动态调整、同步完善，做到了方案符合村情、措施能够落地。

（三）厘清路子盯紧干

教育是阻断贫困代际传递的治本之策。学院党委始终坚持问题导向，围绕职教扶贫怎么看、遵义职院怎么办、帮扶工作怎么干这三大问题，在全院范围内掀起了一场关于脱贫攻坚、精准帮扶的理论大学习、帮扶大讨论。学院党委通过"不忘初心、牢记使命"主题教育、中心组理论学习等方式开展脱贫攻坚大学习、大讨论15次，各党总支、党支部利用"三会一课"、主题党日、专题研讨等方式开展脱贫攻坚政治理论学习200余次。通过一系列理论学习，达到了统一思想、凝聚共识的目的。学院提出了以党建引领、地方所需、职院所能的扶贫工作思路，在全院范围内形成了人人参与脱贫攻坚、人人助力脱贫攻坚的良好氛围和强大合力，画出了学院坚决打赢脱贫攻坚的最大同心圆。

## 四、六措并举四轮驱动 凝聚合力勇争先

### （一）"两抓六硬"强推进

院长颜永强说："'两抓'即一手抓脱贫攻坚、一手抓教育教学，两手都要硬，两手都要抓。抓扶贫，讲政治、强担当、厚植家国情怀；抓教学，强改革、促进双高发展。'六硬'即实行抽硬人、硬抽人、拿硬钱、办硬事、有硬核、硬支持，确保脱贫攻坚推进有序、干有成效。"学院现有在校学生11000余人，教职工400人左右，教师任务很重。面临教师队伍紧缺的现实，学院党委提出困难要克服、脱贫要担当、抽人要支持的硬性要求，各部门、院（系）推荐1~2名优秀干部上报学院择优选择。

**1. 抽硬人、硬抽人**

学院党委充分考虑村情实际和干部特长，做到因村选人、因村派人，确保选得优、派得强、留得住、蹲得下、干得好、出实效，先后选派了经有林、卢劲松、张杰、张引、姚远东、王永生、唐国辉、王勇、鄢远行、王宁萱、刘静等10余名驻村干部到茅台镇中华村、喜头镇共和村、火马镇硐上村、凤冈县中心村、正安县桐子坪村开展扶贫工作或担任驻村第一书记。被抽派的同志不辱使命，与乡亲们同吃同住、共谋发展。其中王永生、经有林、张杰等多次获得省、市、县表彰，唐国辉同志被省委下文继续留任。

**2. 拿硬钱、办硬事**

近年来，学院面临基础设施建设、教育教学改革、产教融合基地、实习实训场所等工作，急需大量资金投入，财力非常困难。学院党委明确提出帮扶工

作要倾注真情实意，投入真金白银，看到真实成效。几年来，投入帮扶点经费454万元，协调其他经费130万元，开展脱贫攻坚，发展致富产业。

### 3. 有硬核、硬支持

学院党委真情帮扶，真帮实扶。在各个帮扶点开挖毛路21.3千米，参与修建引水工程12处，联系捐赠挖掘机2台。在小雅镇桐子坪村开办红薯厂，建设产业仓库和育苗大棚，安装路灯45盏；在进化镇中心村建设污水环卫处置、建设村级活动阵地，开展送温暖、送文化、送法治、送科技等各类活动，积极参与支持"两不愁三保障"补短板。在校园开办"校农结合"超市收购农副产品，并在新型冠状病毒感染期间支持口罩和化肥地膜等复工复产工作，助推集体经济发展和村民增收致富。学院党委高度关心爱护支持选派基层一线的扶贫干部，明确提出让有为者有位、吃苦者吃香，激励他们为打好脱贫攻坚战努力工作，选派的干部均得到提拔重用。脚下沾有多少泥土，心中就沉淀多少真情。选派干部始终围绕"一达标、两不愁、三保障"，吃住在村，苦干实干，真情帮扶，所支持的帮扶点都能按期脱贫摘帽，得到了乡亲们和省、市、县各级领导的高度认可。

### （二）四轮驱动，智志双扶斩穷根

扶贫必先扶智，治贫必先治愚。职业教育与普通教育是两种不同教育类型，具有同等重要地位。脱贫攻坚战役中，学院党委始终以"功成不必在我"的精神境界和"功成必定有我"的历史担当，发挥职业教育扶贫扶智、治贫治愚的特殊作用，围绕人才、助学、智力、专业四大优势，盯紧入校、出校两个关口，狠抓就业、创业两个环节，兑现职教一人、就业一个、脱贫一家的遵职承诺。

### 1. 人才优势沉下去

学院党委坚定用人导向和育人目标，引导师生牢固树立"产教融合、工学结合、知行合一"的信念，学院各党支部和教学院（系）都积极把活动开到基层一线去，形成一人驻村、全员帮扶的态势。以小雅镇桐子坪村为例，几年来开展法治下乡、农技下乡、志愿服务下乡等各类活动20余次，培训农民500人次；邱宁虹、郑宇、王勇、肖贵榜、邓位喜、杨玉能、覃成等多位专家学者深入地头授课，朱小勇、张英、耿远琴、桂丹等一批有志学子通过"三支一扶""西部计划"等途径扎根基层，服务农村。

**2. 教育扶贫带起来**

使命呼唤担当，脱贫必有遵职。学院党委坚持"红色塑魂""蓝色致用""绿色出彩"的校园"彩虹文化"育人模式，大力实施校内关爱工程，持续深化开展以校园内"大手牵小手"为载体的校内关爱工程，通过增加勤工助学岗位、开通贫困生入学绿色通道、发放疫情影响严重学生专项补贴、7类对象减免学费等具体工作，决不让一个贫困学生因家庭贫困而失学。坚持立德树人根本任务，依托遵义红色文化资源，以"四红工程""八个一红"活动、思政课"三融合三链接""三走进三提升"等为载体深化内涵建设，实现职业技能和职业精神的高度融合。为做好毕业生就业创业工作，通过与90余家企业合作，开展现代学徒制。近年来，毕业生就业率高达90%以上，就业起薪点3000元以上。

**3. 智力优势扶上马**

持续为地方经济社会发展培养高素质技术技能人才和提供高质量社会服务培训工作。现建有国家级残疾人培训基地、全国职工教育培训示范点、农业农村部现代农业技术培训基地、中国高等教育学会职业技术教育分会红色教育培训基地、无人机职业教育培训中心5个国家级培训基地；贵州省专业技术人员继续教育基地、贵州省高技能人才培训基地、贵州省建筑施工特种作业人员培训考核点3个省级培训考核基地；遵义市SYB创业培训定点培训机构、网络创业培训中心、红色教育培训中心、驾驶培训中心、安保培训中心、农业特有工种培训中心 6 个市级培训中心。在 12 个市、区、县建有继续教育校外学习中心，累计开展成人学历教育、技术技能培训、扶贫培训、社区养老服务等 8 万余人次。

### 4. 专业优势送一程

学院以创建国家"双高"院校和申报省级"双高"院校为重要契机，狠抓专业（群）建设。积极推进三教改革、分类分层和项目化教学、思政课程与课程思政、学分制改革项目建设、教师绩效改革等工作。近 3 年来学生在全国、全省职业院校技能大赛中荣获国家级一等奖 2 个、三等奖 7 个，省级奖项 86 项、省级一等奖 16 个，成绩持续攀升，稳居全省前列。目前根据乡村振兴的需要，正在打造竹子、辣椒等产业链，开展了林下养鸡、黔北麻羊等课题研究。2022 年，联合企业共申报辣椒项目 4 项，其中省级项目 2 项和市级项目 2 项，推进专业对接产业，专业对接市场。支持资金 2242.4239 万元筹建遵义职业技术学院现代农业产业科技创新中心，拟投入资金 2200 余万元筹建山地生物资源开发与运用工程中心，为培育辣椒产业和园林园艺专业人才奠定基础。

### （三）提技强产：固效增收活源泉

学院党委提出脱贫攻坚帮扶工作在前期帮扶成效基础上，将实现由输血式扶贫向造血式扶贫转变，持续巩固脱贫成果。

### 1. 学懂技能防返贫

我们始终把掌握技能作为有效途径，推动"扶贫＋技能＋致富"模式深入开展。学院按照省委省政府要求，围绕全省农村产业革命 12 个特色产业的建设发展，通过创新人才培养机制，以贵州省高等职业教育质量提升工程和"兴黔富民行动计划"建设为契机，与德康集团、卓豪农业等校外企业开展现代学徒制和分方向导师制，牵头辣椒、竹产业人才培养。通过发展科技引领产业，建成附属动物医院、遵义中华工蜂工程中心等产教融合基地。同时，学院还组建科技服务团队，做好脱贫攻坚技术支撑，坚持"专、精、尖"原则，以党员＋项目＋团队整合院地资源，组建高水平农技服务团队，服务全地区农业产业发展。

### 2. 做强产业促致富

脱贫攻坚怎么干，抓好产业是关键。学院先后组织以现代农业系为主的各院（系），立足学科专业，对帮扶对象展开深入调研，派遣相关专业老师下乡帮扶，分别指导小雅镇桐子坪村种植中药材300亩、白茶500亩、辣椒200亩，指导进化镇黄荆村和中心村栽种绿色水稻1300亩、蔬菜900亩、草本中药材400亩。因地制宜选准产业，将职业院校专业优势转化成扶贫技术优势，让"产业"在引领脱贫的道路上向纵深发展。通过特色产业帮扶，让帮扶对象脱贫，实现特色产业良性发展，使困难群众走上富裕的道路。

### 3. 夯实堡垒强支部

小康不小康，关键看老乡；致富不致富，关键看干部。帮钱帮物不如帮助建个好支部。遵义职院在帮扶工作中探索出了"党建＋N"模式（"党建＋宣传"聚民意、"党建＋阵地"强组织、"党建＋走访"察民情、"党建＋活动"拢民心、"党建＋项目"惠民生、"党建＋产业"促增收、"党建＋培训"提民智、"党建＋助学"圆梦想），规范帮扶村的"三会一课"，积极培养青年党员和后备干部10人，支持建设、维修村级办公阵地2个，支持打造组级办公阵地13个，成立新时代青年农民学校，切实将党的组织力量嵌入脱贫攻坚各项工作之中。

### 4. 精准扶贫再不舍

精准脱贫，志在必得。用真情，真扶贫，"遵职人"的付出，换来的是累累硕果。2020年，学院党委和桐子坪村党总支双双荣获全省脱贫攻坚优秀党组织；学院在全省定点扶贫考核中，全省6家高职院校只有遵义职院获得"好"

等次，经有林、张劲平、王永生等同志先后荣获全省、全市优秀共产党员和驻村第一书记荣誉称号，贺承国同志获全市新时代新担当新作为先进个人荣誉称号。现代农业系党总支获市级脱贫攻坚优秀党组织，"党建＋N"模式扶贫经验入选清华大学首届"乡村振兴论坛"典型案例，与全国职教扶贫联盟进行经验交流。

"中国式扶贫"是中国道路的亮丽篇章，同时也为世界减贫事业提供了可借鉴的中国方案。作为革命老区的职业院校，遵义职院也在不断激发自身优势，坚决贯彻党中央关于脱贫攻坚的战略部署把脱贫攻坚作为一项重大政治任务来完成，传承红色基因、讲好遵义故事，为遵义这片红色大地洗去贫困色彩而奋力前行，抒写了脱贫攻坚贵州战法的遵职篇章和彩虹之光。接下来，遵义职院将以更大决心、更精准举措、更过硬作风，推进教学改革，强化专业建设，助力贫困地区打赢脱贫攻坚战，巩固拓展职业教育成果同乡村振兴有效衔接，为"兴黔富民"和实现"两个一百年"奋斗目标培养更多的合格建设者和接班人。

# 第七章　文化引领　逐梦前行

遵义职院校园"彩虹文化"因国家的强大而升华，因风霜的洗礼而丰满，因"遵义红"的浸润而多彩，因职业教育的发展而知名，初心不改永流传。立足黔北秀水奇山，以"遵义红"为底色，以"讲好遵义故事"为担当，以育"大国工匠"为使命，演绎出一幅幅美不胜收的职教画卷。在改革开放大潮中，"遵职人"勇立潮头，从未缺位，60年如一日，不论酷暑寒霜，始终奋斗在三尺讲台，忙碌在田间地头和生产线上，760万遵义儿女中到处都有遵职人的身影。遵义职院由起初的几间竹席棚、干打垒，教室又是食堂寝室、田埂就是教室实训室，到今天的高楼林立、师资雄厚、设施一流，无不凝聚着遵职一代代人的拼搏，对文化的传承与坚守。

路虽远，行则必至；事虽难，干则必成。站在"两个一百年"奋斗目标的历史交汇点上，"遵职人"始终坚持以习近平新时代中国特色社会主义思想为指导，把握职教规律，用好职教政策，树立职教大有可为也必将大有作为的信心和勇气，不忘初心、牢记使命，将校园"彩虹文化"继往开来，绘好蓝图再出发。

文化自信，是更基础、更广泛、更深厚的自信。面对新时代，遵义职院在高水平高职院校和高水平专业建设的道路上正奋力奔跑，治校能力全面升级、队伍建设蓬勃发展、人才培养质量稳步提升、专业建设紧跟时代步伐，发展欣欣向荣，前景大好。

遵义职院在 60 余年的办学历程中，深知文化建设的重要性，一刻也未忘记文化在学校发展中，特别是在人才培养上的不可替代性。没有文化支撑，学校就缺乏方向与持久，缺乏凝聚力，缺乏特色，更缺乏精神之归属。校园"彩虹文化"在遵职历史的血脉中诞生，在时代的浪涛中成长，几度风雨，几度春秋，如今枝繁叶茂，在职教届享有较高声誉。

校园"彩虹文化"以其独特的文化内涵和特有的"遵义红"得到了人们的认可，所蕴含的遵义会议精神、蓝色工匠精神，支撑和促进遵义职院不断发挥文化在发展中起支柱和促进作用的支撑力、抗压力和拉动力，奔向未来。

文化是人类历史进程中长期积淀的相对稳定的价值体系和行为方式，是渗透到经济、政治、社会中的人的精神基因和价值基因。文化的引领能力，既是一种"软实力"，也是一种"硬实力"。对于一个学校来说，文化引领力是发展的助推器，是和谐发展的内在动力和关键所在，必须从战略和全局的高度，理解和把握文化引领的地位和作用，探寻如何在新时代、新的职教发展新阶段，发挥"彩虹文化"引领遵义职院育人、专业发展、内涵建设的途径，探寻更快更好发展的规律，让每一个遵职教师与学子在享受职业教育发展成果的同志，在精神层面感受到幸福，感受到优秀文化对心灵的滋润。

# 第一节　出彩新时代　谋划新发展

校园是育人之地、文化之所。2017 年全国高校思想政治工作会议上，习近平总书记强调，加强高校思想政治工作，要更加注重以文化人、以文育人。坚持以文化人、以文育人，是办好中国特色社会主义大学的内在要求，要聚焦主题，创新形式，进一步增强师生文化自信，为落实立德树人根本任务、培养高素质人才提供文化支撑。高校肩负着人才培养、科学研究、社会服务、文化传承创新和国际交流合作的重要使命，能否有效传承创新文化，是大学核心竞争力的重要标志。作为一所具有地域特色的高职院校，遵义职院"彩虹文化"承载着为党育人、为国育才、为青年学子实现人生梦想的重任，如何让下一代更好地增强文化自信就显得特别重要。坚持以文化人、以文育人，增强师生文化自信，是高校履行职责的应有之义。在新时代，如何发挥"彩虹文化"的引领作用，帮助价值观形成关键时段的青年学生找到正确的人生目标，是当前与未来"彩虹文化"建设与发展所面对的，必须探索解决的课题。

# 一、坚定文化自信

中华优秀传统文化、革命文化和社会主义先进文化是我们坚定文化自信的力量之源。习近平总书记多次强调，要坚定文化自信，推动中华优秀传统文化创造性转化、创新性发展，继承革命文化，发展社会主义先进文化，不断铸就中华文化新辉煌，建设社会主义文化强国。坚定文化自信，离不开对中华民族历史的认知和运用。中华优秀传统文化铸就了中华辉煌的历史，革命文化和社会主义先进文化，助推了新民主主义革命与社会主义建设的成功，彰显了中华民族不甘困苦、不畏强暴、奋发有为的高贵品格。文化自信来源于对自身文化价值的充分肯定和对文化发展的坚定信心。遵义职业技术学院"彩虹文化"根植于中华传统文化和中国红色革命文化之中，通过一系列传统文化与红色文化传承活动，助推师生了解家国历史，了解民族文化，理清历史的脉络，看清时代的发展，培养师生跟党走，培养对国家的认同。作为"遵职人"在学习、生活、工作中不断提升自我、服务社会，实现人生价值的自觉，认识过去，把握当下，面向未来。

（一）增进文化认同

把中华优秀传统文化植入学生教育教学，设置传统文化参与课程、非物质文化遗产传承课程，如引入传统纸艺、竹编、陶艺、传统食品制作等课程；把传统文化技艺、遵义地域民族技艺融入校园活动，通过社团、文艺、体育活动，让学生在参与中感受中华文化的博大精深；在校园环境建设中，融入传统文化、民族文化，通过环境的浸染，让学生在校园找到自己作为中国人的民族之根，感受民族之魂的壮美，提升对作为一个中国人、作为一个遵义职院学生对民族文化和对"彩虹文化"应有的礼赞和尊重，形成对家国和学校的认同。学院通过94个学生兴趣小组，形成"一歌舞、一讲堂、一中心、一场馆、一长廊、一红馆"六个红色育人载体，并举行"赓续红色血脉谱新篇，引领文化育人出新绩：革命史诗长征组歌——红军不怕远征难"合唱比赛。学院采用"10+1+1"的形式，即十首《长征组歌》联唱、一首《七律·长征》合唱、一首《忆秦娥·娄山关》朗诵，加上《不忘初心》《唱支山歌给党听》《没有共产党就没有新中国》等保留互动曲目，广泛调动长征合唱团、彩虹艺术团、各教学系、技师学院的参与积极性。编印《100首红色歌曲》，推荐原创歌曲《江城子·采茶韵》申报贵州省优秀文艺作品。

（二）培养文化建设的担当精神

培养师生的文化自觉，把对家国认同的内在自觉转化为自觉地参与文化的建设与推广的行动，在学习与参与中每一个文化学习者也成了传播者与建设者。文化的浸润性、跨界性融入言行，融入行业，融入地域，以文化的标识性特质显示其影响力。"彩虹文化"在新的历史阶段，依托遵义职院的文化传承功能，在历史传统与革命精神的交相辉映下，与专业建设方向、工匠精神培养、劳动素养培育紧密结合，在一代代师生的共同努力下，不断提炼升华，形成学院特色的专业文化、工匠文化，不断丰富和发展"彩虹文化"的内涵与外延。用好学院党委理论学习中心组制度、教职工学习制度和领导干部"上五课"制度，学党史，践初心，从历史经验智慧的学习运用中提升历史自觉、把握历史主动，自觉把党史学习教育同贯彻落实习近平总书记

"四新"要求结合起来，牢牢坚守"为党育人，为国育才"的初心使命，坚持红色办学底色，深化"三走进三提升""三融合三链接"、领导干部"上五课"等教育活动，教育学生从思想上坚信党、情感上认同党、行动上跟随党，永远听党话、感党恩、跟党走，做社会主义的合格建设者和可靠接班人。

（三）文化的包容与吸纳

文化是通过不断的知识、思想、行为积淀提炼而形成，并不断吸纳外部文化而丰富提升，形成持久的强大的感染力，为群体、地域所认同。"彩虹文化"的形成与发展都是在不断地丰富和发展中，不断融入红色文化、地域文化、民族文化、专业文化、工匠文化的精髓，在未来伴随遵义职院发展的过程中也将不断注入国家的精神力量，不断地融入新的职业教育发展的主流文化元素，融入青年学生不断追求知识实现人生出彩的精神文化需求，让"彩虹文化"更富于精神引领，更具有思想和行为的渗透性、感染力。学院坚持推动红色文化进校园，实施"有信仰的人讲信仰"活动，定期组织英模、劳模、道德模范、身边好人等入校举行讲座。学院以2500平方米寓意二万五千里长征的红色文化长廊为"红色故事人人讲"载体，打造成为校园"特色党建阵地、思政育人基地、文化展示平台"，用红色文化元素命名校园道路、楼宇，打造学生爱国主义教育林、职教二十条纪念林，实现红色文化全方位融入学生学习生活环境；利用"娄山大讲堂"定期举办学生红色故事比赛，将红色情景剧比赛纳入思政课实践教学项目。编写《赓续红色血脉·100个红色故事》《红色塑魂》等学生读本，利用互联网组织学生线上参观红色展览，利用假期组织学生走进红色圣地。创新开展"三走进三提升"和"三融合三链接"活动。2021年1月，学院在2021年贵州省职业教育省级教学成果奖评审中，项目"以遵义革命文化引领'四红五进'赓续高职生红色血脉的路径探索与实践"荣获特等奖。其中，"四红"主要内容包括：造红色环境，让红色文化红遍遵职；讲红色故事，让红色故事红满遵职；走红色之路，让红色精神红舞青春；塑红色灵魂，让红色信仰红动遵职。"五进"包括进校园、进专业、进课堂、进教材、进阵地。

## 二、培育和践行社会主义核心价值观

党的十九届四中全会审议通过的《中共中央关于坚持和完善中国特色社会主义制度推进国家治理体系和治理能力现代化若干重大问题的决定》，着眼于更好地保障和推动社会主义先进文化繁荣发展、不断巩固全体人民团结奋斗的共同思想基础，创造性地提出"坚持以社会主义核心价值观引领文化建设制度"。社会主义核心价值观植根于中华文化沃土，熔铸于我们党领导人民长期奋斗的伟大实践，是社会主义先进文化的精髓，是当代中国精神的集中体现，凝结着全体人民共同的价值追求，昭示着中国特色社会主义发展方向和光明前景。正是社会主义核心价值观深厚的民族性、鲜明的时代性、内在的先进性、广泛的包容性，决定了其在我国文化建设中居于主导和引领地位。

"彩虹文化"立足于社会主义核心价值观，其基本内涵构成将思想道德放在了第一层面，将代表中华民族共同理想信念的社会主义核心价值理念融入校园文化，让传统文化与红色文化在每一代青年学生心中的解读与认可成为自信，在广泛信息来源带来的多元文化碰撞的今天，成为学生自觉的文化坚守。"彩虹文化"在建设中围绕"红色塑魂"，实施了"四红工程""三走进三提升""三融合三链接"，以及"八个一红"等支撑性品牌活动，对红色精神中爱国、奉献、敬业精神，通过文化活动、教学实训、管理服务等教育实施环节在师生中广为推动，取得了成效。信息时代的高速发展，带来了青年学生在认知上的多元化、多层性，交流发布渠道的无障碍化，但同时也带来了对文化产品需求的渴求。"彩虹文化"在建设上把握主基调、主渠道，文化产品供给更加多形式、多层次、多渠道。例如，在"四红工程"实施过程中，发挥红色故事作为红色精神的载体作用，在宣传教育与思政课堂上解读红色信仰的伟大力量，让红色文化感染师生，让红色精神的光芒照耀师生，形成思想上、行动上向英雄学习的自觉。

榜样的力量是无穷的，"彩虹文化"的文化内涵跨越历史、链接时代，历史中的精神典范、革命先烈、劳动建设者、"时代楷模"都是"彩虹文化"的基本构成要件，他们从历史中走来，进入学校的教育教学，为师生找到精神的根源，找到行动的目标，成为践行社会主义核心价值观的直观体现。

增强社会主义核心价值观教育的教学渗透性。在学校日常管理中，做到进教材、进课堂、进头脑，使社会主义核心价值观的种子在青年学子心中生根发芽，培养崇德、尚能、笃学、践行的价值追求，身体力行践行社会主义核心价值观。

让社会主义核心价值观以文化产品润物细无声。真正的软实力在输出价值观念时从来不用空泛生硬的概念和枯燥乏味的表述，要运用好校园文化活动的多种展示形式，以视频、音乐、特色工艺品、毕业设计、体育运动、升旗仪式等"彩虹文化"活动形式，植入社会主义核心价值观理念，发挥精神文化产品潜移默化的作用，让师生在参与的惬意和仪式的庄严中，感受国家的伟大和作为中华民族一分子的自豪，生动具体地表现社会主义核心价值观。

让校园制度文化成为培育社会主义核心价值观的保障。"彩虹文化"建设必须按照社会主义核心价值观的基本要求，健全校园管理各项规章制度、行为准则，使社会主义核心价值观成为师生日常工作生活的基本遵循。建立和规范礼仪制度，组织开展形式多样的纪念庆典活动，传播主流价值，增强师生对国家、学校的认同感和归属感，利用各种时机和场合，使符合社会主义核心价值观的行为得到鼓励，违背则受到制约，形成有利于培育和弘扬社会主义核心价值观的生活情景和学习氛围。

# 三、陪伴青春的"彩虹文化"

## （一）强化"彩虹文化"中的思政引领功能

"彩虹文化"诞生于党领导下的遵义职院 60 余年的办学历程，始终将立德树人、以文化人作为建设的基本指针，始终将学生的思想政治建设放在第一位，在面向新时代，回答为谁培养人、培养什么样的人和怎样培养人的问题上，校园"彩虹文化"以"红色塑魂"为前提和主体，培养中国特色社会主义事业的建设者和接班人，用红色文化、中华优秀传统文化中孕育出的伟大的理想、坚定的信念和先进的理论引导和武装青年学生，深入推进习近平新时代中国特色社会主义思想进教材、进课堂、进头脑，让真理光芒照亮青年学生成长的道路，以实现中华民族伟大复兴的中国梦为己任而不断进取拼搏。发挥文化的多层次、多形式、多载体特性，把思想政治建设融入校园文化活动，创新"因事而化、因时而进、因势而新"工作方式，通过多样的文化形式不断增强思想政治教育工作的时代感和亲和力，教育引导广大青年学生牢固树立"四个意识"、坚定"四个自信"，促进青年学生全面发展和健康成长。学院以校馆合作为抓手，开展红色文化展览和红军故事讲述会进校园，联合举办"红色足迹人人行·红色基因代代传"活动。每年 1 月 15 日定期举办弘扬遵义会议精神主题论坛，推动红色文化进专业，从培养目标、专业标准、课堂体系建构等方面，重建"红色文化＋专业（群）"人才培养方案，使红色文化育人全线贯通。大力开展"上五课"活动——传承红色基因、讲好遵义故事的"传承课"；增强"四个意识"、坚定"四个自信"、做到"两个维护"的"政治课"；强技术技能和热爱职业教育的"劳动课"；爱国感恩的"思政课"；德、智、体、美、劳"五育"并举的"文化课"。开展走一段红程、读一本红书、演一幕红剧、背一首红诗、访一位红人、看一场红戏、听一段红故事、寻一段红历史等"八个一红"活动。构建以"线上线下、校内校外、两期互补"相结合的"红程万里行"活动，在校园实施"师生重走长征路·迈步复兴新征程"三年二万五千里校园接力跑。开学周的读书班活动前往遵义会议会址、红军山烈士陵园、遵义市城乡规划馆进行实地现场教学。

（二）推动"彩虹文化"建设与课程思政的融会贯通

中共中央办公厅、国务院办公厅印发的《关于实施中华优秀传统文化传承发展工程的意见》（以下简称《意见》），明确指出围绕立德树人的任务取向，把中华优秀传统文化全方位融入思想道德教育、文化知识教育、艺术体育教育、社会实践教育各个环节，贯穿于启蒙教育、基础教育、职业教育、高等教育、继续教育各个领域。"彩虹文化"首先将德育作为文化建设的根本，"彩虹文化"建设中对思想政治教育的系统性全方位展示，为学校思政教育更好地实现对青年学生思想与行为的引导和教育打下了良好的基础。同时，以"彩虹文化"艺术节为主导的丰富多彩的校园文化实践活动，充分发挥青年大学生的主观能动性和创造性，发挥文化建设中"互联网＋"的独特育人功能，改"单一"为"交互"，改"大众"为"分众"，使文化形式下思想引领工作喜闻乐见、润物无声、亲切清新，更加贴近实际、贴近生活、贴近学生，增强思想教育活动的吸引力。

坚持文化与思政课程相结合，在内容和形式上协同创新，深入推进思政课程的"三融合三链接"模式，把红色文化的展现形式与思政课堂紧密结合，坚持以"学生为中心"，推动以教为中心转变为以学为中心、从被动学习转变为主动学习、从强调知识传授转变为强调能力培养，厚植爱国主义情怀，增强文化自信和道路自信，增强思想政治理论教学的实效性。把"彩虹文化"所蕴含的丰富的革命文化和优秀传统文化的精神与理念，通过思政课程，以专业课程为载体，寓于课堂教学的各个环节，充分发挥各门各类课程协同育人的功能，深入发掘并用好遵义丰富的红色资源和优秀的传统文化作为思想政治教育资源，建设一支有理想信念、有道德情操、有扎实学识、有仁爱之心的教师队伍，推动每一个教师都成为思想政治教育和立德树人的践行者，成为先进思想文化的传播者、党执政的坚定支持者，当好大学生全面发展的引路人。学院坚持推动红色文化进校园，实施"有信仰的人讲信仰"活动，定期组织英模、劳模、道德模范、身边好人等入校举办讲座。学院以2500平方米寓意二万五千里长征的红色文化长廊为"红色故事人人讲"载体，将其打造成为校园"特色党建阵地、思政育人基地、文化展示平台"，用红色文化元素命名校园道路、楼宇，打造学生爱国主义教育林、"职教二十条"纪念林，实现红色文化全方位融入学生的学习生活环境；利用"娄山大讲堂"定期举办学生讲述红色故事活动，将红色情景剧比赛纳入思政课实践教学项目。编写《赓续红色血脉·100个红色故事》《红色塑魂》等学生读本，利用互联网组织学生线上参观红色展览，利用假期组织学生走进红色圣地，创新开展"三走进，三提升"和"三融合，三链接"活动。邀请专家学者进校园开展红色文化专题讲座，每年举行"纪念遵义会议召开学术研讨会"，邀请中共遵义市委党史研究室主任、党史专家罗永赋作《遵义红色文化》专题讲座，邀请学院思政课教师申卡辉教授作《遵义会议精神》专题讲座。学院党委副书记、院长颜永强，各院系党总支书记、全体思政课教师、辅导员，马克思主义学院、学工部负责人，宣传部全体人员参加会议。学院坚持用好学校思政课这个渠道，推动党的历史更好进教材、进课堂、进头脑，发挥好党史立德树人的重要作用。2021年3月9日，教育部职教所研究员、职业教育质量保障与评估研究会副理事长赵伟和广西职业技术学院党委书记李卫东，应邀到学院指导工作，并对学院的教学培育和课程思政进行了指导。此外，为了提升学院课程思政能力，学院李凌带队与学院相关部门围绕科学设计课程思政教学体系、结合专业分类推进课程思政建设、将课程思政融入课堂教学全过程、提升教师课程思政建设的能力、健全课程思政建设质量评价体系和激励机制等问题召开了座谈会。聚焦"双高"校建设和培养复合型技术技能人才的目标，与校园"彩虹文化""四红五进"思政育人模式相结合，全面推进课程思政高质量建设。《中国改革报》报道了学院"四红五进"思政育人模式。马克思主义学院为进一步深化思政课教育教学改革，推动思政课"课堂革命",全面提升思政课教师教育教学能力,多次开展"五说"展示活动和座谈会,用实际行动助力学院深化内涵建设,推动思政课建设实现高质量发展。

（三）建设学生知行合一的"彩虹文化"校园

"彩虹文化"在核心内涵和基本构成上具有鲜明的高职院校特色,职业院校在教育教学中凸显的技术技能教育、劳动精神培养、创新创业能力提升就成为校园文化建设的目标追求与价值取向,以实现校园的学生自我管理、自我教育、自我服务、自我监督为目标,推动学生在参与学校管理中实现立德、强技、修身的知行合一,达到"红色塑魂、蓝色致用、绿色出彩"的育人成效。

### 1. 学生会组织参与学校管理

学生会作为学生参与校园管理的组织,是学校与学生联系的桥梁和纽带,学生会有明确的校园治理参与者,通过参与学校管理,进而维护学生利益。不断完善学生会的民主参议机制,组织校园学生活动,成为"彩虹文化"建设的宣传者、组织者、建设者,同时也积极反馈学生的发展意愿和诉求,学生通过参与校园治理,提升自治能力和管理能力,提升综合素养。

### 2. 学生社团参与学校管理

学生社团为学生搭建了多元的文化舞台,让"彩虹文化"通过学生社团活动得以传承,精彩的社团活动又为校园文化注入巨大的生机和活力,对促进"彩虹文化"多渠道、深层次、高质量地发展和传承起到了积极的推动作用。立足青年学生成长成才和全面发展的需要,加强对社团组织的服务、引导和管理,成为学院的重点工作。学院通过社团为广大学生提供参与校园管理、丰富个人兴趣爱好、志愿服务的机会,开展了众多特色鲜明、内涵丰富、感染力强的社团文化活动,吸引和鼓励学生参与社团,通过社团活动参与学校和社会服务及校园自我管理。丰富多彩的社团活动，促进了校园文化的健康发展，提升了学校的办学品位，优化了育人环境，为促进学生健康成长奠定了良好基础，提升了学生对社团和学校的认同，增强了个人的能力自信和就业发展自信。

### 3. 志愿服务与参与学校管理

志愿服务是社会文明进步的重要标志，是培育和践行社会主义核心价值观的有效载体。鼓励青年学生通过参与志愿者服务，进而参与校园管理，提升学生的公民意识和社会责任意识，大力弘扬奉献、友爱、互助、进步的志愿精神，不断健全志愿服务体系，更好地引导学生为他人送温暖、为社会做贡献，使"我为人人、人人为我"在校园蔚然成风。健全学生志愿服务制度化、专业化，围绕"彩虹文化"建设设计一批高质量、专业化的志愿服务项目，打造一批示范性强、影响力大的品牌，在各类服务窗口、文化活动场所实现志愿服务全覆盖，推动学生以社团、专业服务队、兴趣小组等形式参与其中，推动学生自主管理、建设校园，制定实施志愿者评价和回馈表彰机制，发挥志愿服务的典型示范作用。

### 4. 增强学生自我管理的自信心

以"彩虹文化"育人助力学生人生出彩，针对职业院校青年学生心理健康成长中存在自信心不足等客观因素，建立全方位、综合培养机制，针对不同年龄、不同时期的青年大学生在不同阶段存在的不同的实际问题，深度分析自信心不足的症结，对家庭贫困、学习困难、心理困难、择业困难的学生在理想信念、思想品德、行为养成、心理健康、创业就业等方面建立不同的应对机制，从切实解决青年学生的实际困难入手，引导学生参与自信心引导培训、社团服务和志愿者服务，开展有关挫折感、人格完善等方面的心理辅导，使他们学会自我调节，正确看待生活中的挫折，以积极乐观的人生态度迎接生活的挑战，以坦然豁达的心态面对困难。拓宽勤工助学的渠道，引导学生积极有序地参加勤工俭学活动，教育学生树立正确的就业观念，打消学生的心理障碍，加强自尊、自强、自立、自爱及社会责任感的教育，帮助学生找到自我的社会价值方向，勤学苦练、修德修身、明辨是非、笃实笃行，确立生活自信和就业自信。

**5. 建设自我管理的诚信校园**

诚信是衡量一个社会文明程度的重要标尺，也是反映一个国家精神面貌的显著标志。我们党始终重视诚信、倡导诚信、弘扬诚信，明确把诚信作为社会主义核心价值观的重要内容，积极推动诚信成为全社会共同遵守的价值准则。"彩虹文化"的根基是社会主义核心价值观，推进学生自我管理校园的基础就是诚信校园建设，开展诚信课程教育，大力弘扬中华民族重信守诺的传统美德，结合专业学习和就业方向，广泛宣传普及与市场经济和现代治理相适应的诚信理念、规则意识、契约精神，积极培育诚信文化，使诚实守信成为青年学生的内在追求和行为习惯。建设诚信违约惩罚机制和守信奖励机制，设计诚信评价体系，对学生校内活动进行诚信学分建档立卡，组织校内诚信建设主题实践活动，塑造讲诚信、重诚信、守诚信的校园氛围。

# 第二节　专业架彩虹　技能亮人生

遵义职院 60 余年立足服务地方经济发展，推进专业建设，已发展成为遵义产业发展、技术技能咨询、人才培养的权威高校，成为业内认同的职业院校红色文化高地。从遵义农业学校发展而来的现代农业系，从遵义财经学校发展而来的经济管理系，以及近年围绕遵义经济社会产业发展需求而建设的机电与信息系、汽车工程学院、人文旅游系、建筑艺术系，专业建设方向始终没有离开学校的办学定位：立足黔北，服务城乡，强农兴工，助推"三宜"。学院多年的建设，积累了大量的专业师资人才队伍，为地方社会经济发展提供了智力支持，也为培养青年学生技术技能、塑造工匠精神、培育职业素养、提升双创能力提供了保障，成为"彩虹文化"蓝色致用的职业院校文化特色内涵。在全面建设社会主义现代化国家、实现中华民族伟大复兴的中国梦的道路上，遵义职业技术学院围绕经济社会发展需求，加快专业建设步伐，努力担当起社会发展所需的培养高素质技术技能人才的重任。

# 一、职业教育改革的新使命

职业教育是培养技术技能人才、促进就业创业创新、推动中国制造和服务水平的重要基础，必须着眼服务国家和地方经济社会发展需求，努力建设高水平、高层次的技术技能人才培养体系，推进产教融合、校企合作，促进教育链、人才链与产业链、创新链有效衔接，培养高素质技术技能人才。《国家职业教育改革实施方案》（又称《职教二十条》）为职业教育改革发展打开了迈向新时代的大门。遵义职院党委勇担使命，2020年在学校第二次党委会上提出了未来十五年的发展规划，分三步走成为"遵义离不开、业内都认可、国内可示范、国际可交流"的高水平职业学校和专业（群）。第一步，到2023年建成贵州省"双高"学校。初步实现"七个"建成，将学院建设成为产教深度融合、专业特色鲜明、服务功能完善的贵州省高水平职业学校和专业（群），并进入贵州省高水平职业学校前列。第二步，到2025年跻身第二轮国家"双高"学校行列。巩固"七个"建成，在建设成为贵州省高水平职业学校基础上，坚持创新发展，全面深化改革，提升人才培养质量，以质图强、提质培优，增值赋能成效明显，跻身第二轮国家"双高"学校行列。第三步，到2035年建成中高本纵向、校政行企互融互通的办学体系。到国家基本实现社会主义现代化和遵义会议召开100周年时，学校治理体系和治理能力现代化水平全面提高，人才培养、科研、社会服务产出若干重大成果，为促进遵义经济社会发展和提高地方竞争力提供优质技术技能人才支撑。

围绕落实《职教二十条》，围绕服务地方产业发展，培养高素质技术技能人才，学院党委明确按照"1234567"的目标任务和推进措施，即坚持"一个"统揽，实现"两个"目标，深化"三双"引领，打造"四红"工程，实施"五校"战略，遵循"六字"方针，推进"七个"建成。确保学院在未来发展中对接中央和省、市经济社会发展目标，坚持新发展理念，加快改革步伐，强化工学结合、产教融合、校企合作力度。围绕遵义农业八大产业，做特做兴现代生态农业专业群，对接种、养、加、销产业链，提升核心竞争力，助力乡村振兴发展。围绕现代物流和现代金融产业链，助推"遵货出山"，做强会计专业和做亮数字营销专业群，提升"财、商、贸"服务产业能力，助力"一地一市"建设。围绕长征国家文化公园建设，做优旅游管理专业，服务全域旅游；做靓学前教育专业（群），助力幼教事业发展。围绕大数据电子信息产业和"新基建"，做新做智人工智能技术应用专业群，打造"5G+集存储"服务链，助力信息技术和智能制造发展。围绕绿色创新智能共享的发展理念，深化产教融合。做专新能源汽车技术专业群，做活汽车后市场服务，助力汽车产业高质量发展。围绕新型城镇化与乡村振兴战略，融入城镇化提档升级和智慧建造，做精做强建筑工程技术专业群。

## 二、服务特色产业的新担当

紧紧围绕服务地方产业发展，培育德智体美劳全面发展的优秀合格人才。围绕贵州12个特色产业以及乡村振兴、大数据、大生态三大行动，新型工业化、新型城镇化、农业现代化、旅游产业化和遵义农业八大产业，依托红色教育培训中心、遵义职业教育集团（联盟），建设高端技术技能人才培养培训中心，设立乡村振兴培训服务和职教帮扶学习服务点，打造"红+N"全国职业院校红色教育培训基地、示范性职工培训和继续教育基地，建成贵州省中华职业教育社会乡村治理与发展学院、遵义乡村振兴服务学院、遵义社区学院，构建理想信念教育、科技研发、社会培训、社区教育和继续教育综合社会服务体系、区域性全民学习和终身教育体系、学院职业培训和继续教育体系。经过与地方产业、经济社会的密切融合发展，推动学院成为地方产业技术人员培养基地、产业新技术创新基地、产业科研基地、职业精神培养基地。

## 三、校企合作深化的新作为

在职业教育发展的新时期，结合贵州和遵义产业发展的新机遇，学院主动切入地方产业，培育地方所需技术技能人才，形成地方离不开的产业技术权威，获得地方政府支持和不断投入，形成校企政地合作共同发展的良性循环；通过加大与东部职业院校合作，成为地方引进人才和技术的平台，为地方产业提升提供技术和人才支撑；以学院为主体搭建职业教育集团，通过整合中高职师资力量、校政行企力量以及人财物，通过多渠道、多形式合作，推动遵义职业教育整体教育教学能力提升，社会服务能力提升。

## 四、彩虹文化拓展的新探索

通过开展校内"一系一品"文化建设，推进校园"彩虹文化"在二级院（系）落地生根，形成具有专业特色的德育模式、劳动素养培育模式、人才培养模式，在校企合作、教学改革、课程建设、师资队伍建设、社会服务等方面构建特色，塑造典型案例，形成具有特色的院（系）文化；建设专业文化品牌，植入教育教学内容、学习生活环境中，开设"一系一品"文化课程；在课程思政中融入社会主义核心价值观，融入"彩虹文化"，立足专业精神，提升师生文化素养，文明行为。以提高教学质量为目的，立足学生终身发展的课程体系与课程教学内容，建立突出职业能力和素质培养的课程标准，实现专业课程内容与职业标准对接，强化学生职业能力和职业素质的培养。推动专业建设更具创新性、特色性，使专业更适应地方经济社会发展，更有利于人才培养质量的提高，成为有一定社会影响力、受学生欢迎的特色专业，从而全面带动和提升学院专业建设整体水平；使学生的德、智、体、美、劳得以全面发展，成为社会需要的技术技能人才。

## 五、培育时代工匠的新举措

以"彩虹文化"引领专业发展、教师队伍建设、教育教学，培育高质量技术技能人才，推进学院建设，支撑贵州"大扶贫、大数据、大生态"、遵义"一地一市"和"一枢纽两中心三基地"等发展战略，通过校企合作、产教融合，鼓励和支持教师将科研与教学有机结合，把科研论文写在黔北大地上，落实"三全育人"，形成思想政治教育工作新格局，实现教育方式多样化、实践教育规范化，提升学生思想政治教育的针对性、实效性，关爱学生身心健康，推动优秀和杰出人才不断涌现。通过合作办学，联合培养"双师"队伍，形成校企、校校之间的制度机制互动，完成文化精神的相互传递，为学院"彩虹文化"在发展中不断汲取多元文化营养与精髓提供基础，不断丰富"彩虹文化"内涵，推动"彩虹文化"的持久传承。

## 第三节　完善文化体系　强化文化育人

发挥高校的文化传承与创新职能，不断丰富和发展学院"彩虹文化"的内涵，培育和践行社会主义核心价值观，加强校园文化建设，弘扬学院精神，巩固深化以"四红工程"为核心的红色文化建设，"八个一红"为代表的校园"彩虹文化"育人成效，实现学生德、智、体、美、劳全面发展。加强"一歌一舞一讲堂""一场一馆一中心"建设。推进红色文化场所、"一校一品"文化育人基地建设。建设红色文化研究教育教学团队和红色文化教育素材库，推出"彩虹文化"建设系列成果。推进传统文化进校园，打造校园传统文化体验点。

自觉肩负起"举旗帜、聚民心、育新人、兴文化、展形象"的使命任务，全面加强学风、教风、校风建设，全面强化对外宣传力度，培养一支有脚力、眼力、脑力、笔力的文化宣传工作队伍。

## 一、打造彩虹校园载体文化

以"彩虹文化"红色塑魂、蓝色致用、绿色出彩构成为基础，建成具有传统文化、红色文化、专业文化和劳动文化元素的校园环境，突出遵义职院红色文化特质，将红色文化作为校园文化建设主基调，建设红色文化景区校园，既可起到美化环境、装饰校园的作用，又为丰富多彩的校园文化活动提供重要的阵地，使校园环境育人的功能得到充分体现，使广大师生员工受到潜移默化的启迪和熏陶，起到陶冶情操、净化心灵的作用。

建设生态校园，健康校园。利用校园整体规划建设之机，合理划分各个校区的基本功能，调整布局，形成良好的文化育人氛围。规划、设计、建设好教学设施，优化学习和校园生活环境，不断满足大学生学习成才、教职员工精神文化发展的需要；规划、建设师生员工文化体验、活动场所，为开展"彩虹文化"活动提供必要的场地和条件。

完善文化宣传载体建设。加强学报、校报、校园网、广播台、讲座论坛、自办刊物、宣传橱窗等宣传思想文化载体的整合，推进融媒体建设与管理，充分发挥宣传思想阵地在"彩虹文化"建设中的重要作用。

## 二、完善科学规范制度文化

坚持党委领导下的校长负责制，完善管理制度，健全教育教学质量管控机制，形成制度立校，学校各项工作有章可循，体现依法治教、依法治校的理念。形成按章办事、不徇私情，公平、公正、公开的管理氛围，促进广大师生形成良好的行为习惯。把"彩虹文化"建设与"三全育人"紧密结合，落实

"十大育人"体系，既要用制度管人，更要用制度服务人、培育人。建立和完善符合遵义职院发展、体现职业教育精神要求的内部管理制度体系，认真执行《遵义职业技术学院章程》，保障各项管理工作有效开展。建立和完善党委领导下的校长负责制，发挥院长办公会的管理决策作用，充分发挥学术委员会、教学委员会、学位委员会等的作用，坚持和完善教代会制度，发挥其在学校民主管理中的重要作用；切实执行校务公开制度，建立和完善情况通报制度、情况反映制度和重大决策征求意见制度，不断扩大师生员工对学校工作的知情权、参与权和监督权；充分发挥各级人大代表、政协委员、民主党派和离退休老同志在民主监督和参与学校民主管理中的积极作用。认真贯彻落实全面从严治党、从严治校理念，推进学院廉洁文化建设，将反腐倡廉法规、制度精神融入师德师风建设、学生廉洁教育的各个环节。着力提高教职工队伍的思想政治素质、职业理想和职业道德水平。加强网络意识形态监管，正确引导舆论，健全人防、物防、技防和群防体系，加强校园安全保卫工作和周边治安环境综合治理，完善学校突发事件和应急管理机制，健全安全稳定工作责任制和责任追究制度，建立和完善师生诉求表达、权益保障和矛盾纠纷排查机制，及时消除和化解影响校园安全稳定的因素。发挥学院校园文化建设指导委员会作用，从学校发展和人才培养的战略和全局高度，负责校园文化建设的统筹、检查、督促和落实，把校园文化建设与日常教学工作、党建、团建及师生思想政治工作有机结合起来，激励师生员工积极参与校园文化建设，加大校园人文环境建设的投入，积极探索新形势下加强和改进校园文化建设的新思路、新举措，总结校园文化建设中的成功经验和不足，不断完善校园文化建设的政策和措施，巩固校园文化建设成果。

## 三、搭建学院"彩虹文化"丰碑

创全国文明校园，推进信用校园建设，鼓励学生自主管理校园，参与校管理决策，丰富校园文化活动，规范文明行为。用"彩虹文化"引导校园精神文明建设，推动"彩虹文化"育人成为学校广大师生员工共同的理想目标、精神信念、文化传统、学术风范和行为准则的价值观念体系和群体意识。坚持不懈地推进社会主义核心价值观教育，把人文素质和科学精神教育融入高校人才培养的全过程，落实到教育教学的各个环节。以实施科技创新、文化素质教育为基础，积极营造严谨求实、科学民主的学术氛围，把崇尚科学、探索规律、追求真理的科学精神与以人为本、明德求善的人文精神结合起来，不断提升师生的人格、气质、修养等内在品质；不断整合教育资源，开好人文素质和科学精神教育的必修课和选修课，逐步建立起内容覆盖课堂教学、课外活动和社会实践的人文素质和科学精神教育体系。认真做好校史修史工作，加强校史馆建设，定期修订宣传画册和宣传片，生动形象地反映学校办学历程和办学特色，全方位、多角度地宣传学校丰富的办学内涵和办学精神；注重发挥优秀校友的榜样激励作用，用优秀校友的人生经历和感悟、创业历程和成就，激励大学生发奋学习，立志成才，报效国家；倡导铭记校训、重大活动佩戴校徽、使用校徽标识，使其不断成为广大师生员工所认同的自觉行动，激励师生员工熟悉学校、热爱学校。

办好"彩虹文化"艺术节、校园运动会和技能大赛等，积极搭建校园文化活动平台；加强彩虹艺术团建设，培育文艺骨干，排演具有遵义职业技术学院特色的精品传承性节目，提升校园文化层次；以第二课堂为依托，培养学生积极的兴趣爱好和良好的个性品质。全面推进校园文化活动的项目化运作，促进学生全面发展。

围绕"彩虹文化"红色塑魂、蓝色致用、绿色出彩，培育文化研究队伍，结合高职院校特点和遵义红色文化特质，以服务地方经济，培育合格技术技能人才为目标，开展理论研究、科研实验，形成研究红色文化、职业教育发展、学生身心发展的专业师资队伍，形成丰富的"彩虹文化"科研成果。建立"彩虹文化"教师、教学、教材一体化。建立红色文化传承展示专业团队，形成师生参与的红色剧目品牌。建立"彩虹文化"校友传承研究和服务机制，让"彩虹文化"成为遵义职业技术学院跨越时空，服务国家、民族的精神桥梁。

## 四、规范校园行为文化建设

推进"三全育人"建设，把"彩虹文化"的育人理念与成果展现在师生文明行为、文化素养中。积极倡导教师在政治思想上、道德品质上、学识教风上率先垂范，为人师表，以求真务实和严谨自律的治学态度，崇尚科学精神，遵守学术道德，不断提高教学质量和教书育人本领。注重培育学生的主动精神，鼓励学生的创造性思维，努力培养适应社会主义现代化建设需要、具有创新精神和实践能力的应用型人才。学校党务和行政管理人员坚持党的政治和思想路线，具备履行岗位职责所必需的专业知识和文化素养，有较强的处理复杂问题的能力，保持与时俱进的品质和昂扬向上的精神状态；严格遵守党纪国法，顾全大局，维护团结，广泛联系群众，公道正派，爱岗敬业，无私奉献。引导学生做到自尊、自爱、自立、自强，把远大理想和技术技能学习、脚踏实地的精神结合起来，自觉遵守国家法令和校规校纪，勤奋学习，刻苦钻研。关心集体，尊敬老师，团结同学，积极参与各种志愿服务活动，乐于助人。注重个人品德修养和文明行为养成，具有良好的公德意识。积极参加健康向上的校园文化活动，增进身心健康。自觉树立当代大学生的文明形象，展示彩虹遵职人的社会责任与担当。

## 五、优化彩虹校园文化环境

紧紧围绕"彩虹文化"育人理念，整体、系统地规划校园人文景观，建设友谊林、纪念林、主题雕塑、文化走廊等文化景点，使校园人文景点建设主题突出、特色鲜明。做好校园绿化、美化工作，将"彩虹文化"元素融入校园建设，打造校园红色文化体验展示场地，使校园的山、水、园、林、路等达到使用、审美和教育功能的和谐统一，充分发挥校园内一楼一宇一草一木等教育载体的育人功能；结合"一系一品"建设，打造以蓝色致用为主题的楼宇、过道走廊文化，让师生在学习、办公场所时时处处感受蓝色致用教育，接受工匠精神的熏陶；建设生态校园，让师生在清香宜人的氛围下学习与生活，更加心旷神怡。

推进校园阅读环境建设，充分发挥图书馆馆藏文献信息资源优势，创造优美和谐的阅读环境，为师生员工提供优质服务。开展一系列丰富多彩、生动活泼的读者报告会、专题讲座、征文比赛、美术作品展等活动，使读者在活动中激发出读书意识，接受美的教育，陶冶情操，增长知识。

加强"彩虹文化"品牌形象识别系统建设，设置完善美观醒目指示牌体系。从大门到校园各处，设置了指示牌、板报橱窗、宣传牌匾，形成了浓郁的文化育人环境。规范学校办公用品的格式、标识，规范学校各类旗帜、牌匾、门牌的规格与设计；重视学校形象识别系统建设成果的宣传与推广，重视公共关系工作，重视学校整体形象的宣传推介工作，扩大学校在社会的知名度和美誉度，提升学校品牌的价值。

一个国家、一个民族的强盛，总是以文化兴盛为支撑的。没有文明的继承和发展，没有文化的弘扬和繁荣，就没有中国梦的实现。在职业教育发展的道路上，遵义职院承担着为党育人、为国育才的重任，在回答"为谁培养人、培养什么样的人和怎样培养人"的问题上，遵职人坚守立德树人的初心，坚持发挥"以文化人"的成效，把校园"彩虹文化"建设紧紧扎根在学生的成长全过程，与时俱进，因事而化、因时而进、因势而新，紧密结合党的建设、国家的发展、时代的进步，不断融合社会主流文化与行业企业文化精髓，结合当今最新的科学知识、管理理念和学校自身特色，不断进行校园文化建设的创新，丰富和提升"彩虹文化"内涵，推动学院建设更具时代性、地域性和特色性，使教师发展和学生成长更能在时代发展的大潮下，找到准确定位，适应社会需求，融入时代发展，实现人生出彩。

# 第四节  面向世界发展  融入"一带一路"

为了弥补国际化办学短板，加快国际化办学步伐，拓展办学视野，遵义职院积极融入"一带一路"倡议，深化对外交流与合作，推进中外合作项目落地落实，探索海外办学模式，打造"鲁班工坊"培养国际化技术技能人才，提升学院国际化办学水平。

## 一、树立国际化办学理念

遵义职院不断提升国际化的顶层设计和战略思维，完善一系列的规章制度和激励、管理办法，逐步筹建国际教育学院，推进外事部门统筹协调、二级院（系）具体实施运作，制订国际化办学考核指标，激励二级院（系）开展国际化办学的积极性和主动性，增强国际化办学意识，树立国际化办学理念。

## 二、推进中外合作办学项目

遵义职院紧扣国家政策，深耕政策内涵，规范办学形式，确保办学质量。一是合作引进境外优质教育资源，结合园艺技术和畜牧兽医两大专业群优势，推进与境外优质教育资源的合作，寻找最佳合作项目和单位，吸收借鉴专业人才培养标准、优质课程和职业标准。通过项目合作、师资培训、教学研讨等交流教学方法和教学理念。二是汲取优质资源，结合实际融入遵义职院特色，将引入资源融入专业及课程体系，结合遵义职院两大省级重点专业群的建设，进一步优化和提炼两大专业群优势特色，与国内行业、企业或国外知名企业合作开发专业群的人才培养模式、专业标准、课程标准和教学资源，形成职业教育国际标准，实现职业教育国际标准从"引进来"到"输出去"的转变。

## 三、探索"走出去"办学模式

一是打造境外办学平台。以教育部中外人文交流中心为载体，联合企业、行业、协会等社会力量，在老挝建设学院分校，开展辣椒、高粱种植技术推广及培训；在泰国建设 5G 国际化人才培养基地 1 个，打造"鲁班工坊"，培养中资企业急需的熟悉中华传统文化的本土技术技能人才。并以海外分院和培养基地为平台，开设汉语培训班，提升当地企业员工汉语水平，增设汉语预科班，在当地为预招收留学生提供汉语辅导。

## 四、促进教师队伍国际化

通过国家留学基金委、中国教育国际交流协会、中国东盟交流周等平台，多渠道、多途径打造多元化海外师资提升项目。计划在未来 5 年新增 6 所境外高水平合作院校，选派优秀师资赴新加坡、泰国、马来西亚、韩国、老挝以及我国港澳台地区等进行访学交流、学历提升、师资培训和科研合作。在国（境）外合作高校中引进重点专业群的高水平师资，加速合作构建国际化师资队伍，并推动双语课程建设进程，重点在农学和机电信息专业打造 2~3 门示范性双语教学课程。

## 五、拓宽学生国际交流渠道

通过"千人海外留学计划"、教育部中外人文交流中心"经世学堂"项目等途径，进一步加大学生赴泰国、新加坡、马来西亚、韩国和我国港澳台地区等高校交流学习，逐步完善学生境外"互访互学"学分互认、激励和管理制度。拓展中国文化体验短期交流，吸引境外留学生到遵义职业技术学院参加语言和文化体验活动。同时新增境外合作院校，提升遵义职院办学质量和管理水平，协商"3+1"专本衔接的教育合作方案，为遵义职院学生提供获取境外本科学历的平台。

## 六、服务"一带一路"倡议

拓宽招生渠道，优化招生宣传，遴选优质专业，打造来华留学重点专业，引入和建设一批汉语线上精品课程，打造留学生文化活动中心。以"中国—东盟"国际教育交流周、中外合作办学项目、境外分校等为载体，积极与"一带一路"共建国家深入开展交流合作，推进"中文＋职业技能"项目落地，促进学院职业教育优秀成果海外推介，提升国际影响力。

# 后 记

　　校园文化建设是学校加强内涵建设、提高综合办学水平的重要措施，对于优化学校校园环境、促进学校内涵发展、打造品牌教育等都具有重要的意义。进入新时代，我国高等职业教育进入了加速发展的快车道，现已转入高质量发展新阶段，正处于前途广阔、大有可为的机遇期，内强质量、外树形象的攻坚期，因此迫切需要抓好文化建设，赋能高职教育高质量发展。

　　遵义职院作为西部革命老区的综合型高等职业院校，紧跟职业教育发展的步伐，不断推进职业教育的改革与发展，全面贯彻党的教育方针，传承 60 余载办学精神和文化积淀，充分挖掘利用遵义红色资源与校园文化育人融合，形成彰显革命老区特色职业教育的"彩虹文化"育人体系。

　　为了系统总结学校在文化建设与育人方面的理论研究与实践探索所取得的成果，推广交流红色文化育人经验，在教育部职业院校文化素质教育指导委员会发出《关于征集第二批"高职院校文化建设与文化育人丛书"编写成员单位的通知》后，学校积极申报，经过秘书处组织专家进行评审，本书成功入围。本书以遵义职院"彩虹文化"育人体系为主要内容，以红色文化育人优势为特色，展现革命老区职业教育办学成果。

　　自本书编写以来，学校党委高度重视，组建了领导小组和编写专班，多次征求专家意见，积极修改修订。遵义职院原党委书记李凌，现任党委书记、颜永强多次对编写工作提出指导意见，党委副书记高翔具体统筹安排编写事宜。

编写组历时近3年，从提纲到成稿，经过反复修正打磨，其间提交专家对提纲、书稿进行审阅指导，并结合专家意见进行了修订。

具体参编撰写分工如下：第一章，陈淞、汪莎、陈包；第二章，彭国刚、张艺、王成；第三章，毛建兰、谭晓东；第四章，何雪芹、徐江南、任婷婷；第五章，王永生、李静；第六章，李光全、肖小勇、刘亚男；第七章，王毅、陈淞。第三章第三节"一系一品 多元特色"，分别由各教学单位组织编写。全书由彭国刚负责统稿。

在本书编写过程中，"高职院校文化建设与文化育人丛书"专家论证委员会左家奇教授、马庆发教授、王杰教授进行了悉心指导和帮助，对本书编写的思路、提纲进行论证，对框架结构和章节内容的提炼完善提出了诸多的宝贵意见，编写过程中还得到了谭属春教授等专家指导，在此一并表示诚挚的感谢！同时，十分感谢本书全体编委成员的辛苦付出，学校各部门的大力配合支持及出版社编辑的辛勤工作。

本书不足之处，敬请读者同行批评指正。

编写组

2023 年 10 月